JN237849

→ 経営戦略の実効性を高める

# 情報システム計画の立て方・活かし方

アットストリームコンサルティング㈱
柴崎 知己

投資のムダをなくして効果を上げる

かんき出版

## ◎はじめに

　事業の成功のためには、戦略の的確な見極めと迅速な実行が必要である。通常、戦略と実行の間には開きがあり、「この戦略を遂行するということは、つまりこういうことに取り組むということ」といった解釈（取り組みへの落とし込み）が必要である。

　今日の勝ち組といわれる企業を見ていると、やはり「的確な戦略の見極めとその迅速な実行」に秀でているように思われる。「戦略から的確な計画を立案し、一糸乱れぬ組織力で取り組みを推進する企業」「計画はほどほどに、取り組みを実施しながら柔軟に方向転換を繰り返し、戦略を具現化する企業」など、そのスタイルはさまざまである。

　しかし共通しているのは、戦略を具体化する的確な取り組みが実行されている点にある。

　戦略を具体的な取り組みに展開し的確に実行するための一連の作業を、経営管理といい、通常ＰＤＣＡという言葉で表される。Ｐ＝経営計画の立案、Ｄ＝取り組みの実行、Ｃ＝進捗管理、Ａ＝追加策の実行、である。このような経営管理の取り組みは、どの企業でも行われている。

　しかし、勝ち組とそうでない企業があるように、戦略の見極めから、計画し、実行し、経営効果を上げるまでの取り組みや、その実行精度には大きな開きがある。

　経営効果を上げるための具体的な手段として、情報システムの活用は重要な位置づけにある。戦略や経営計画と綿密に整合した情報システムが構築されたとき、その戦略や経営計画の実現性は格段に高まる。このため、ねらった効果を上げる情報システムを、いかにして的確に構築するのかは、今日非常に重要な経営課題となっている。

　戦略や経営計画は、それを実現する的確な取り組みや情報システムのような手段なくして具現化しないし、各種の取り組みや手段は、戦略や経営計画という方向性を与えられなければ大きな効果につながらない。

このようなことは、イメージとしてはだれもがわかっていることだが、実現させることはたやすいことではない。前述のように、組織の中に「わが社のやり方」のようなものをもっている企業はよいが、多くの企業は、その「やり方」がわからない、あるいは従業員に浸透していない。

　本書のテーマは、事業戦略を核とした経営計画から、その戦略・計画に整合した情報システムをいかに構築するかという方法論を紹介することにある。具体的な事例と豊富な図表を用いながら、どのような手順で、何を、どのように行うのかを解説している。

　記載している内容は、試行錯誤を繰り返しながら、検討し、設計し、組織に根付かせる取り組みを辛抱強く続けてきた複数のクライアント企業との取り組みがベースとなっている。

　バランス・スコアカードなど、使用しているツールは華やかであるが、その実態は実に泥臭い作業の連続だった。その経験があるから、きっと他の企業でも役に立つものと確信している。本書がきっかけとなって経営計画と一体化したシステム化計画立案の取り組みをスタートされることを切に願うものである。

　従来のシステム企画や要件定義の検討範囲や考え方、作業方法と異なる部分も多く、最初はイメージがつかみにくいかもしれない。あるいは対象範囲が広すぎて、自分の責任範囲を超えていると感じるかもしれない。巻末の著者紹介欄にメールアドレスを記載したので、不明点は遠慮なく著者まで問い合わせていただきたい。それにより理解を深めていただければ、著者として何よりも喜びである。

2005年8月

著　者

# 情報システム計画
## の立て方・活かし方

---

●目次●

はじめに …………………………………………………………3

## 序章　経営計画の実現を約束する

◆これまでの情報システム化計画の問題点　16
◆経営者と情報システム部門の認識のギャップ　17
◆経営者の期待を実現するプランニング　19
◆経営計画の実現に必要な施策を網羅的に整理する　19
◆経営計画を実現する情報システムを構築する　19
◆構築した情報システム効果の実現状況を管理する　24
◆Chief Information OfficerからChief Innovation Officerへ　25

## 第1章　戦略的システム化計画のすすめ

### 1　情報システムの戦略的活用 …………………………28

◆情報システムの戦略的活用　28
◆情報システムの戦略的活用の特徴　29
◆情報システムの戦略的活用が期待される理由　29

### 2　戦略的に活用するためのシステム企画 ……………31

◆情報システムの企画対象範囲が変わった　31
◆情報システムの企画検討方法が変わった　31
◆全体的・トップダウン的な情報システムの企画　32

### 3　トップダウン的な情報システムの企画の効果 ………34

◆経営者の思いを実現するツールへの変換　34
◆情報システム投資の積極化　34
◆情報システム投資のムダの排除　35

- ◆情報システム投資効果の明確化　35
- ◆事業部門のオーナーシップ意識の向上　36
- ◆情報システム開発リスクの軽減　36
- ◆情報システム部門の活性化　36
- ◆戦略的活用実現のための仕組みの必要性　37

## 4 トップダウン的なＩＴマネジメント …………38

- ◆トップダウン的ＩＴマネジメント移行企業の増加　38
- ◆ＩＴ戦略・企画への関心を高める企業の急増　38
- ◆必要なのは実現のための方法論　40

# 第2章　戦略的システム化計画の全体像

## 1 戦略的システム化計画の全体像 …………42

- ◆戦略的システム化計画とはなにか　42
- ◆戦略的システム化計画の目的　42
- ◆戦略的システム化計画の作業手順　42
- ◆戦略的システム化計画の資料構成　43
- ◆資料のフォーマットについて　43

## 2 戦略的システム化計画の特徴 …………46

- ◆論理的であることの重要性　46
- ◆経営計画の実現に必要な施策を網羅的に洗い出す　46
- ◆ＫＰＩから情報システム機能スペックを導く　49
- ◆情報システム構築以外の施策を含める　50

## 3 戦略的システム化計画の作業手順 …………49

- ◆フェーズⅠ：経営計画の整理　51
- ◆フェーズⅡ：重点施策の整理　51

- ◆フェーズⅢ：情報システム要件の立案　58
- ◆フェーズⅣ：情報システム構成の立案　58
- ◆フェーズⅤ：全体推進計画の立案⇒推進スケジュール　58
- ◆フェーズⅤ：全体推進計画の立案⇒投資額の算定　61
- ◆フェーズⅤ：全体推進計画の立案⇒投資対効果の整理　66
- ◆フェーズⅥ：経営者向け説明資料の作成と報告　66

## 4 戦略的システム化計画の補足説明　……………………67

- ◆どんなときに立案するのか　67
- ◆計画立案の対象期間はどのくらいか　67
- ◆計画はどのくらいの精度でつくるか　68
- ◆計画の作業期間はどのくらいにするか　69
- ◆計画の作業ステップは変更可能か　69
- ◆プロジェクトメンバーに必要な能力は　70

## 5 事例研究の想定企業イメージ　……………………72

- ◆Ａ社の事業概要　72
- ◆Ａ社の取り組み　73

# 第3章　［フェーズⅠ］経営計画マップの作成

## 1 経営課題整理の基礎知識　……………………76

- ◆経営課題整理の目的　76
- ◆課題マップに記載すること　76
- ◆経営計画（戦略）マップのフォーマット　76
- ◆経営課題の達成レベルを明確にする　77
- ◆経営課題の相互関係を表現する　78
- ◆バランス・スコアカード（ＢＳＣ）を活用する　79

## 2　経営計画（戦略）マップの作成手順 ……………80

- ◆経営計画（戦略）マップの作成手順　80
- ◆最終目標を明確にする　80
- ◆財務の視点を明確にする　80
- ◆顧客の視点を明確にする　81
- ◆内部プロセスの視点を明確にする　83
- ◆学習と成長の視点を明確にする　88

## 3　経営計画（戦略）マップ記載のポイント ……………89

- ◆経営計画（戦略）マップの作成単位　89
- ◆経営計画（戦略）マップの言葉使い　91
- ◆表現する課題の大きさ　91
- ◆目標達成レベルを表現する　91
- ◆経営計画（戦略）マップ作成のためのヒアリング　92
- ◆すすめながら完璧に近づける　93

## 4　第1回中間報告会の実施 ……………………………94

- ◆中間報告会実施のポイント　94
- ◆経営計画と合致しているか　94
- ◆第1回中間報告会を実施する　95

# 第4章　［フェーズⅡ］重点施策の整理

## 1　重点施策の基礎知識 …………………………………98

- ◆重点施策の整理作業の目的は　98
- ◆重点施策の洗い出しと絞り込み　98
- ◆問題の核を特定する　98
- ◆重点施策展開表をつくってみる　99
- ◆重点施策整理の手順　100

## 2 現状調査の実施 …………………………………………101

- ◆A社での現状調査の実施　101
- ◆現場へのヒアリング調査　101
- ◆現行業務のプロセス調査　102
- ◆現行業務プロセスの実地調査　103

## 3 問題の核の検討 …………………………………………106

- ◆問題点の構造を整理する　106
- ◆問題の核と前提条件を判別する　107

## 4 重点施策の立案 …………………………………………110

- ◆問題の核に対する施策を考える　112
- ◆追加実地調査を実施する　112
- ◆重点施策を検討する　113

## 5 重点施策展開表の作成 …………………………………113

- ◆重点施策展開表3つのポイント　115
- ◆重点施策を整理する意味　118

# 第5章　[フェーズⅢ] 情報システム要件の立案

## 1 情報システム要件整理の基礎 …………………………120

- ◆情報システム要件を整理する目的　120
- ◆情報システム要件を論理的に詳細化する　120
- ◆論理展開を明示する　121

## 2 情報システム要件の整理手順 …………………………122

- ◆情報システム要件整理の手順　122

◆情報システム要件表のフォーマット　124
◆情報システム要件の整理レベル　124

## 3 情報システム要件の検討 …………………………………125

◆これまでの検討のおさらい　125
◆各業務の目標値を設定する　125
◆改善すべき業務を絞る　127
◆問題業務に対する詳細調査　130
◆システム要件を検討する　130
◆情報システム要件表へ転記する　131

## 4 第2回中間報告会の実施 ……………………………………135

◆第2回中間報告会のポイント　135
◆中間報告すべき内容は何か　135
◆第2回中間報告----Ａ社の例　135

# 第6章　［フェーズⅣ］情報システム構成の立案

## 1 情報システム構成検討の基礎 ………………………………138

◆情報システム構成検討の目的　138
◆情報システム構成検討の成果　138
◆情報システム構成図作成の手順　142

## 2 情報システム構成検討のポイント …………………………143

◆推論方法を変える必要がある　143
◆過去の経験が重要になる　143

## 3 業務別情報システム構成の検討 ……………………………145

◆現行システム調査を実施する　145

- ◆業務別システム構成を検討する　145
- ◆経営課題実現スピードとの差異を検討する　153

### 4　情報システム構築ステップの詳細検討　……………154

- ◆構築ステップを詳細検討する必要性　154
- ◆構築ステップの詳細検討パターン例　154
- ◆A案…経営課題の実現期日を優先したときの構築ステップ　155
- ◆B案…構築作業のリスクやコストを抑えた構築ステップ　156
- ◆C案…A案とB案を折衷した構築ステップ　157
- ◆各マイルストーン別情報システム構成図を作成する　165

## 第7章　[フェーズⅤ] 全体推進計画の立案

### 1　全体推進計画の基礎　……………………………168

- ◆全体推進計画の目的は何か　168
- ◆推進計画の対象範囲　168
- ◆重点施策全体の推進計画案を検討する　170
- ◆推進計画はパターンで立案する　170
- ◆判断し決定するのは経営者　171

### 2　情報システム構築以外の施策の推進計画　……………172

- ◆情報システム構築施策以外の推進計画　172
- ◆推進計画立案の前提条件は何か　172
- ◆検討結果を回収する　173

### 3　システム構築投資額の見積もり　…………………174

- ◆情報システムの構築体制を検討する　174
- ◆情報システム構築の投資額を見積もる　174

## 4　課題別プロジェクト計画の取りまとめ …………176

- ◆プロジェクト計画を立案する　176
- ◆プロジェクトスケジュール表を作成する　176
- ◆プロジェクト施策費用一覧表をつくる　176
- ◆プロジェクト費用対効果表をつくる　177

## 5　全体推進計画の整理 …………184

- ◆全体概要スケジュール表をつくる　184
- ◆全体費用額一覧をつくる　185

# 第8章　[フェーズⅥ] 経営者向け説明資料の作成

## 1　経営者向け報告資料の基礎知識 …………190

- ◆経営者向け報告資料のポイント　190
- ◆経営者向け報告資料の構成例　190
- ◆経営者向け報告会の参加メンバー　191
- ◆経営者向け報告会の事前準備　191

## 2　経営者向け最終報告資料の作成と報告 …………192

- ◆最初に報告する目的を明確に伝える　192
- ◆これまでの取り組み経緯のおさらい　192
- ◆経営計画（戦略）マップのおさらい　193
- ◆実施すべき重点施策のおさらい　193
- ◆構築すべき情報システムのポイントの説明　197
- ◆情報システムの構成図の説明　197
- ◆推進スケジュール案とリスクの説明　200
- ◆投資額の説明　202
- ◆意思決定の依頼事項の説明　204
- ◆最終報告の資料作成と説明のポイント　204

## 第9章 企画した効果を出すために

**1　ＩＴマネジメントにおけるＰＤＣＡ** ……………206

- ◆計画立案は取り組みの第一歩　206
- ◆実行計画の立案と推進　206
- ◆経営課題の変更確認と戦略的システム化計画の修正　207
- ◆経営課題実現状況のモニタリングと管理　207
- ◆モニターの対象は経過でなくその効果　207
- ◆経営計画（戦略）マップを用いた効果のモニタリング　208
- ◆効果のモニタリングから詳細分析へ　208
- ◆モニタリングの実施方法　208

**2　情報システム部門の体制づくり** …………………213

- ◆計画推進のためのＩＴ部門運営の要点　213
- ◆プロジェクト推進と要員管理の強化　214
- ◆レビュー実施の強化　215

**3　戦略的システム化計画の推進責任者** ……………217

- ◆ＣＩＯ（Chief Information Officer）の限界　217
- ◆Chief Innovation Officerへ　217
- ◆Chief Innovation Officerという発想　218

おわりに ……………………………………………………221

本文デザイン◎モッカン都市

# 序章

## 経営計画の実現を約束する

本書のテーマは、「事業戦略を核とした経営計画から、その戦略・計画に整合した情報システムをいかに構築するか」である。その実現策は次のとおりであり、経営者をはじめ情報システムの活用に関わるすべての方への提案である。
①経営計画と一体となった情報システム化計画の立案
②経営管理と一体となった情報システム化計画の推進管理
③システム化計画推進責任者＝ＣＩＯ（Chief Innovation Officer）の設置

## ■これまでの情報システム化計画の問題点

　私はコンサルタントとして、多くの企業のシステム化計画を支援してきた。そのなかで「経営者から見て、経営計画を実現するための、実効性のあるシステム化計画を立案する方法が確立されていない」と感じつづけてきたのには、次のような経験が何度もあったからである。
　Ａ社の情報システム部門が、ＥＲＰ（要員、設備、資材、資金、情報などの経営資源を部門を超えて管理するシステム）パッケージの導入を検討していて、「どのＥＲＰパッケージを採用すれば、自社の事業にとって最善かを検討したい。事業の今後の方向性や業務との適合性を評価して、どれを採用すべきかを示し、その後の実行計画も立案してほしい」という依頼があった。
　そこでは、手段であるＥＲＰパッケージの導入が前提だった。その意思決定を経営者に仰ぐために、「導入が事業や業務に与える効果」を整理することが、システム化計画の具体的内容になっていた。
　Ｂ社では、老朽化した基幹情報システムを再構築する方向が確定していた。しかしその導入にあたっては、今後の事業方針や業務方法を見据えて、最適なシステム構成を検討することを情報システム部門に求めていた。
　依頼にもとづき業務改善案を策定し、それを具現化する情報システム像を描き、実行計画を策定した。ところがＢ社は、その後の開発をＩＴベンダー企業に発注し、ＩＴベンダーは私の計画ではシステムが組めないので、定義からやり直す必要があると、情報システム部門に伝えた。
　当初私の構想で経営者の承認を得ていたため、情報システム部門は対応に苦慮した。しかし、以後の作業をＩＴベンダー主導ですすめることが決まっていたため、その意見を受け入れざるを得なかった。こうしてつくられた新しい情報システム案は、現場の業務に沿った内容になってはいたが、経営者の期待や目的とは異なっていた。

A社、B社に共通しているのは、一見、経営戦略や計画を実現するために、情報システム像が検討され、構築されているように見える。ところが実は両社とも、まずその情報システムを構築できるかがもとにあり、それにかなう基準を前提に検討が始まっている。このように、構築責任がある情報システム部門が主導すると、ともすれば「実現できることがすでに見えている方策」に引きずられることが少なくない。

　取り組みに大きなリスクが伴うとき、これをすすめて情報システムを完成させるのは、企業のなかの一部門としては責任が重い。こうした背景が、情報システム部門の判断を方向づけているように思われる。

## ■■経営者と情報システム部門の認識のギャップ

　経営者の視点は、組織の一部門の担当者のそれとは異なる。現状の業務方法や情報システムを前提とした、小手先の改善を考えているのではない。経営者は、今後の経営のあり方や、市場のなかでの自社の競争優位の実現など、将来の不確定要素をかかえながらも、方向性を打ち出し、それをいかにして実現するかを考えている。

　たとえば、ビジネスプロセスそのものを変革し、顧客へのアプローチ方法やコスト構造、市場の需要変化への対応速度を変えるなどの目的で、情報システムの活用を考えているのである。

　ところが、経営者から「経営計画実現のために、このような情報システムを構築してほしい」という指示があったときに、情報システム部門では、従来の考え方や構築方法と照らし合わせ、「情報システムでは実現不可能だ」「実現できるのはここまで」という判断が先にたつ傾向がある。

　情報システム部門は、経営者の期待に応えたくないわけではなく、なんとかその意に沿いたいと考えている。しかし、情報システムを構築するという役割を意識したときに、その考え方や業務方法は、従来から続く現場の業務改善的な思考や方法にとらわれがちである。いいかえれば、経営者の発想と同じ形式で、経営計画の実現を図るために情報システム像を整理する方法論が、情報システム部門には不足しているのである（図0-1-1）。

### 図 0-1-1　経営者と情報システム部門の発想の違い

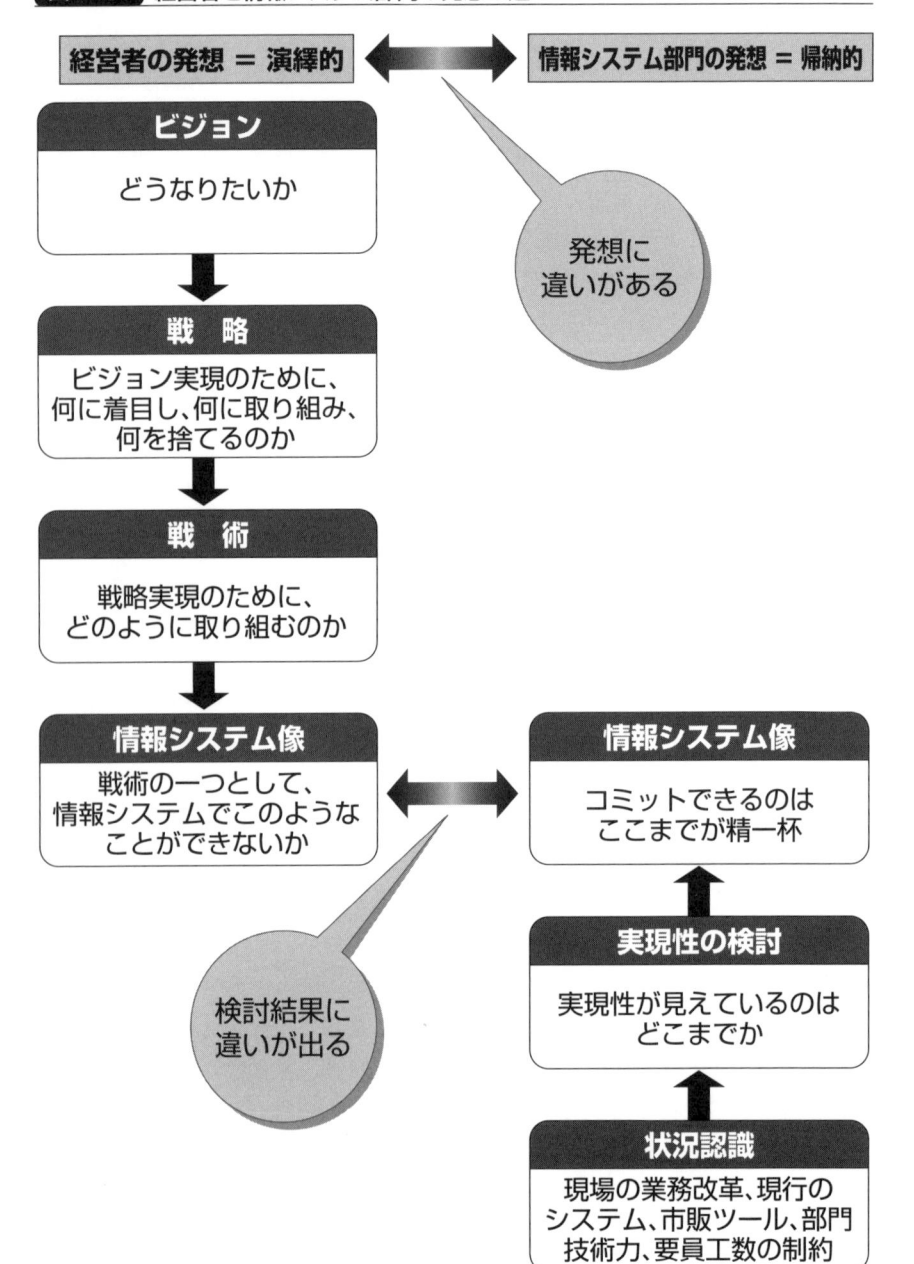

**経営者の発想 = 演繹的** ⇔ **情報システム部門の発想 = 帰納的**

発想に違いがある

**ビジョン**
どうなりたいか

↓

**戦略**
ビジョン実現のために、何に着目し、何に取り組み、何を捨てるのか

↓

**戦術**
戦略実現のために、どのように取り組むのか

↓

**情報システム像**
戦術の一つとして、情報システムでこのようなことができないか

⇔

**情報システム像**
コミットできるのはここまでが精一杯

↑

**実現性の検討**
実現性が見えているのはどこまでか

↑

**状況認識**
現場の業務改革、現行のシステム、市販ツール、部門技術力、要員工数の制約

検討結果に違いが出る

## ■経営者の期待を実現するプランニング

　本書のテーマである戦略的システム化計画は「経営者の発想と同じ形式で、経営計画の実現を図るための情報システム像を整理する方法論」である。そのための検討方法には、次のような特徴がある。
①経営計画の実現に必要な施策を網羅的に整理する
②経営計画を実現する情報システムを構築する
③構築したシステム効果の実現状況を管理する

## ■経営計画の実現に必要な施策を網羅的に整理する

　経営者の関心は経営計画の実現にあり、情報システム構築そのものにはない。情報システム構築はあくまで手段であり、そのかぎりで経営計画の実現に利用できるか否かが問われる。

　経営計画の実現には、情報システム構築だけでなく、組織改革・業務改革・制度改革・意識改革などさまざまな取り組みが必要となる。その取り組みを一切考えず、情報システムだけを取り上げて説明しても、経営者には経営計画が実現されるとは受け取れない。

　戦略的システム化計画では、まず経営計画の実現のために改善が必要となる課題を網羅的に整理する。それらの課題は、情報システム構築にとらわれず、前述の各種改革のなかの最適な方法で解決されればいいので、すべてを網羅する。そのなかで情報システムの有効性が明確になれば、情報システムの構築を計画していくことになる。

　戦略的システム化計画では図0-1-2のように、経営計画の実現のために必要となる課題と改善策を網羅的に整理する方法を提供する。

## ■経営計画を実現する情報システムを構築する

　取り組むだけでは、期待した効果は得られない。業務効率を5倍に上げることが課題なのに、30％しか改善しない取り組みをすすめても、期待効果は得られない。業務の効率化という方向性が合致していても、実際に効果が上がる取り組み方をしなければ意味がない。

　経営者の期待は経営計画の実現にあり、それを企画・推進する担当者は、結果として得られる効果を明確にする必要がある。そのうえで、実現に必要な取り組み内容を立案していくことになる。

### 図 0-1-2　戦略から実現策を導く

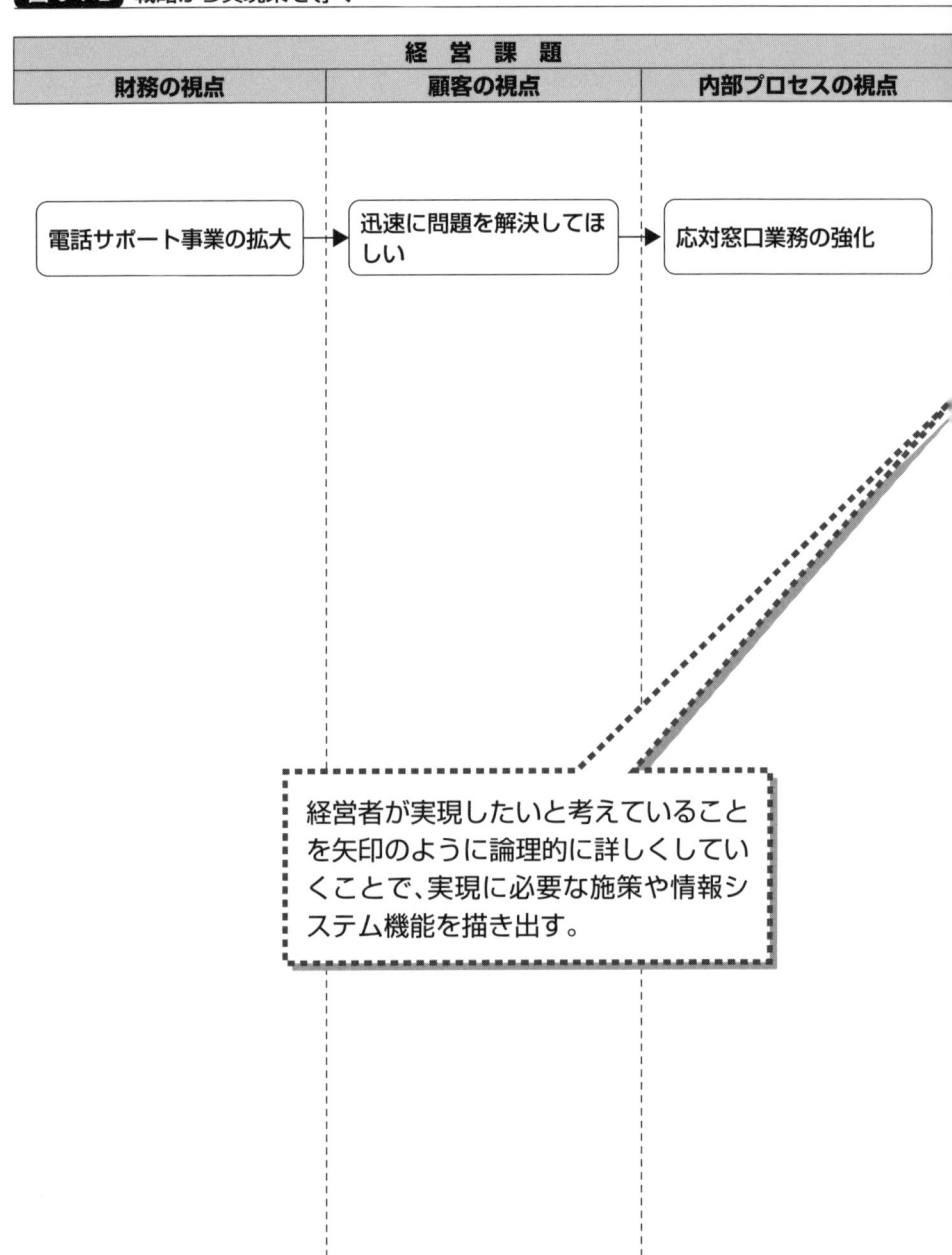

| 経営課題 | | |
|---|---|---|
| 財務の視点 | 顧客の視点 | 内部プロセスの視点 |

電話サポート事業の拡大 → 迅速に問題を解決してほしい → 応対窓口業務の強化

> 経営者が実現したいと考えていることを矢印のように論理的に詳しくしていくことで、実現に必要な施策や情報システム機能を描き出す。

| 施策 | システム要件 |
|---|---|
| オペレーター配置の適正化 | |
| オペレーターへの教育カリキュラムの作成、教育の実施 | |
| オペレーターの社員化 | |
| 派遣オペレーターの長期契約化 | |
| 問い合わせ事例・解決事例の記録 | |
| 解決ノウハウの収集 | |
| 問題特定QAの設計 | 想定質問事項の表示機能 |
| 問い合わせ事例・解決事例の再活用の仕組みづくり | 想定解答例の表示機能 |
| | 解決策の表示機能 |
| | ノウハウの簡易な登録機能 |
| 顧客側作業説明用資料の作成、送付の仕組みづくり | ドキュメントの抽出機能 |
| | ドキュメントのFAX送信機能 |
| | ドキュメントのeメール送信機能 |

図 0-1-3　KPIと目標値の論理的展開（イメージ）

| 経営課題 | | |
|---|---|---|
| 財務の視点 | 顧客の視点 | 内部プロセスの視点 |

電話サポート事業の拡大
売上高:8億円→40億円

→

迅速に問題を解決してほしい
解決所要時間の短縮
:26分→10分

→

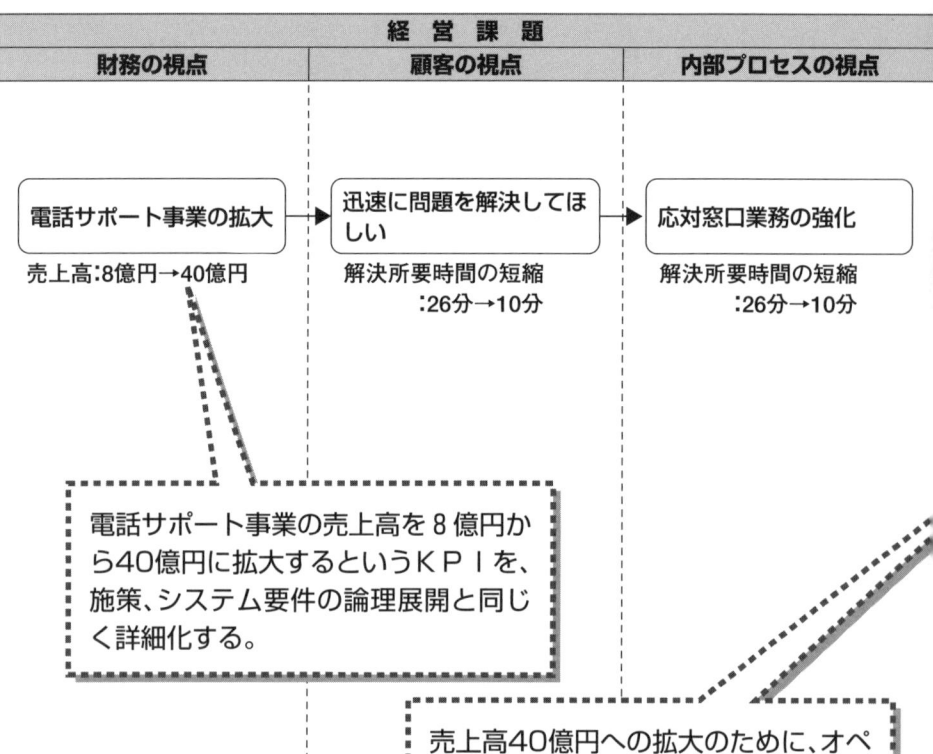

応対窓口業務の強化
解決所要時間の短縮
:26分→10分

> 電話サポート事業の売上高を8億円から40億円に拡大するというKPIを、施策、システム要件の論理展開と同じく詳細化する。

> 売上高40億円への拡大のために、オペレーターの社員比率を検討し、施策の目標値として設定する。

序章―●―経営計画の実現を約束する

| 施　　策 | システム要件 |
|---|---|

施策:

- オペレーター配置の適正化

- オペレーターへの教育カリキュラムの作成、教育の実施
  受講率:100%

- オペレーターの社員化
  社員率:70%

- 派遣オペレーターの長期契約化
  平均在籍期間:9カ月

- 問い合わせ事例・解決事例の記録
  問い合わせ事例:200,000件
  問い合わせ事例:10,000件

- 解決ノウハウの収集
  解決ノウハウ:10,000件

- 問題特定QAの設計
  QAのバリエーション:3,000パターン

- 問い合わせ事例・解決事例の再活用の仕組みづくり
  解決時間:26分→13分

- 顧客側作業説明用資料の作成、送付の仕組みづくり
  説明資料:3,000
  解決時間:10分→7分

システム要件:

- 想定質問事項の表示機能
- 想定解答例の表示機能
- 解決策の表示機能
- ノウハウの簡易な登録機能
- ドキュメントの抽出機能
- ドキュメントのFAX送信機能
- ドキュメントのeメール送信機能

> 情報システムの機能要件に対しては、同じく詳細化した結果、その機能に必要なスペックを目標値として落とし込む。
> (想定質問事項を1.5秒以内に表示するなど)

23

**図 0-1-4** KPIと目標値の予実管理による効果獲得状況

## 応対窓口業務の強化プロジェクト管理シート

| 重点施策 | 重要度 | 達成期限目処 | 目標 | | Q1 |
|---|---|---|---|---|---|
| オペレーターへの教育カリキュラムの作成、教育の実施 | | | カリキュラム作成 | 第9期Q3 | |
| | | | 受講率 | 100% | |
| オペレーターの社員化 | | 第10期Q1 | 社員率 | 70% | |
| 派遣オペレーターの長期契約化 | | 第9期末 | 派遣者 平均在籍期間 | 9カ月以上 | |
| 問い合わせ事例、解決事例の記録 | | 第9期中間 | 問い合わせ事例 | 200,000件 | |
| | | | 解答事例 | 10,000件 | |
| 解決ノウハウの収集 | | 第9期中間 | 解決ノウハウ | 10,000件 | |
| 問題特定QAの設計 | | 第9期Q3 | QAバリエーション | 3,000パターン | |
| 問い合わせ事例、解決事例の再活用の仕組みづくり | | 第10期Q2 | 解答時間短縮 | 26→13分 | |
| | | | | 15分短縮 | |
| 顧客側作業説明用資料の作成、送付の仕組みづくり | | 第10期Q2 | 説明資料 | 3,000パターン | |
| | | | 解答時間短縮 | 10→7分 | |

　戦略的システム化計画は、図0-1-3のように経営計画で実現する想定効果を論理的に展開し、情報システムの機能要件を描き出す方法論を提供する。

## ■■構築した情報システム効果の実現状況を管理する

　戦略的システム化計画は、構築した情報システムが期待した効果を上げているかをチェックする機能をもつ。計画立案時に期待した目標値と実施後の実績値の予実管理ができれば、取り組みが順調か、効果が上がってきているかがわかる。期待した効果が出ていない場合は、タイムリーに対策を立てられる。

　図0-1-4を例にとれば、構築する情報システムの実現効果は、「問い合わせ事例・解決事例の再活用の仕組みを構築して、解答時間を26分から13分に短縮する」ことにある。この26分から13分に短縮されているかどうかで、期待した効果のチェックができる。

　また、図0-1-4に列挙されているすべての重点施策を実現した結果、より上位の課題である「解決所要時間を26分から10分に短縮する」（図0-1-3）が実現されているかどうかをチェックすることが可能となる。

|  | 第9期 | | | | 第10期 | | | | |
| --- | --- | --- | --- | --- | --- | --- | --- | --- | --- |
| Q2 | Q3 | Q4 | 9期計 | Q1 | Q2 | Q3 | Q4 | 10期計 |

> 施策進捗の評価だけでなく、経営課題の実現度を追う。施策が予定どおり進んでいても、経営課題の目標値に効果が満たない場合は、追加策を考える。

　通常取り組む場合に、1回の取り組みで期待する効果を上げることは難しい。取り組んでみて、様子を見て、不十分であれば追加策をとるということを繰り返し行い、期待する効果を実現する。戦略的システム化計画は、計画立案時に実現すべき効果を経営課題から施策まで明確に定義することで、施策の実施によって期待した効果が上がっているかどうかを確認する手段を提供する。

### ■Chief Information OfficerからChief Innovation Officerへ

　経営計画に必要な情報システム像をつくり、経営計画の実現を図ることが、戦略的システム化計画の目的である。しかし、「経営計画を実現する」という観点からすると、多部門にわたる多種多様な取り組みが必要となり、情報システムはそのなかの一施策にすぎなくなる。経営計画を実現するには、情報システム部門内にとどまらず、全社的な取り組みの推進が必要となる。だから、この取り組みに情報システム部門がイニシアチブをもつことは非常に荷が重い。

　そこで、経営トップ層の積極的な関与が絶対的に必要になる。この機能は、ＣＩＯが配下の情報システム部門を活用しながら、積極的に担うべきである。

ＣＩＯは、情報システムの最高責任者である Chief InformationOfficerではなく、経営計画実現のための改革推進の責任者である Chief Innovation Officer として活動することが必要である。
　つまり、経営陣の１人が各事業部門長を支援する体制をつくることで、取り組みは大きくすすむ。
　ＣＩＯは戦略的システム化計画の立案を主導し、その推進のリーダーシップをとることで、経営計画実現のための改革推進責任者としての責任を果たす。
　事業戦略を核とした経営計画から、その戦略・計画に整合した情報システムを構築するためには、次の３つが必要となる。
①経営計画と一体となったシステム化計画の立案
②経営管理と一体となったシステム化計画の推進管理の実施
③システム化計画推進責任者＝ＣＩＯ（Chief InnovationOfficer）の設置
　②と③は、①が実現されてはじめて有効に機能する。本書では①を最重要課題と考え、その解説に多くのページを割いている。

# 第1章

## 戦略的システム化計画のすすめ

# 1 情報システムの戦略的活用

情報システムの活用目的が、"業務効率化"や"経営者への情報提供"から、"事業構造を変革する戦略機能"へと広がりを見せている。情報システムを戦略的に活用すれば、事業の収益性が増大し、企業の飛躍的な成長が見込める。

## ■■情報システムの戦略的活用

　1990年代以降、景気低迷が続き、経済の先行きが見えない状況が続いている。そのなかで、一部の企業は情報システムを単なる業務効率化の手段としてではなく、競争優位を確立するための戦略的な武器としてとらえはじめている。

　そのような企業では、「顧客との関係を改善し、圧倒的な支持を獲得することに成功した」とか、「ワールドワイドに展開した拠点を一体として運営し、効率的かつスピーディーな事業展開を実現した」というように、競合他社に圧倒的な差をつけて成功を勝ち取っている。

　たとえば、あるメーカーは、全国に十数拠点の工場をもち、運営は工場単位で行ってきた。ところが、市場のグローバル化と競争激化で、需要の変動が激しくなり、市場の要望に柔軟に即応できる生産体制が必要となってきた。

　しかし、工場ごとに製造品目を分担させていては、各工場の生産能力を超えた需要変動には対応できない。そこで、部品を共通化し、各工場の生産工程や作業者の技能に共通性をもたせた。同時に、生産計画、在庫管理、生産管理などの諸情報システムを統合し、複数の工場をあたかも1つの工場であるかのように運営できる体制へ移行した。

　その結果、需要変動への対応力が格段に向上した。すなわち、長期生産計画でのつくり置きの体制から、需要変動に即応する生産体制へと進化できた。

　生産計画、在庫管理、生産管理など、情報システムの呼称は従来と変わらないかもしれないが、戦略的意図をもって構築されたシステムは、ねらいとする視点がまったく異なる。この事例では、「複数の工場を、あたかも1つの工場のように運営する」という点に戦略性があり、情報システムがその実現に大きな役割を担っている。

## ■■情報システムの戦略的活用の特徴

　「情報システムの戦略的活用」というキーワードは、流行のように現れては消える言葉である。ＭＩＳ（経営情報システム）、ＤＳＳ（意思決定支援システム）、ＳＩＳ（戦略的情報システム）などがその代表例である。これらのいわば過去の情報システム概念と、現在の情報システムの戦略的活用は次元が異なる。

　情報システムの活用範囲と目的は、時代とともに進化してきている。情報システムについてSynnott,WRは著書"The Information Weapon（1987）"のなかで3段階に整理している。

　第１世代…企業における業務処理を効率化するオペレーション・サポートシステム
　第２世代…経営者への情報提供を実現するマネジメント・サポートシステム
　第３世代…顧客の活動を支援するカスタマー・サポートシステム

　過去に流行した情報システムと対比すると、ＭＩＳが第１世代、ＤＳＳやＳＩＳが第２世代といえる。第３世代は、インターネットの普及に伴い一気に広がったＷＥＢを用いた顧客の利便性を改善する各種情報システム群が該当する。

　この３世代は一時のブームのさいには、期待した効果が実感されず、「言葉倒れ」に終わった感があった。とはいえ、その後の進展を見ると、期待した効果がそれなりに着実に実現しているのも事実である。

　現在の「情報システムの戦略的活用」は、その次の第４世代になる。過去３世代の情報システムの進化は次のとおりで、いわば適用範囲の拡張であった。

　第１世代…企業内の業務プロセス（従業員）
　第２世代…企業内の意思決定（経営者）
　第３世代…顧客の業務

　これらに対して現在の「情報システムの戦略的活用」は、適用範囲の拡大にとどまらない。３世代を通じて広がった適用範囲をベースに、各世代の情報システムに「どのようなスペックをもたせて組み合わせれば、期待する効果を獲得できるか」という活用方法の問題である。

## ■■情報システムの戦略的活用が期待される理由

　第４世代の「情報システムの戦略的活用」が、なぜ現在着目されるのであろ

うか。それは、戦略的な活用の視点で構築した情報システムは、過去の3世代の情報システム（たとえば、業務効率化を目的とする現場主導の情報システム化）と比較して、その効果が桁はずれに大きいからである。

　前述のように、全工場をあたかも一工場のように運営できる情報システムを構築すれば、各工場単位のそれよりはるかに市場の需要に迅速かつ柔軟に対応できる。その結果、競合他社がどちらを脅威に感じるかは明らかである。

　このように経営戦略と情報システムが綿密に連携すると、情報技術の技術革新を契機に、従来の発想の枠を超えたビジネスモデルや業務方法が生まれる可能性がある。この従来とは次元のちがう大きな効果こそが、情報システムの戦略的活用が注目されるゆえんである。

## 2 戦略的に活用するためのシステム企画

> 情報システムの戦略的活用には、企画方法に戦略性を盛り込むことがポイントになる。そこで現場のニーズ収集をもとにシステム像を描くボトムアップ的手法から、事業戦略・計画をもとにシステム像を描くトップダウン的手法への転換が必要となる。

### ■■情報システムの企画対象範囲が変わった

　第4世代の情報システムの戦略的活用に該当する事例があらわれ、関心が高まっている。しかし、多くの企業にとって、これは至難の業である。なぜなら、従来の3つの世代と第4世代とでは、情報システムの実現方法がまったく異なるからである。それを理解せず、従来方法の延長線で実現しようとしても不可能である。

　過去の情報システムは、内部処理業務、意思決定業務、顧客業務というように特定業務領域を対象にしていた。そのため、対象となる業務を分析して、課題を解決するための情報システムを構築して効果を上げてきた。

　しかし、情報システムの戦略的活用では、特定の業務領域を対象とはしない。そうではなく、どのようなビジネスを実現するのかを想定し、そのための業務プロセスや情報システムを構築する。

　いいかえれば、個々の業務をいくら分析しても、情報システムの戦略的活用にはつながらない。ここではビジネス全体を俯瞰する"広い視野"や、市場で優位性を獲得すべく、ドラスティックにビジネスを組み立て直す、"構想力"が必要になる。

　そして、その構想を実現するための推進計画の立案力が重要となる。また、同時に情報システムの活用を現実的に判断できる、"企画力"も欠かせない。

### ■■情報システムの企画検討方法が変わった

　過去の情報システムが、現場の業務を対象とする局所（部門）的アプローチだったのに対し、第4世代の情報システムは、戦略や事業方針そのものを対象とする全体（全社）的アプローチである。

　また過去の情報システムは、現場の業務分析をもとに実現する機能を積み上

げていくボトムアップ的アプローチであった。これに対して第4世代の情報システムは、事業を実現するための機能を構築する、トップダウン的アプローチである。

このように情報システムの企画業務における「局所（部門）から全体（全社）へ」と、「ボトムアップからトップダウンへ」という変革が、情報システムの戦略的活用の実現の大きなポイントである（図1-2-1）。

## ■全体的・トップダウン的な情報システムの企画

前述の「十数カ所の工場を1つの工場のように運営し、市場の需要に柔軟に対応できる生産体制を構築する」というケースでは、経営者が戦略を示し、それを実現すべくさまざまな部門が検討を重ね、必要な取り組みを洗い出して、それらを経営計画として立案し推進したものと思われる。このように戦略や事業方針から、それを実現する情報システム像を描くのは、トップダウン的な情報システムの企画である。

では、老朽化した基幹システムを全面的にリプレースし、ＥＲＰパッケージを導入するケースはどうか。システムのリプレースそのものは、事業戦略や事業方針から導き出されたものでないこともある。しかし、検討をすすめるさいには、全社のビジネスの方向性を整理し、それにのっとって各業務プロセスを設計してシステムを導入するのがふつうである。この場合、スタートは異なっても、作業のすすめ方そのものはトップダウン的である。

さらに、局所的業務システムであっても、トップダウン的なアプローチは可能である。たとえば、業務分析から必要機能をリストアップする前に、その事業のねらいや方向性を定めるなかで、当該業務が今後実現すべき役割を整理する方法がある。そして、その役割と現状の業務分析結果を照合し、目標の新業務プロセスと情報システム像を描く。こうすると、特定業務を対象とした情報システムでも、戦略や事業方針を企画に組み込め、実現効果が高まる。

情報システムの構築効果の大きさは、企画段階で確定するもので、後の作業ではそれ以上は期待できない。だから、情報システムを活用して大きな効果を得るためには、その効果の規模に見合う企画を立案することが前提になる。そのためには、ボトムアップ的な手法よりも、トップダウン的なアプローチのほうが多くの場合適している。

第1章 ●── 戦略的システム化計画のすすめ

### 図 1-2-1 「局所的・ボトムアップ」から「全体的・トップダウン」へ

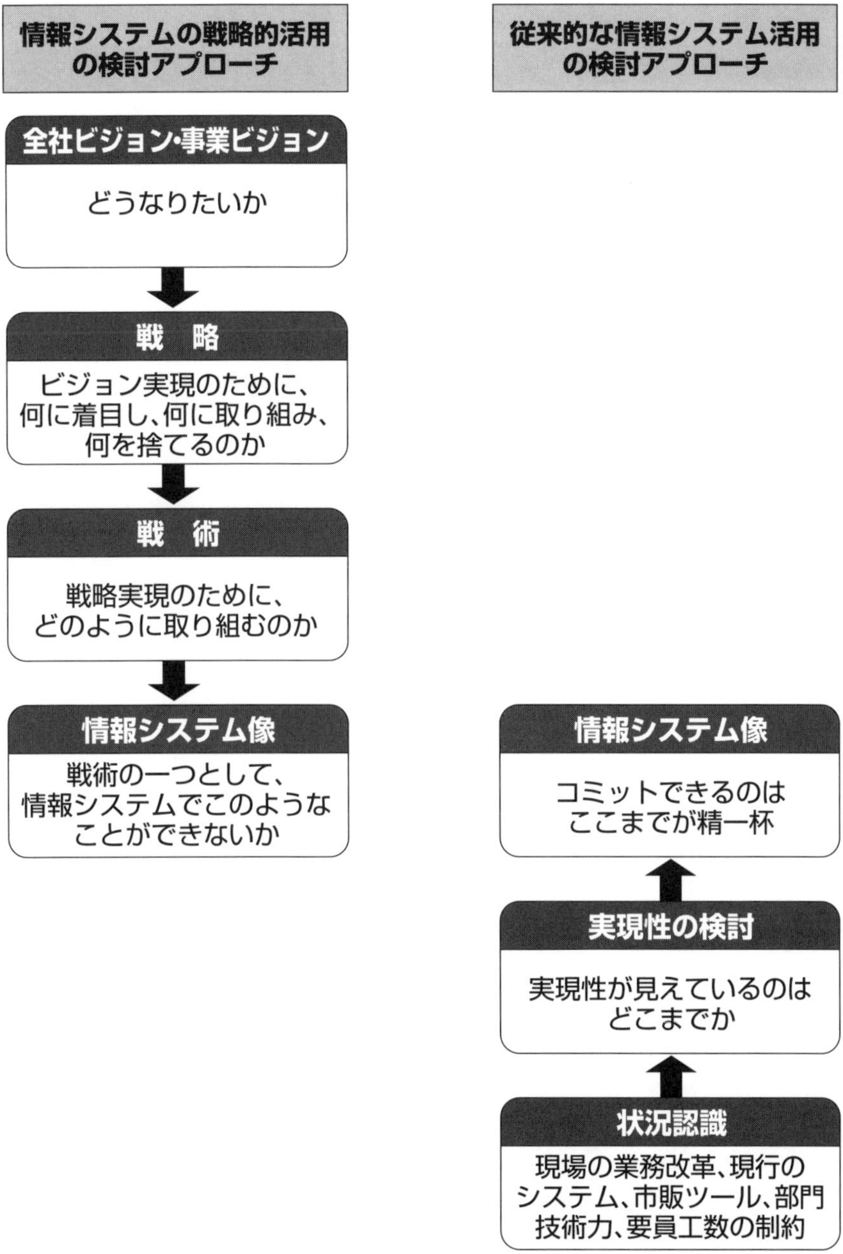

**情報システムの戦略的活用の検討アプローチ**

- **全社ビジョン・事業ビジョン**
  どうなりたいか

  ↓

- **戦　略**
  ビジョン実現のために、何に着目し、何に取り組み、何を捨てるのか

  ↓

- **戦　術**
  戦略実現のために、どのように取り組むのか

  ↓

- **情報システム像**
  戦術の一つとして、情報システムでこのようなことができないか

**従来的な情報システム活用の検討アプローチ**

- **情報システム像**
  コミットできるのはここまでが精一杯

  ↑

- **実現性の検討**
  実現性が見えているのはどこまでか

  ↑

- **状況認識**
  現場の業務改革、現行のシステム、市販ツール、部門技術力、要員工数の制約

33

## 3 トップダウン的な情報システムの企画の効果

> 情報システムの企画作業をトップダウン的にすると、経営者の情報システムに対する認識が、「現場の業務改善のツール」から「自らの経営のためのツール」に変わり、全社的な協力体制、情報システムの部門運営など、さまざまな波及効果がある。

### ■■経営者の思いを実現するツールへの変換

　情報システムの企画作業をトップダウン的に実施することは、情報システムを戦略的に活用するためだけに有効なわけではない。従来のボトムアップ的な情報システムの企画や検討方法をトップダウン的に変えると、情報システムのマネジメントでも、さまざまな波及効果が生まれる。

　従来のボトムアップ的な情報システムは、現場の業務分析を中心とし、その業務担当者のニーズに応えるための方法である。これをトップダウン的なアプローチに変えると、経営者や事業責任者などの戦略や方針にもとづいたシステム構築となる。つまり、これまでは経営者から見ると、投資決裁の対象でしかなかった情報システムが、自らの思いを実現するツールに変わるのである。

　この認識の変化が大きなきっかけとなって、以下のさまざまな波及効果が起こる。

### ■■情報システム投資の積極化

　情報システムへの投資額（予算）は、その効果からは算定されずに、売上高の1％とか、前年実績と同等というように、別の観点から総枠が決められることが多い。

　これは、情報システム投資の事業への貢献度がとらえにくいからである。情報システム投資で売上高が3％上がるとか、利益が10％増加するとなれば、総予算の一定割合ではなく、案件ごとに期待される効果にもとづいて投資額を決定できる。

　ところが実際には、情報システムの構築による事業への効果は、定量的に判断しにくい。このため、個別システムの評価ではなく、例年の予算総枠内の比重で判断することが多い。

この点、トップダウン的に情報システム構築に取り組む企業では、戦略や今後の事業方針に則って投資額を判断する。戦略から将来の姿を導き出し、その効果をはかり、それを実現するための各種取り組みへの投資額を決定することになる。

　システム構築の事業への貢献度が定量的にわかってくると、投資の是非判断は以前より厳しくなる。その反面、必要性が明確になった分、情報システム投資に積極的になる傾向がある。

## ■■情報システム投資のムダの排除

　旧3世代の情報システム構築は、特定業務ごとのシステム化が多く、結果的につぎはぎだらけの構成になっているケースが多い。同一業務なのに担当者が過去に3人存在したという理由で、3種類のシステムが構築されたという笑い話も珍しくない。これらは個別の業務や情報システム単位に投資を検討し、全体的な視点をもたなかったことに原因がある。

　トップダウン的に情報システム企画をすすめるときは、情報システム単位ではなく、事業の観点から投資効果を確認し、構築の必要性を判断する。視点を個別業務から事業に変えることで、重複やムダのあるシステム投資を削減できる。

## ■■情報システム投資効果の明確化

　情報システムの投資効果は、それを評価する場や組織があると、より明確になる。従来の現場主導のボトムアップ的な開発では、効果を判断する機会がなく、だれかがアクションを起こさないかぎり、日常では評価が行われない。

　たとえば、残業の多い部門があり、その業務の効率をよくするために情報システムを構築し、結果的に残業時間が減ることはある。しかし、実際は残業のほとんどがサービス残業で、システム構築が経費の減少には結びつかず、逆にその償却分が増加するというケースはよくある。

　むろん労務管理上はサービス残業が減るのは有意義である。しかし、このような場合、稟議書には期待効果として、サービス残業の削減ではなく、業務効率化によるコスト削減と記載されることが多い。そして現実には、前述のように逆のコスト増になっていても、それがチェックされないままになることが多い。

さて、どんな企業でも、事業戦略や計画の推進状況を確認評価する会議が定期的に開かれる。トップダウン的に情報システムを構築すると、先例とはちがって、必然的にその会議で、計画の事業への貢献度が評価されることになる。

このときポイントになるのは、情報システムの企画段階で、事業戦略や計画の実現のための具体的な効果が明確に示されることである。こうすれば、企画段階の達成予測と構築後の実態を比較して評価ができる。

戦略的情報システムの構築では、「実現効果に対する企画段階の投資判断」と「構築後の確認」という経営者による2段階のチェックを経る。このため、情報システムの投資対効果も明確に判断できる。

## ■■事業部門のオーナーシップ意識の向上

情報システムの構築を決定した事業部門では、投資効果が明確になり、評価機構でチェックされることで、達成目標に沿って情報システムを構築し、かつそのとおりの結果を出すという強い意識が働く。このことは、事業部門での情報システムに対するオーナーシップ意識を高める効果につながる。

## ■■情報システム開発リスクの軽減

事業部門の情報システムに対するオーナーシップ意識が高まると、構築時に同部門から積極的な協力が得られ、業務改善・組織改善などもすすめやすくなる。これにより、総じて情報システム開発に伴うプロジェクトリスク（作業期間の遅延、予算のオーバーなど）が軽減する。

## ■■情報システム部門の活性化

現場の要望に対する多くの未処理業務をかかえ、開発業務に疲弊しきっている情報システム部門は多い。こういうところでは、えてして「できて当たり前、問題や遅延を起こせば叱責される」という背景もあり、総じて要員の仕事に対するモチベーションも下がっている。

しかし、情報システムを戦略的に活用するなかで、情報システム部門は単なるシステム開発部隊ではなく、戦略を遂行する重要な部門へと意識が変わることとなる。実際に行う作業が大きく変わるわけではないが、部門としての位置づけや、経営者からの注目度の違いにより、同部門の従業員のモチベーションが高まり、組織が活性化する。

## ■■戦略的活用実現のための仕組みの必要性

　情報システムの戦略的活用は、事業上の競争優位を獲得する効果があるとして注目を集めている。それだけではなく、ボトムアップからトップダウンへマネジメント手法を変えることでも、さまざまな波及効果が出る。

　前出の波及効果は、昔から情報システム部門が実現に取り組んできた運営上の問題でもある。たとえば、経営者の積極的な参画、事業部門のオーナーシップ意識の向上などは、あるべき姿としてはイメージされながら、具体化する方策が見えずに実現できなかった。

　情報システムのマネジメントをトップダウン的に変革するためには、経営者や事業部門長が、情報システムの企画に参加する具体的な仕組みが必要である。

# 4 トップダウン的な ITマネジメント

> トップダウン的ITマネジメントの実現のためには、IT企画担当者の育成が必須である。経営者の戦略、事業方針、思いを理解して実現イメージと方策を描く能力や、これらを的確明快に説明して経営者の意思決定を促す能力などが重要である。

## ■トップダウン的ITマネジメント移行企業の増加

　情報システムの戦略的活用に関心が高まるなか、トップダウン的ITマネジメントのさまざまな取り組みがすすめられている。「ユーザー企業IT動向調査・調査報告書（2003年度版）」には、各社で次のような取り組みが増加していることが例示されている。
・経営企画担当役員のCIO兼務
・IT戦略立案部門としてのシステム企画部門の設置
・経営計画と一体となったシステム化計画の立案
・経営トップ、IT部門を中心とするIT戦略会議の開催

　これらは、ボトムアップからトップダウンへのITマネジメントの転換への具体的取り組みである。情報システムの戦略的活用の重要性の認識が高まるとともに、こうした案件が社内で確認され、実行される方向にある。

## ■IT戦略・企画への関心を高める企業の急増

　図1-4-1は、内閣府経済社会総合研究所の実施した「ITがもたらす企業経営変革」の調査結果である。調査対象社数1381社のうち、すでにIT戦略の専門部署を設置した企業は49.5％になっている。また、「今後設置予定あり」を合わせると、72.3％の企業がIT戦略部門を設置すると回答している。

　私はコンサルタントとしてさまざまな企業の状況を見ているが、この調査結果に、思っていたよりもIT戦略部門を設置している企業が多いと感じた。現実は、IT戦略の企画が有効に機能している企業はそれほど多くなく、その実感でそういう印象を受けたのかもしれない。

　図表1-4-2は、「経営トップのITへの関心と指示」についての調査結果である。ここからは「経営トップがIT戦略の重要性を認識しつつも、具体的にど

第1章―●―戦略的システム化計画のすすめ

**図 1-4-1** 「ITがもたらす企業経営変革」調査

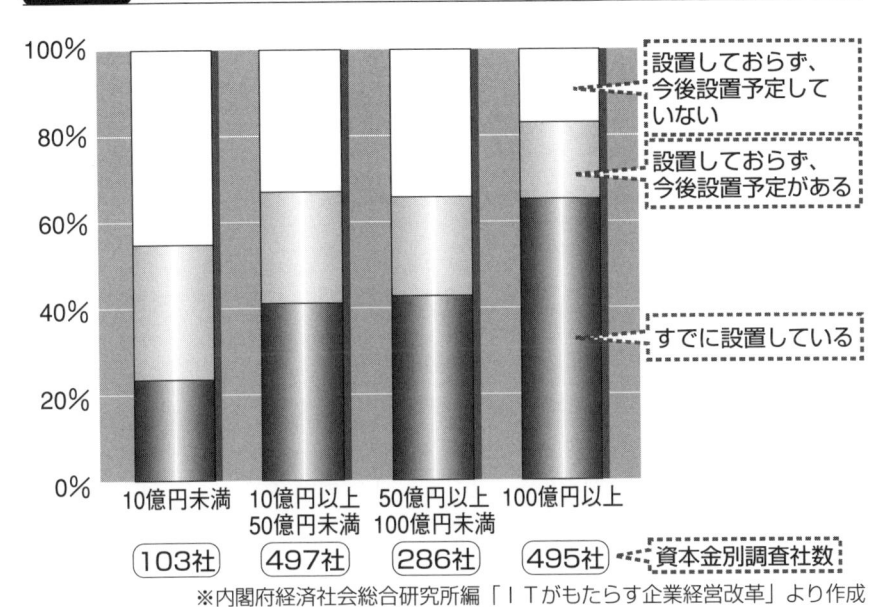

- 設置しておらず、今後設置予定していない
- 設置しておらず、今後設置予定がある
- すでに設置している

10億円未満　103社
10億円以上50億円未満　497社
50億円以上100億円未満　286社
100億円以上　495社　……資本金別調査社数

※内閣府経済社会総合研究所編「ITがもたらす企業経営改革」より作成

**図 1-4-2** 「経営トップのITへの関心と指示」調査

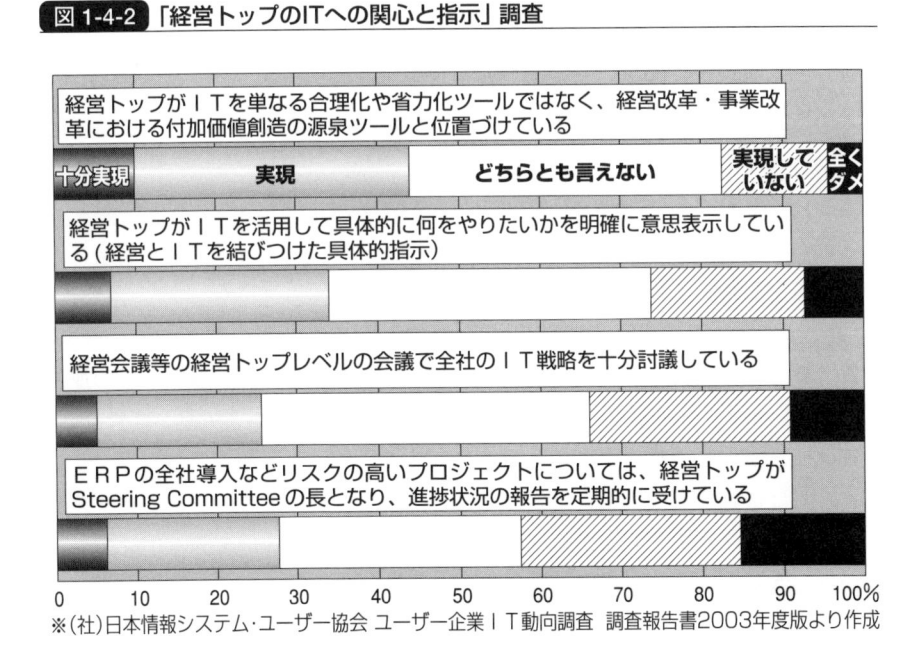

経営トップがITを単なる合理化や省力化ツールではなく、経営改革・事業改革における付加価値創造の源泉ツールと位置づけている

十分実現 | 実現 | どちらとも言えない | 実現していない | 全くダメ

経営トップがITを活用して具体的に何をやりたいかを明確に意思表示している(経営とITを結びつけた具体的指示)

経営会議等の経営トップレベルの会議で全社のIT戦略を十分討議している

ERPの全社導入などリスクの高いプロジェクトについては、経営トップがSteering Committeeの長となり、進捗状況の報告を定期的に受けている

※(社)日本情報システム・ユーザー協会 ユーザー企業IT動向調査 調査報告書2003年度版より作成

のように活用すべきかのビジョンが明確でないまま、経営戦略を策定している企業が相当数ある」(「ユーザー企業IT動向調査・調査報告書(2003年版)」より抜粋)ことが読み取れる。

　前向きな企業経営者ほど「組織もつくり、選任担当者も置いた、経営会議の議題にもした。しかし、なぜ事業へのIT活用の議論がもっと活性化しないのか」「IT企画部門から、なぜ積極的な提案がなされないのか」など、もどかしく感じているのではないだろうか。

## ■■必要なのは実現のための方法論

　これまでの調査結果を見ると、「より経営的視点に立ってITの活用を図りたい」という経営者やIT部門の思いはたしかに感じられる。反面、思いばかりが先立ち、体がついてきていない印象を受ける。これは、従来からの現場改善で培ったシステムの企画や構築の方法に、IT戦略立案部署を無理やりくっつけた結果である。

　情報システムの構築は「企画・設計・構築・テスト・移行・運用」という、各フェーズを経て実現される。そのなかで企画フェーズは、トップダウン的ITマネジメントについて、経営者とコミュニケーションをとりつつ検討をすすめる中心となる。具体的には次の作業を実施する。

①経営者の思い、戦略、事業方針、経営計画を確認し、議論し、整理する
②その実現手段を検討し、ゴールのイメージを明らかにする
③作業計画を立案する
④実現により得られる効果と投資額を明らかにする
⑤それらを戦略的システム化計画として取りまとめ、経営者へ的確・明快に説明して意思決定を促す

　「経営者の思い、戦略、事業方針、経営方針」を「現場の業務改善ニーズ」と置き換えれば、従来から実施されていることである。これが現在うまく進んでいないのは、IT企画担当者が「経営者の思い、戦略、事業方針、経営計画」を確認し、議論し、整理する具体的方法を理解していないからである。

　本書では、経営者や事業責任者とIT企画担当者が協業し、トップダウン的に企画作業をすすめて立案するシステム化計画を「戦略的システム化計画」と名づけ、次章からその立案作業を具体的に解説していく。

# 第2章

# 戦略的システム化計画の全体像

# 1 戦略的システム化計画の全体像

> 戦略的システム化計画は、経営計画の実現に必要な情報システム像を描き出す方法論である。作業は5段階のフェーズに分かれ、フェーズごとのドキュメントを作成し、実現に必要な情報システム像と構築計画を論理的に導き出していく。

## ■戦略的システム化計画とはなにか

　より効果の高い情報システムを構築し、事業に貢献するためには、現場の業務改善ではなく、経営計画の実現手段としてのシステム構築が必要になる。このためには、経営計画と綿密に連携したシステム化計画を立案し、情報システムを構築しなくてはならない。

　戦略的システム化計画は、経営計画とシステム化計画（ＩＴ戦略）を一体化するための考え方、作業手順、ドキュメント体系である。この流れに沿って検討をすすめると、経営計画から始まり、最終的に実現する情報システム構成やその実行計画までを整理できる。

　これは計画立案の方法論であると同時に、認識の共有化をすすめ、作業の方向性を統一するコミュニケーションツールでもある。

## ■戦略的システム化計画の目的

　戦略的システム化計画では、具体的に次のことを実施していく。
①目指す方向とゴールの姿としての経営計画を整理する。
②経営計画達成のために推進すべき取り組みを整理する。
③取り組みのひとつとして情報システム像を整備する。
④必要な投資額、人員体制、課題、スケジュールを事前に明らかにする。
⑤推進意思決定のための判断材料を提示し、明快に説明する。

　この①～⑤の作業を通じて、経営計画の実現のために必要となる情報システム像およびその構築方法を明らかにする。これが戦略的システム化計画の立案目的である。

## ■戦略的システム化計画の作業手順

立案目的を満たすために、戦略的システム化計画では以下の順で作業を実施する。各フェーズは、前述の①〜⑤に対応する。

　　フェーズⅠ：経営計画の整理　　　　　　⇒　①
　　フェーズⅡ：重点施策の整理　　　　　　⇒　②
　　フェーズⅢ：情報システム要件の立案　　⇒　③
　　フェーズⅣ：情報システム構成の立案　　⇒　③
　　フェーズⅤ：全体推進計画（スケジュール、
　　　　　　　　体制、投資対効果算定）の立案⇒　④
　　フェーズⅥ：経営者向け説明資料の作成と報告⇒　⑤

## ■■戦略的システム化計画の資料構成

　各作業フェーズでは、図2-1-1のようなドキュメントを作成する。各ドキュメントは、経営計画から取り組み施策、開発すべき情報システム像、費用対効果までを、論理的に記述する形式になっている。

　戦略的システム化計画では、多くの仮説を含めて検討がすすむため、空論の羅列になるおそれがある。それを回避するために、事実と仮説を一つひとつ積み重ねていく論理手法が重要になる。

　戦略的システム化計画は、検討方法の手順と作成する資料間の相互関連により、論理性が一貫する仕組みになっている。だから、作成を一部のドキュメントに限定すると、全体の論理構成が崩れて破綻する。あくまで一連のドキュメント体系は、トータルにひとつのセットとして扱うことが重要である。

## ■■資料のフォーマットについて

　戦略的システム化計画の作業過程では、現状の整理用資料、検討用資料、報告用資料など、多くの資料の作成が必要になる。これらのドキュメントについては、図2-1-1で示したフォーマットを利用することをすすめる。

　フォーマットは、多くの経験のなかで工夫や改善を重ねて、現在の形になった。フォーマット自体やその書き方に、戦略的システム化計画の核となる論理的思考や目標値の落とし込みのためのノウハウがつまっている。

　ただし、8章でふれる最終報告会用の説明資料は、特定のフォーマットはない。私自身も状況に応じて毎回作成する。そのさいのポイントは、報告する相手にわかりやすいように、資料構成、内容を調整することである。

### 図 2-1-1　戦略的システム化計画の資料構成

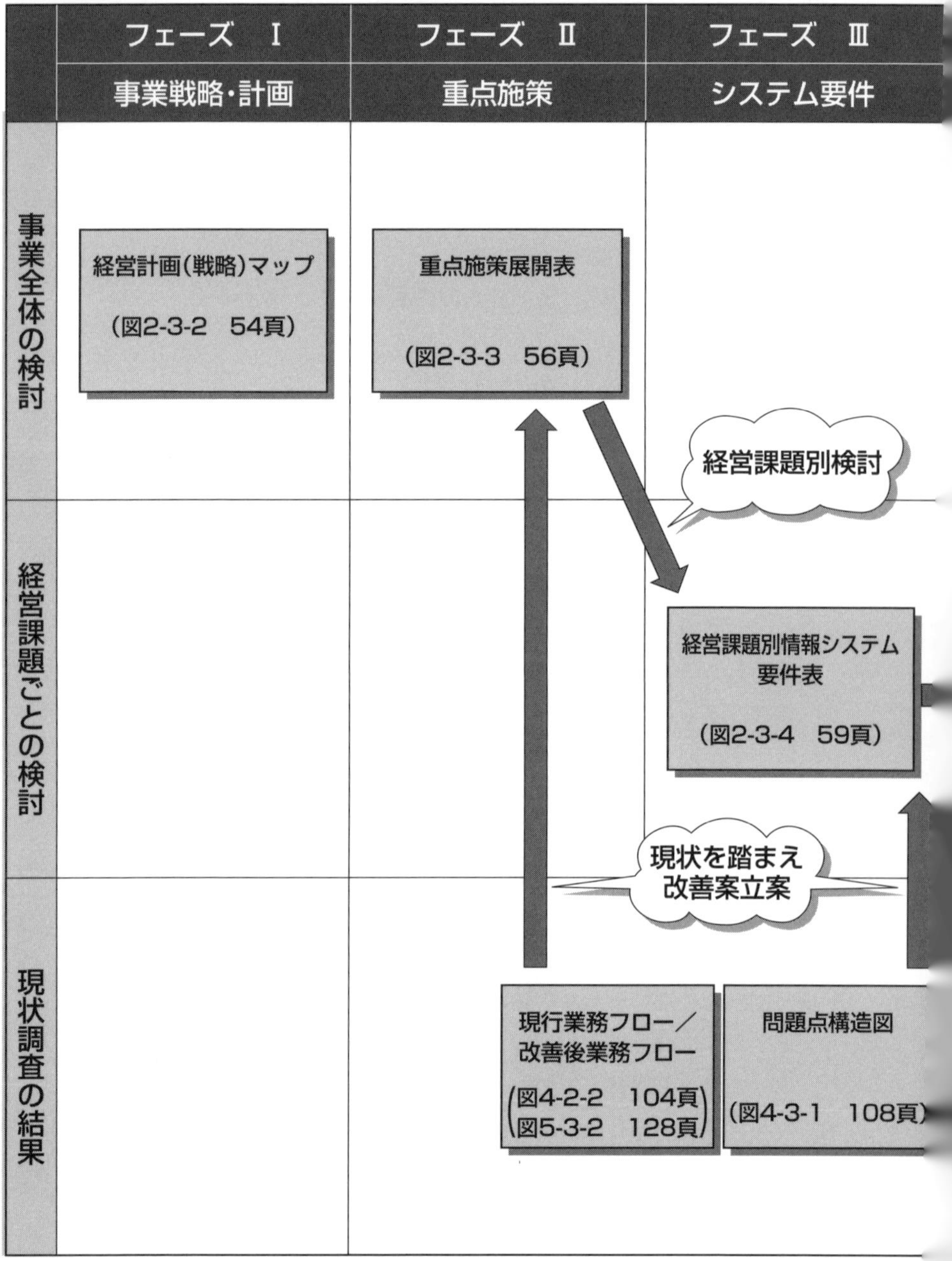

|  | フェーズ I<br>事業戦略・計画 | フェーズ II<br>重点施策 | フェーズ III<br>システム要件 |
|---|---|---|---|
| 事業全体の検討 | 経営計画（戦略）マップ<br>（図2-3-2　54頁） | 重点施策展開表<br>（図2-3-3　56頁） |  |
| 経営課題ごとの検討 |  |  | 経営課題別情報システム要件表<br>（図2-3-4　59頁） |
| 現状調査の結果 |  | 現行業務フロー／改善後業務フロー<br>（図4-2-2　104頁）<br>（図5-3-2　128頁） | 問題点構造図<br>（図4-3-1　108頁） |

経営課題別検討

現状を踏まえ改善案立案

第 2 章 ── ● ── 戦略的システム化計画の全体像

| フェーズ Ⅳ | フェーズ Ⅴ | |
| --- | --- | --- |
| システム構成 | 推進計画・投資額 | 投資対効果説明 |
| 全体システム構成図<br><br>(図2-3-5　60頁) | 全体推進計画、<br>投資額一覧<br><br>(図2-3-6　62頁)<br>(図2-3-7　63頁) | |
| ↑ 実現ステップの取りまとめ | ↑ 事業全体で取りまとめ | |
| 経営課題別情報システム構成図<br><br>(図2-3-5　60頁) | 経営課題別推進計画、<br>投資額一覧<br><br>(図2-3-6　62頁)<br>(図2-3-7　63頁) | 経営課題別投資対効果鳥瞰図<br><br>(図2-3-8　65頁) |
| ↑ 現状を踏まえ改善案立案 | | |
| 現行システム構成図<br><br>(図2-3-5　60頁) | | |

# 2 戦略的システム化計画の特徴

> 戦略的システム化計画の最大の特徴は、論理的であること。経営計画を実現するという目的を優先し、その観点から、施策、情報システム要件、情報システムの達成水準などを論理的に導き出している。

## ■■論理的であることの重要性

　戦略的システム化計画の立案作業は、フェーズⅠの「経営計画の整理」から、フェーズⅤの「全体推進計画の立案」へと、検討結果が論理的に詳細になるようにすすんでいく。

　検討途中で案件の漏れや論理の飛躍があると、最初の経営計画の整理内容と最後の全体推進計画の間に、一貫性がなくなってしまう。こうなると、立案された計画を推進しても、事業戦略が実現される印象は薄くなり、承認・実行には至らない結果になる。

　計画は、図2-2-1のように検討作業をすすめる。論理展開は、各ドキュメント間のつながりと、ドキュメント内の検討内容のなかに組み込んである。作業の要点は次の3つである。

①経営計画の実現に必要な施策を網羅的に洗い出す
②経営課題のＫＰＩ（主要業績評価指標）から情報システム機能スペックを洗い出す
③情報システム構築以外の施策を含めた推進計画を立案する

## ■■経営計画の実現に必要な施策を網羅的に洗い出す

　戦略的システム化計画では、情報システム構築だけではなく、組織改革、業務改革、意識改革、制度改革などの事業戦略の実現に必要な施策を網羅的に洗い出す（図2-2-2）。

　従来のシステム化計画では、情報システム構築の施策のみを、「Ａシステムの構築」「Ｂシステム構築」「ｎシステム～」などと列挙する。ふつう、経営計画の実現には、組織改革、業務改革、意識改革、制度改革などを一体化した推進が前提になる。情報システム構築はその一つにすぎず、これは誰もが肌で感

第 2 章　戦略的システム化計画の全体像

### 図 2-2-1　戦略的システム化計画の論理展開

**目指すべきゴールの定義**

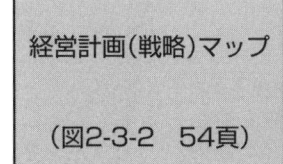

経営計画(戦略)マップ

(図2-3-2　54頁)

**ゴール実現方法の整理**

重点施策展開表

(図2-3-3　56頁)

**実現手順の定義**

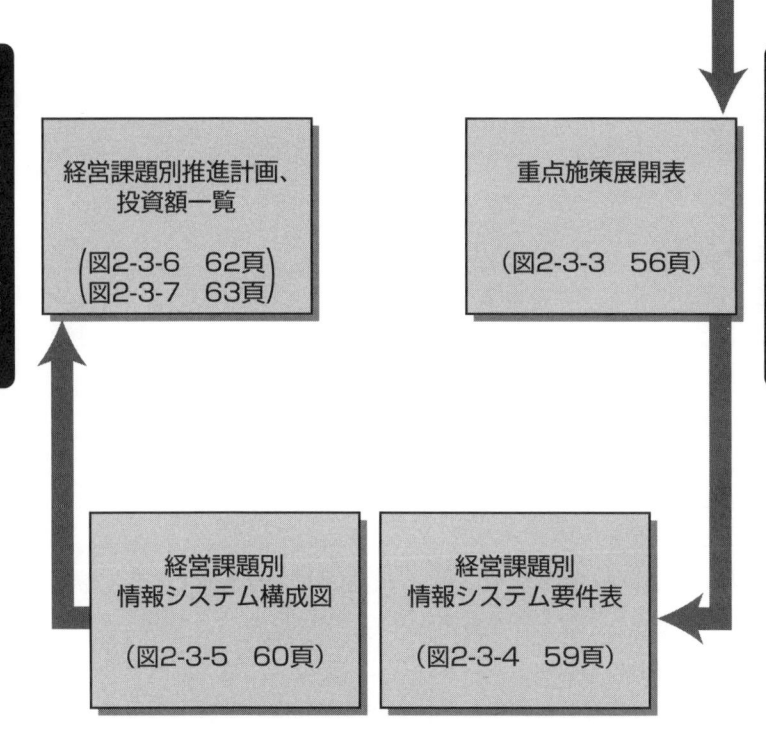

経営課題別推進計画、投資額一覧

(図2-3-6　62頁)
(図2-3-7　63頁)

経営課題別
情報システム構成図

(図2-3-5　60頁)

経営課題別
情報システム要件表

(図2-3-4　59頁)

**実現に必要となる情報システム像の立案**

**図 2-2-2** 経営課題実現に必要な施策の洗い出し

| 経営課題 | | | 施策 | システム要件 |
|---|---|---|---|---|
| 財務の視点 | 顧客の視点 | 内部プロセスの視点 | | |
| 電話サポート事業の拡大 | 迅速に問題を解決してほしい | 応対窓口業務の強化 | オペレーター配置の適正化 | |
| | | | オペレーターへの教育カリキュラムの作成・教育の実施 | |
| | | | オペレーターの社員化 | |
| | | | 派遣オペレーターの長期契約化 | |
| | | | 問い合わせ事例・解決事例の記録 | |
| | | | 解決ノウハウの収集 | |
| | | | 問題特定QAの設計 | 想定質問事項の表示機能 |
| | | | 問い合わせ事例・解決事例の再活用の仕組みづくり | 想定解答例の表示機能 |
| | | | | 解決策の表示機能 |
| | | | | ノウハウの簡易な登録機能 |
| | | | 顧客側作業説明用資料の作成・送付の仕組みづくり | ドキュメントの抽出機能 |
| | | | | ドキュメントのFAX送信機能 |
| | | | | ドキュメントのeメール送信機能 |

> **情報システムだけでなく、「組織改革」「業務改革」「意識改革」「制度改革」など経営課題実現に必要となるすべての取り組みを列挙する。**

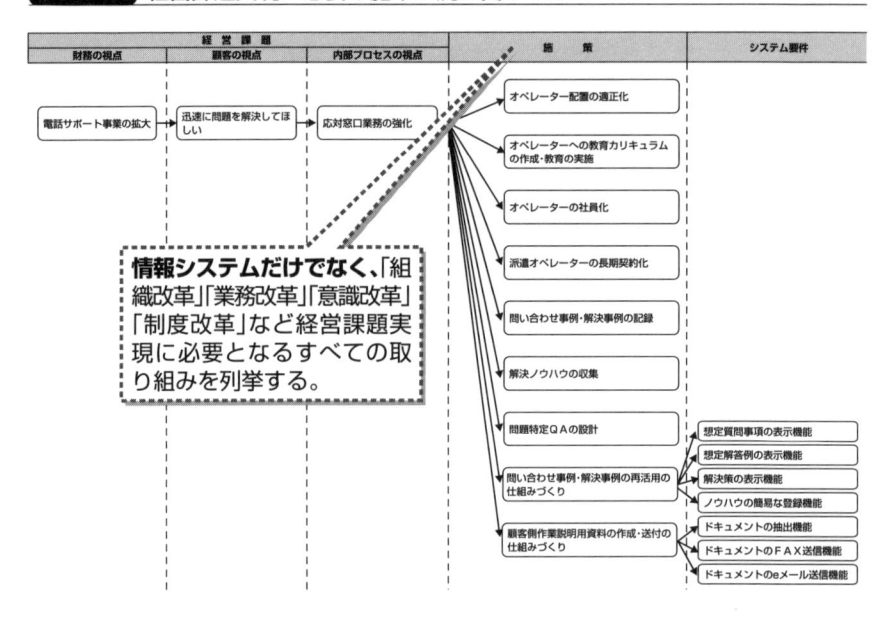

じている。

　だから、情報システム構築だけを列挙すると、「経営計画の実現に必要なものの見極めができていない」と思われる。そして、「列挙された情報システム化計画では、事業戦略の実現性に問題がある」との判断を下される可能性が高い。

　したがって、まず組織改革、業務改革、意識改革、制度改革などの側面から必要な施策を整理し、のちに情報システム構築をその実現手段のひとつとして上げるべきである。

　整理された施策が的を射ていれば、実現の可能性も高くなり、情報システム構築もその適正な手段として評価されることとなる。

　経営者の関心は情報システムではなく、あくまで経営計画の実現である。いいかえれば、まず経営計画があり、いかにしてこれを実現するかが問われるのである。

　「経営計画の整理」→「そのための網羅的な施策の整理」→「情報システム構築施策の整理」というフローが、経営者の関心や思考から見て、もっとも説

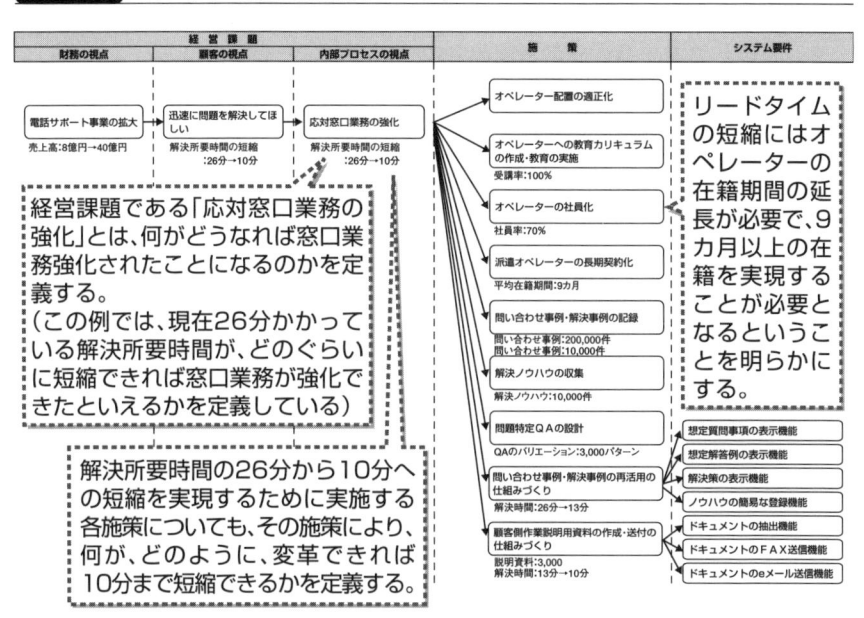

## 図 2-2-3　スペックの論理展開（イメージ）

|経営課題||||施策|システム要件|
|---|---|---|---|---|---|
|財務の視点|顧客の視点|内部プロセスの視点||||

**財務の視点**
電話サポート事業の拡大
売上高:8億円→40億円

**顧客の視点**
迅速に問題を解決してほしい
解決所要時間の短縮
:26分→10分

**内部プロセスの視点**
応対窓口業務の強化
解決所要時間の短縮
:26分→10分

> 経営課題である「応対窓口業務の強化」とは、何がどうなれば窓口業務強化されたことになるのかを定義する。
> （この例では、現在26分かかっている解決所要時間が、どのぐらいに短縮できれば窓口業務が強化できたといえるかを定義している）

**施策**
- オペレーター配置の適正化
- オペレーターへの教育カリキュラムの作成・教育の実施
  受講率:100%
- オペレーターの社員化
  社員率:70%
- 派遣オペレーターの長期契約化
  平均在籍期間:9カ月
- 問い合わせ事例・解決事例の記録
  問い合わせ事例:200,000件
  問い合わせ事例:10,000件
- 解決ノウハウの収集
  解決ノウハウ:10,000件
- 問題特定ＱＡの設計
  QAのバリエーション:3,000パターン
- 問い合わせ事例・解決事例の再活用の仕組みづくり
  解決時間:26分→13分
- 顧客側作業説明用資料の作成・送付の仕組みづくり
  説明資料:3,000
  解決時間:13分→10分

**システム要件**
- 想定質問事項の表示機能
- 想定解答例の表示機能
- 解決策の表示機能
- ノウハウの簡易な登録機能
- ドキュメントの抽出機能
- ドキュメントのＦＡＸ送信機能
- ドキュメントのeメール送信機能

> リードタイムの短縮にはオペレーターの在籍期間の延長が必要で、9カ月以上の在籍を実現することが必要となるということを明らかにする。

> 解決所要時間の26分から10分への短縮を実現するために実施する各施策についても、その施策により、何が、どのように、変革できれば10分まで短縮できるかを定義する。

得力のある論理展開である。

## ■ＫＰＩから情報システム機能スペックを導く

　戦略的システム化計画では、経営計画の実現に必要な情報システム像を明確にする。たとえば、「売上高を100億円増加させる」という経営課題から、売上高を大幅に増加させるために、その受注をさばく受注システムが必要だという設定は論理的に当然である。しかし、実際に必要なのは単なる受注システムではなく、売上高が100億円に増えたときに対応できるそれである。

　100億円分の受注をこなすために「受注システムの受注処理を２秒で完了させる」という機能スペックをもったシステムが必要であり、ここをきちんと押さえないと、期待した効果が得られなくなってしまう。

　計画では、全機能を詳細に整理するわけではない。しかし、経営計画の実現に必要な機能スペックについては、図2-2-3のように経営課題のＫＰＩから論理的に落とし込む。これにより、経営者の求める「経営計画の実現に必要な、適正な機能をもつ情報システム」が実現できる。

## ■情報システム構築以外の施策を含める

　情報システムだけの推進計画では、一体化してすすめる他の施策との関係がわからない。これでは、経営計画の実現も難しい。たしかに情報システムの構築計画は主たる対象になるが、その実現性について理解を得るには、他の施策を含めた推進計画を立案する必要がある。

　戦略的システム化計画は、論理性を重視した計画立案手法である。その論理性は作業手順と検討内容によって確保されるように設計されている。検討方法、内容の詳細については、第4章以降で説明する。その前に、次節では、作業手順と検討内容の流れの概要について説明する。ここで戦略的システム化計画の全体像を把握していただきたい。

# 3 戦略的システム化計画の作業手順

戦略的システム化計画では、フェーズの順番で検討をすすめて、経営計画の実現に必要な情報システム像を論理的に描き出すことができる。各フェーズの詳細な作業内容に入る前に、フェーズの検討の流れにこめた論理展開を把握する。

## ■フェーズⅠ：経営計画の整理

戦略的システム化計画の目的である、実現すべき経営計画を整理する。これは、イメージ的には「経営者が経営計画として考えていること」を、1枚の紙に表現するのに相当する。そこには、計画が推進された後のゴールの姿、実現のための重要な課題、各課題の達成水準などが描かれる。

といっても、すでに頭のなかで1枚の紙に整然と経営計画を描いている経営者が多いわけではない。よって当フェーズでは、経営者の頭のなかにあるはずの像を、推進メンバーが共有できるように描き出すことが目的になる。

以上は、図2-3-1のようなバランス・スコアカードの表現方法に沿って描けばいい。その詳細は第3章で解説する。重要なのは、事細かに計画実現のための経営課題を抽出することではなく、次の2点になる。
①本当に重要な経営課題を明確にする
②そのために実現すべき達成水準を明確にする（図2-3-2）

## ■フェーズⅡ：重点施策の整理

フェーズⅠで整理した経営計画を実現するための取り組みを整理する。その資料として、図2-3-3のような重点施策展開表を作成する。重点施策の整理をするために、次の3つの作業をすすめる。
①経営課題の実現のための施策を洗い出す
②経営課題の実現責任部門を整理する
③施策推進の担当部門を整理する

当フェーズでは、重点施策の整理のために経営上の問題点を調査し、解決策を立案する。この解決策が施策となる。

**図 2-3-1** バランス・スコアカードの戦略マップのイメージ

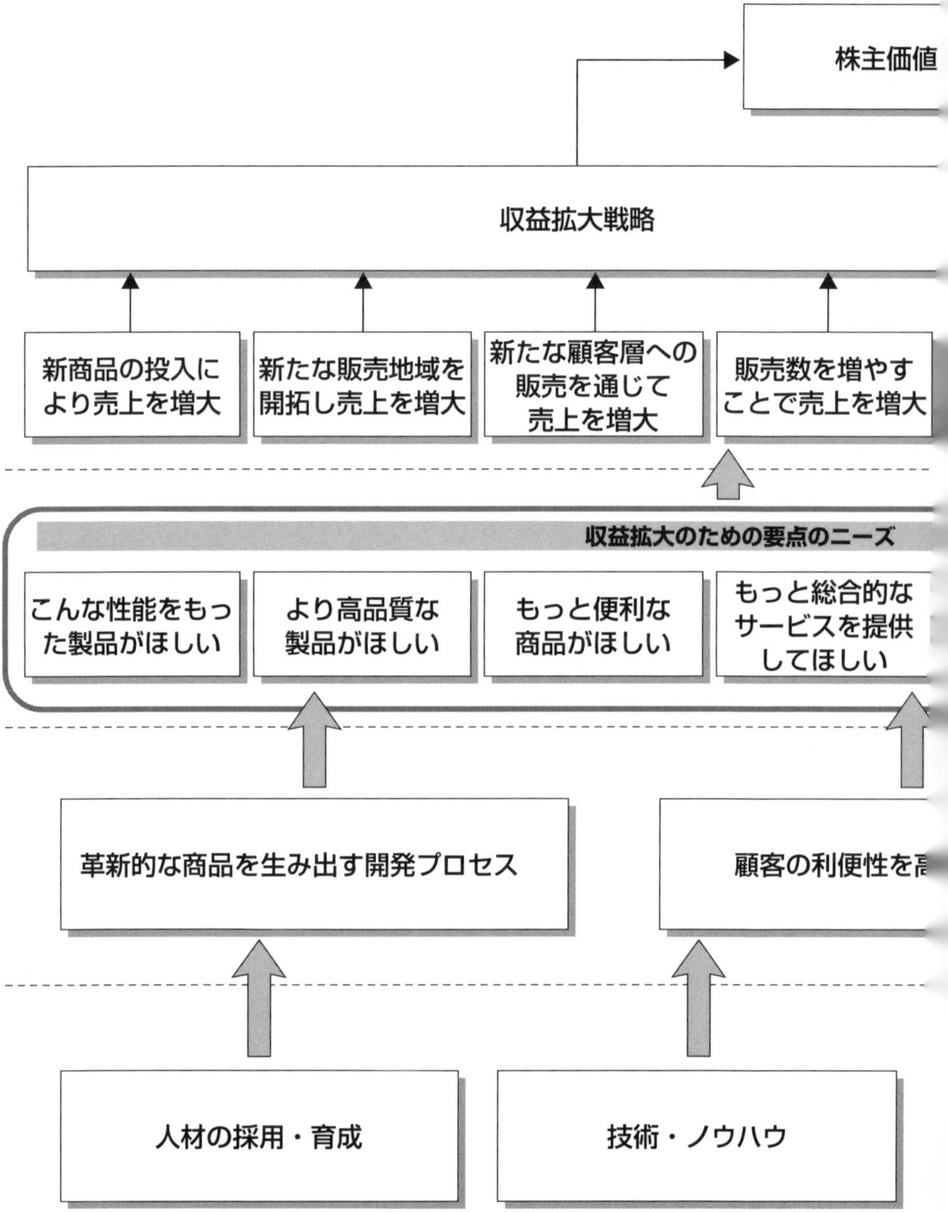

株主価値

収益拡大戦略

- 新商品の投入により売上を増大
- 新たな販売地域を開拓し売上を増大
- 新たな顧客層への販売を通じて売上を増大
- 販売数を増やすことで売上を増大

収益拡大のための要点のニーズ

- こんな性能をもった製品がほしい
- より高品質な製品がほしい
- もっと便利な商品がほしい
- もっと総合的なサービスを提供してほしい

革新的な商品を生み出す開発プロセス

顧客の利便性を高

人材の採用・育成

技術・ノウハウ

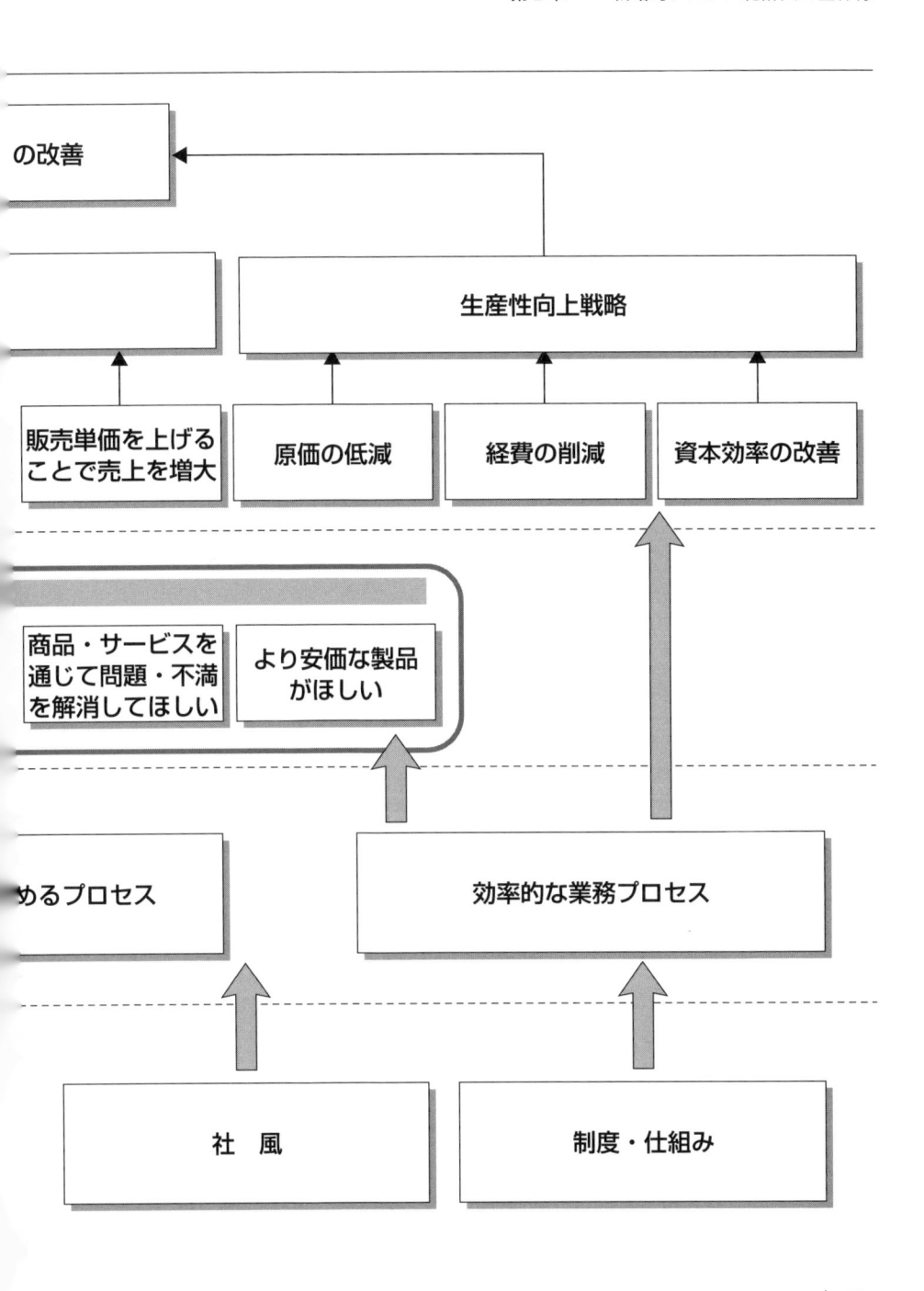

第 2 章 ── ● ── 戦略的システム化計画の全体像

の改善

生産性向上戦略

| 販売単価を上げることで売上を増大 | 原価の低減 | 経費の削減 | 資本効率の改善 |

商品・サービスを通じて問題・不満を解消してほしい | より安価な製品がほしい

めるプロセス　　　効率的な業務プロセス

社　風　　　制度・仕組み

**図 2-3-2** 経営計画(戦略)マップ

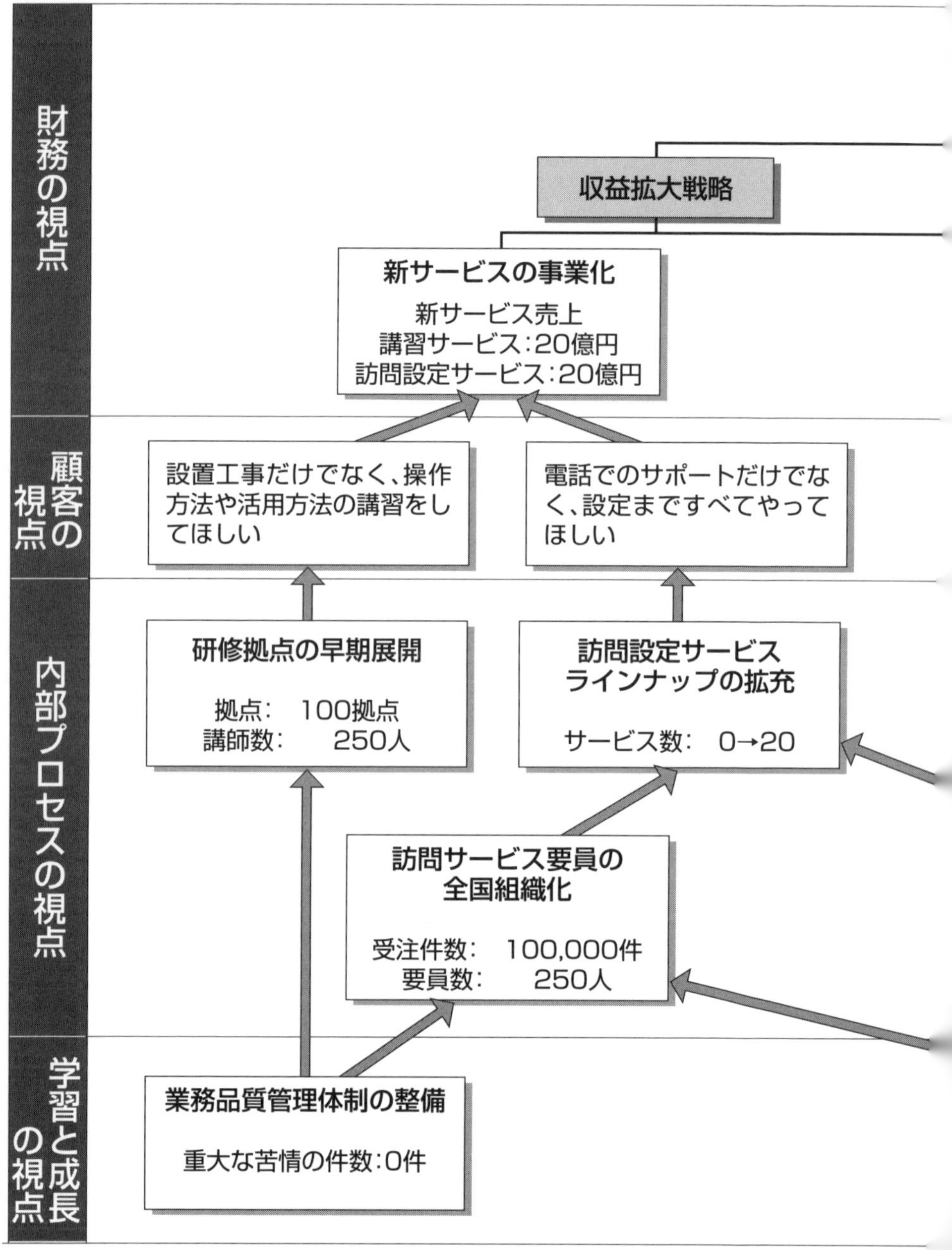

## 財務の視点

**収益拡大戦略**

**新サービスの事業化**
新サービス売上
講習サービス：20億円
訪問設定サービス：20億円

## 顧客の視点

設置工事だけでなく、操作方法や活用方法の講習をしてほしい

電話でのサポートだけでなく、設定まですべてやってほしい

## 内部プロセスの視点

**研修拠点の早期展開**
拠点：　　100拠点
講師数：　250人

**訪問設定サービスラインナップの拡充**
サービス数：　0→20

**訪問サービス要員の全国組織化**
受注件数：　100,000件
要員数：　　250人

## 学習と成長の視点

**業務品質管理体制の整備**
重大な苦情の件数：0件

54

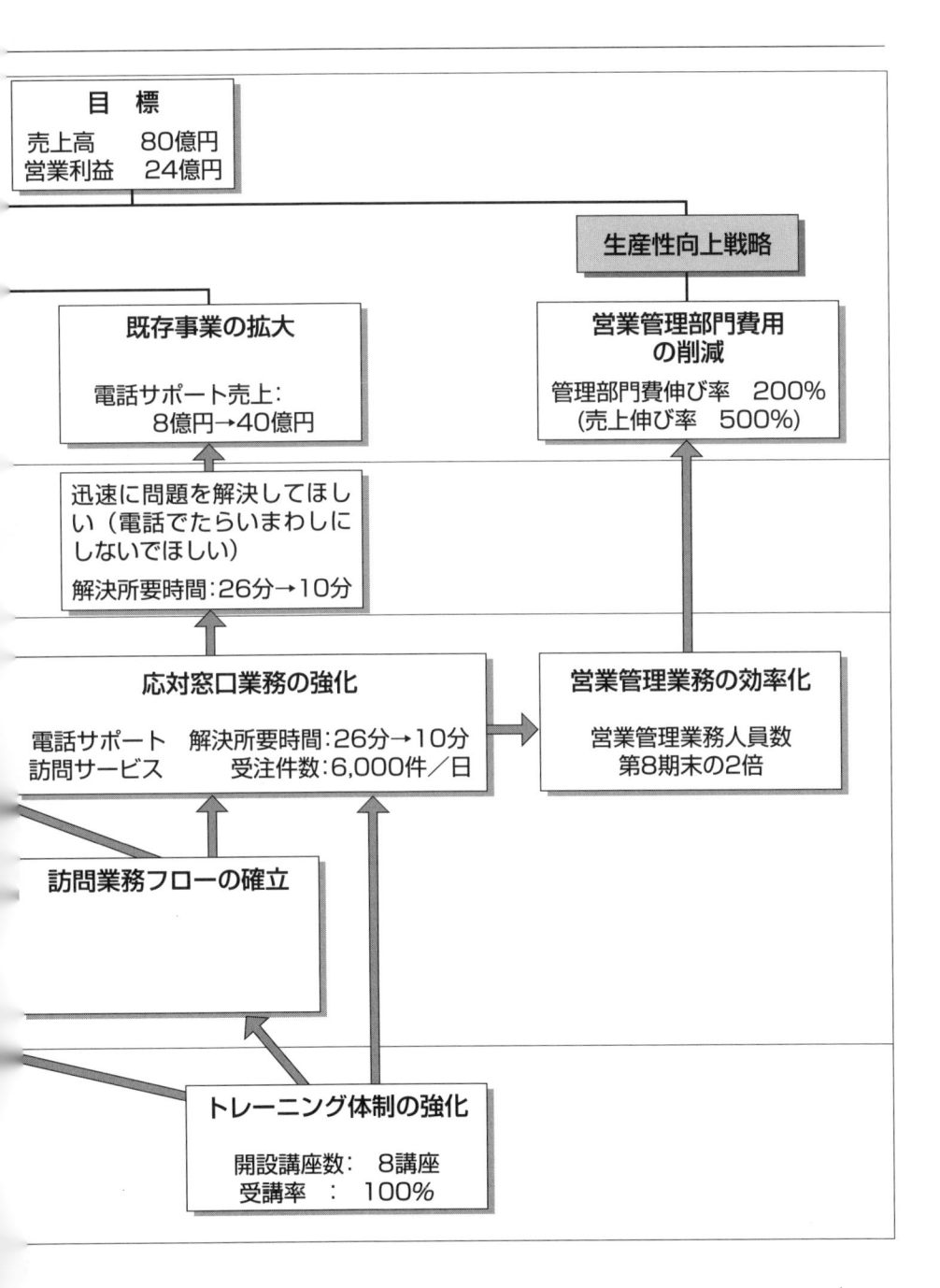

第2章 ●―― 戦略的システム化計画の全体像

## 目　標
売上高　　　80億円
営業利益　　24億円

### 生産性向上戦略

**既存事業の拡大**

電話サポート売上：
8億円→40億円

**営業管理部門費用の削減**

管理部門費伸び率　200%
（売上伸び率　500%）

迅速に問題を解決してほしい（電話でたらいまわしにしないでほしい）

解決所要時間：26分→10分

**応対窓口業務の強化**

電話サポート　　解決所要時間：26分→10分
訪問サービス　　受注件数：6,000件／日

**営業管理業務の効率化**

営業管理業務人員数
第8期末の2倍

**訪問業務フローの確立**

**トレーニング体制の強化**

開設講座数：　8講座
受講率　：　100%

### 図 2-3-3 重点施策展開表

**アフターサービス事業部 課題管理表**

| 視点 | 経営課題 | 重要度 | 達成期限目処 | 目標 | | 顧客先問題特定QAの設計 | 問い合わせ事例・解決策ノウハウの収集 | 問い合わせ事例・解決事例の再活用の仕組みの構築 | 顧客側作業説明用資料の作成・送付 | 問い合わせ発生統計による配置の適正化 | オペレーターへの教育カリキュラムの作成・教育の実施 | オペレーターの社員化 | 派遣オペレーターの長期契約化 | (新サ)研修拠点の開拓・開設 |
|---|---|---|---|---|---|---|---|---|---|---|---|---|---|---|
| 財務 | アフターサービス事業 | A | 第11期末 | 売上高 | 80億円 | | | | | | | | | |
| | | | | 営業利益 | 24億円 | | | | | | | | | |
| | 新サービスの事業化 | A | 第11期末 | 講習サービス売上 | 20億円 | | | | | | | | | |
| | | | | 訪問設定サービス売上 | 20億円 | | | | | | | | | ○ |
| | 既存事業の拡大 | A | 第11期末 | 電話サポート売上 | 40億円 | ○ | ○ | ○ | ○ | ○ | ○ | ○ | | |
| | 営業管理部門費用の削減 | B | 第11期末 | 管理部門伸び率 | 200% | | | | | | | | | |
| 顧客 | 設置工事だけでなく、操作方法や活用方法の講習をしてほしい | B | 第10期末 | | | | | | | | | | | ○ |
| | 電話でのサポートだけでなく、設定まですべてやってほしい。 | A | 第10期末 | | | | | | | | | | | |
| | 迅速に問題を解決してほしい(電話でたらいまわしにしないでほしい)。 | A | 第10期中間 | 問題解決所要時間 | 10分以内 | ○ | ○ | ○ | ○ | ○ | ○ | ○ | | |
| プロセス | 研修拠点の早期展開 | A | 第10期中間 | 拠点数 | 100拠点 | | | | | | | | | ○ |
| | | | | 講師数 | 250人 | | | | | | | | | |
| | 訪問設定サービスラインナップの拡充 | A | 第10期中間 | サービス数 | 20サービス | | | | | | | | | |
| | | | | 受注件数 | 100,000件 | | | | | | | | | |
| | 訪問サービス要員の全国組織化 | A | 第10期中間 | 要員数 | 250人 | | | | | | | | | |
| | 訪問業務フローの確立 | A | 第10期末 | | | ○ | | | | ○ | ○ | | | |
| | 応対窓口業務の強化 | A | 第10期中間 | 解決所要時間の短縮 | 10分 | | | | | | | | | |
| | | | | 受注件数 | 6000件/日 | | | | | | | | | |
| | 営業管理業務の効率化 | B | 第9期末 | 営業管理業務人員数 | 第8期末の2倍 | | | | | | | | | |
| | | | | (売上は第8期末の5倍) | | | | | | | | | | |
| 成長 | 業務品質管理体制の整備 | A | 第10期中間 | 重大なクレーム件数 | 0件 | | | | | | | ○ | ○ | |
| | トレーニング体制の強化 | B | 第10期中間 | 開設講座数 | 8講座 | | | | | | | ○ | ○ | |
| | | | | 受講率 | 100% | | | | | | | | | |

**各施策の推進責任部門**

| | 顧客先問題特定QAの設計 | 問い合わせ事例・解決策ノウハウの収集 | 問い合わせ事例・解決事例の再活用の仕組みの構築 | 顧客側作業説明用資料の作成・送付 | 問い合わせ発生統計による配置の適正化 | オペレーターへの教育カリキュラムの作成・教育の実施 | オペレーターの社員化 | 派遣オペレーターの長期契約化 | (新サ)研修拠点の開拓・開設 |
|---|---|---|---|---|---|---|---|---|---|
| アフターサービス事業部 | ○ | ○ | ○ | ○ | ○ | ○ | | | |
| 法人向販売事業部 | | | | | | | | | |
| 個人向販売事業部 | | | | | | | | | |
| 経理部 | | | | | | | | | |
| 人事部 | | | | | | | ○ | ○ | |
| 総務部 | | | | | | | | | ○ |
| 経営企画部 | | | | | | | | | |
| 情報システム部 | | ○ | ○ | | | | | | |

(経営課題)

# 第 2 章　戦略的システム化計画の全体像

| | 経営課題実現のために必要となる施策 | | | | | | | | | | | | 経営課題実現の責任部門 | | | | | | | |
|---|---|---|---|---|---|---|---|---|---|---|---|---|---|---|---|---|---|---|---|---|
| | 研修講師の育成 | 研修カリキュラムの作成 | (研修事業の立ち上げ関係施策)……… | 訪問設定サービスメニューの作成 | 訪問サービス員の育成 | 受注・派遣・料金回収フローの定義 | 地域代理店の開拓 | コールセンターの拠点の集約 | 受注計上業務の自動処理化 | 会計計上業務の自動処理化 | 事務管理業務プロセスの再設計の実施 | 請求業務のアウトソーシング化 | アフターサービス事業部 | 法人向販売事業部 | 個人向販売事業部 | 経理部 | 人事部 | 総務部 | 経営企画部 | 情報システム部 |
| | | | | | | | | | | | | | ○ | | | | | | | |
| | ○ | ○ | | ○ | ○ | ○ | | | | | | | ○ | | | | | | | |
| | | | | | | | | | | | | | ○ | | | | | | | |
| | | | | | | | ○ | ○ | ○ | ○ | ○ | | | | | | ○ | ○ | | ○ |
| | ○ | ○ | | | | | | | | | | | ○ | | | | | | | |
| | | | | ○ | ○ | ○ | | | ○ | | | | ○ | | | | | | | |
| | | | | | | | | | | | | | ○ | | | | | | | |
| | ○ | | | | | | | | | | | | ○ | | | | | | | |
| | | | | | ○ | | | | | | | | | | | | | | | |
| | | | | | ○ | ○ | | | | | | | ○ | | | | | | | |
| | | | | | | | ○ | ○ | | | | | ○ | | | | | | | |
| | | | | | | | | | | | | | ○ | | | | | | | |
| | | | | | | | ○ | | ○ | ○ | ○ | | | | | ○ | ○ | ○ | | |
| | ○ | | | ○ | ○ | | | | | ○ | | | | | | ○ | | | | |
| | ○ | | | ○ | ○ | | | | | | | | | | | ○ | | | | |
| | ○ | ○ | | ○ | ○ | ○ | ○ | | ○ | ○ | ○ | | | | | | | | | |
| | | | | | | | ○ | | ○ | ○ | ○ | | | | | | | | | |
| | ○ | ○ | | | ○ | | | | | | ○ | | | | | | | | | |
| | | | | | | ○ | | ○ | | | ○ | | | | | | | | | |
| | | | | | | | | ○ | ○ | | | | | | | | | | | |

問題点の調査にあたっては、現場でのインタビューや業務データとりなどを実施し、それについて問題点の構造分析などを行う。検討方法の詳細は第4章に示した。

## ■■フェーズⅢ：情報システム要件の立案

重点施策を整理して立案した施策を、さらに詳細に検討する。次に、情報システムが経営課題の実現のためにもつべき要件を洗い出す。その検討結果を図2-3-4のような「情報システム要件表」として整理する。

この作業は、フェーズⅡで立案した解決策が、情報システムにかかわるときに実施する。つまり、問題点をどう解決するかから一歩すすめ、どんな機能が必要かを整理する。その機能を具現化するスペックについては、経営課題のKPIと目標値を分析して整理する。その詳細は第5章で述べる。

当フェーズでは、事業戦略の実現のために、情報システムに必要な要件の洗い出しだけを行う。その要件から導き出すアプリケーション構成は、次のフェーズⅣで検討する。

## ■■フェーズⅣ：情報システム構成の立案

前フェーズで整理した情報システム要件を検討し、どのようなアプリケーション構成で実現するかを決める。また、その実現方法についても、新規のシステム構築なのか、既存システムへの機能追加・修正なのか、APSのような外部リソースを活用するのか、なども検討する。

その結果、最終的に実現する情報システムの姿を、図2-3-5のような「情報システム構成図」として作成する。

この記述レベルは概要でよい。現状の変更点が明確であればよく、通常はアプリケーション内の大機能ごとの構成図となる。大規模なシステム開発では、段階を踏んだシステム構築が必要で、段階ごとにシステム構成図を描く。

## ■■フェーズⅤ：全体推進計画の立案⇒推進スケジュール

経営課題の実現のための施策群を1つのプロジェクトとし、全プロジェクトの推進スケジュールを立案する。立案結果は、1枚の紙で鳥瞰図的に表現し、プロジェクト間の時間的な関係などを把握できるようにする。

スケジュールは、基本的には戦略の達成時期にあわせて、各取り組みの推進

## 図 2-3-4 経営課題別情報システム要件表

| 業務区分(大) | 業務区分(中) | 経営課題 | 完了時期 | 重要度 | 情報システム要件 |
|---|---|---|---|---|---|
| 顧客応対 | 顧客情報管理 | 応対窓口の強化 | 第10期中間 | A | 顧客情報の自動参照機能 |
| 顧客応対 | 顧客情報管理 | 応対窓口の強化 | 第10期中間 | A | 顧客問合履歴の検索 |
| 顧客応対 | ヒアリング結果入力 | 応対窓口の強化 | 第10期中間 | A | 想定質問事項の表示機能 |
| 顧客応対 | 回答検索 | 応対窓口の強化 | 第10期中間 | A | 想定質問事項の表示機能 |
| 顧客応対 | ノウハウ管理 | 応対窓口の強化 | 第10期中間 | A | 想定回答例の管理機能 |
| 顧客応対 | ノウハウ管理 | 応対窓口の強化 | 第10期中間 | A | 想定質問例の管理機能 |
| 顧客応対 | 回答検索 | 応対窓口の強化 | 第10期中間 | A | 解決策の表示機能 |
| 顧客応対 | 回答検索 | 応対窓口の強化 | 第10期中間 | A | ドキュメントの抽出機能 |
| 顧客応対 | 回答送付 | 応対窓口の強化 | 第10期中間 | A | ドキュメントのFAX送信機能 |
| 顧客応対 | 回答送付 | 応対窓口の強化 | 第10期中間 | A | ドキュメントのeメール送信機能 |
| 顧客応対 | オペレーター連携 | 応対窓口の強化 | 第10期中間 | A | データエスカレーション機能 |
| 顧客応対 | ヒアリング結果入力 | 応対窓口の強化 | 第10期中間 | A | ヒアリング事項の簡易入力機能 |
| 顧客応対 | 顧客情報管理 | 応対窓口の強化 | 第10期中間 | A | 回答結果の登録機能 |
| 顧客応対 | ノウハウ管理 | 応対窓口の強化 | 第10期中間 | A | ノウハウの簡易な登録機能 |
| 顧客応対 | ノウハウ管理 | 応対窓口の強化 | 第10期中間 | A | ドキュメントの保管 |
| 顧客応対 | 顧客情報管理 | 応対窓口の強化 | 第10期中間 | A | 顧客マスタ自動登録機能 |
| 顧客応対 | 売上計上 | 営業管理業務の効率化 | 第9期末 | A | 売上自動計上機能 |
| 顧客応対 | オペレーター管理 | 営業管理業務の効率化 | 第9期末 | A | オペレーター勤怠管理機能 |
| 顧客応対 | オペレーター管理 | 営業管理業務の効率化 | 第9期末 | A | オペレーター作業実績計上 |

### 図 2-3-5　情報システム構成図

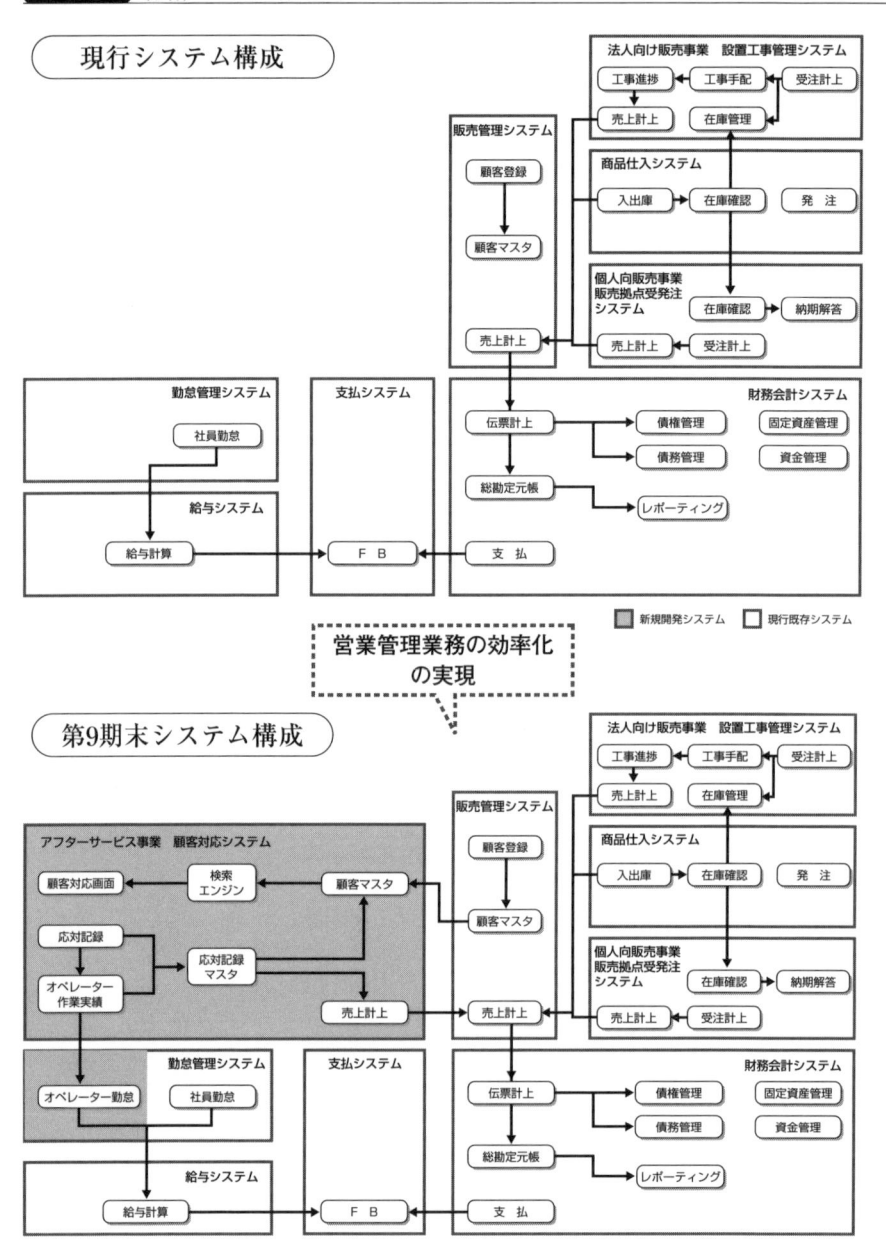

**現行システム構成**

販売管理システム
- 顧客登録
- 顧客マスタ
- 売上計上

法人向け販売事業　設置工事管理システム
- 工事進捗
- 工事手配
- 受注計上
- 売上計上
- 在庫管理

商品仕入システム
- 入出庫
- 在庫確認
- 発注

個人向け販売事業　販売拠点受発注システム
- 在庫確認
- 納期解答
- 売上計上
- 受注計上

勤怠管理システム
- 社員勤怠

給与システム
- 給与計算

支払システム
- FB

財務会計システム
- 伝票計上
- 債権管理
- 固定資産管理
- 債務管理
- 資金管理
- 総勘定元帳
- レポーティング
- 支払

■ 新規開発システム　□ 現行既存システム

> 営業管理業務の効率化の実現

**第9期末システム構成**

アフターサービス事業　顧客対応システム
- 顧客対応画面
- 検索エンジン
- 顧客マスタ
- 応対記録
- 応対記録マスタ
- オペレーター作業実績

販売管理システム
- 顧客登録
- 顧客マスタ
- 売上計上

法人向け販売事業　設置工事管理システム
- 工事進捗
- 工事手配
- 受注計上
- 売上計上
- 在庫管理

商品仕入システム
- 入出庫
- 在庫確認
- 発注

個人向け販売事業　販売拠点受発注システム
- 在庫確認
- 納期解答
- 売上計上
- 受注計上

勤怠管理システム
- オペレーター勤怠
- 社員勤怠

給与システム
- 給与計算

支払システム
- FB

財務会計システム
- 伝票計上
- 債権管理
- 固定資産管理
- 債務管理
- 資金管理
- 総勘定元帳
- レポーティング
- 支払

## 第10期中間システム構成

**応対窓口業務の強化の実現**

[図：第10期中間システム構成図]

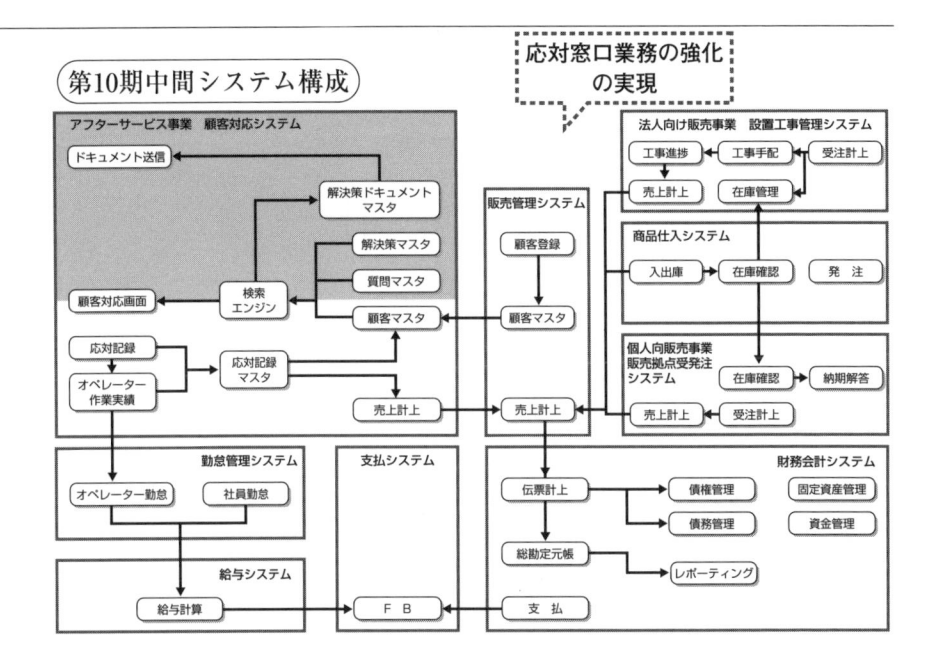

アフターサービス事業 顧客対応システム
- ドキュメント送信
- 解決策ドキュメントマスタ
- 解決策マスタ
- 質問マスタ
- 検索エンジン
- 顧客対応画面
- 顧客マスタ
- 応対記録
- 応対記録マスタ
- オペレーター作業実績

販売管理システム
- 顧客登録
- 顧客マスタ
- 売上計上

法人向け販売事業 設置工事管理システム
- 工事進捗
- 工事手配
- 受注計上
- 売上計上
- 在庫管理

商品仕入システム
- 入出庫
- 在庫確認
- 発注

個人向販売事業 販売拠点受発注システム
- 在庫確認
- 納期解答
- 売上計上
- 受注計上

勤怠管理システム
- オペレーター勤怠
- 社員勤怠

支払システム
- FB

財務会計システム
- 伝票計上
- 債権管理
- 債務管理
- 固定資産管理
- 資金管理
- 総勘定元帳
- レポーティング

給与システム
- 給与計算
- 支払

方法を検討する。

あくまで概算での目処を立てるのが目的で、詳細に作成する必要はない。図2-3-6のように、半期や四半期単位での実施のタイミングや、各取り組み間の実施順序がわかるレベルで十分である。

## ■フェーズⅤ：全体推進計画の立案⇒投資額の算定

各プロジェクト単位に、推進に必要な投資額を算定する。各プロジェクトでは、システム構築など施策単位に概算を出し、それらを集計し、投資額を算定する。

直近に実施すべきプロジェクトは、精度の高い数値が必要となる。1年以上先のプロジェクトで、詳細要件が確定していない場合などは、過去の経験や、ベンダーなどの協力を得ながら概算額を算定する。

見積もり額は、図2-3-7のように全体スケジュール表に発生タイミングごとに記載し、施策ごと、プロジェクト単位ごと、期間ごとに出す。

### 図 2-3-6　全体推進計画

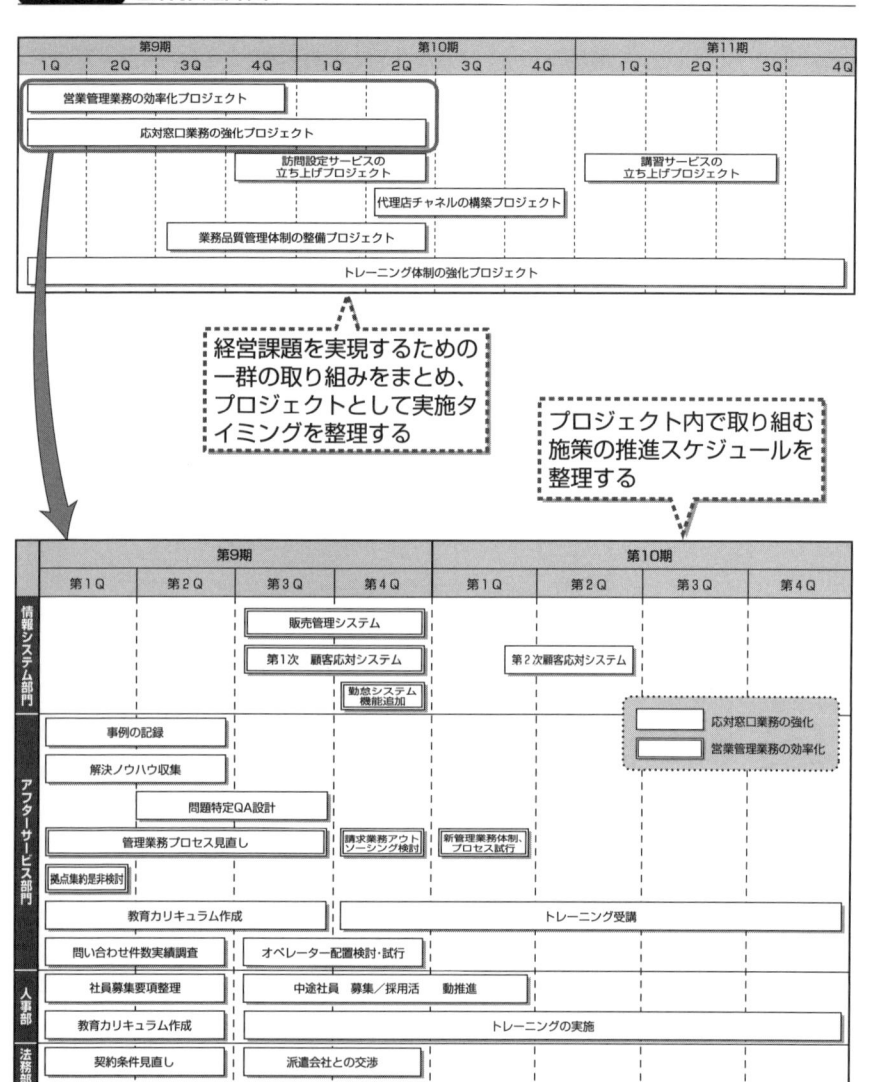

|  | 第9期 | | | | 第10期 | | | | 第11期 | | | |
|---|---|---|---|---|---|---|---|---|---|---|---|---|
|  | 1Q | 2Q | 3Q | 4Q | 1Q | 2Q | 3Q | 4Q | 1Q | 2Q | 3Q | 4Q |

- 営業管理業務の効率化プロジェクト
- 応対窓口業務の強化プロジェクト
- 訪問設定サービスの立ち上げプロジェクト
- 代理店チャネルの構築プロジェクト
- 業務品質管理体制の整備プロジェクト
- 講習サービスの立ち上げプロジェクト
- トレーニング体制の強化プロジェクト

> 経営課題を実現するための一群の取り組みをまとめ、プロジェクトとして実施タイミングを整理する

> プロジェクト内で取り組む施策の推進スケジュールを整理する

|  | 第9期 | | | | 第10期 | | | |
|---|---|---|---|---|---|---|---|---|
|  | 第1Q | 第2Q | 第3Q | 第4Q | 第1Q | 第2Q | 第3Q | 第4Q |
| 情報システム部門 | | | 販売管理システム / 第1次 顧客応対システム / 勤怠システム機能追加 | | | 第2次顧客応対システム | | |
| アフターサービス部門 | 事例の記録 / 解決ノウハウ収集 / 管理業務プロセス見直し / 拠点集約是非検討 | | 問題特定QA設計 | | 請求業務アウトソーシング検討 | 新管理業務体制、プロセス試行 | | |
|  | 教育カリキュラム作成 | | | | トレーニング受講 | | | |
|  | 問い合わせ件数実績調査 | | オペレーター配置検討・試行 | | | | | |
| 人事部 | 社員募集要項整理 | | 中途社員 募集/採用活動推進 | | | | | |
|  | 教育カリキュラム作成 | | | | トレーニングの実施 | | | |
| 法務部 | 契約条件見直し | | 派遣会社との交渉 | | | | | |

凡例：応対窓口業務の強化 / 営業管理業務の効率化

第2章　戦略的システム化計画の全体像

### 図 2-3-7　投資額検討資料

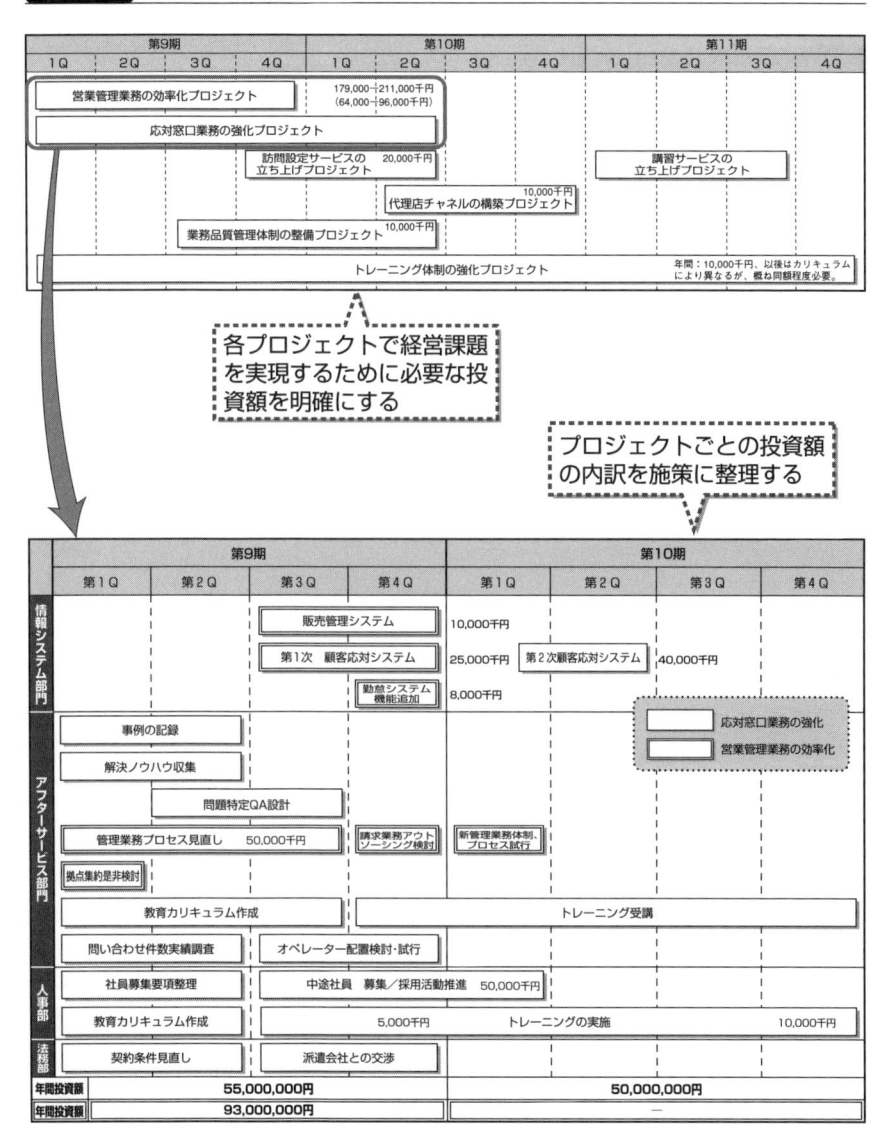

| | 第9期 | | | | 第10期 | | | | 第11期 | | | |
|---|---|---|---|---|---|---|---|---|---|---|---|---|
| | 1Q | 2Q | 3Q | 4Q | 1Q | 2Q | 3Q | 4Q | 1Q | 2Q | 3Q | 4Q |

- 営業管理業務の効率化プロジェクト　179,000～211,000千円（64,000～96,000千円）
- 応対窓口業務の強化プロジェクト
- 訪問設定サービスの立ち上げプロジェクト　20,000千円
- 代理店チャネルの構築プロジェクト　10,000千円
- 業務品質管理体制の整備プロジェクト　10,000千円
- 講習サービスの立ち上げプロジェクト
- トレーニング体制の強化プロジェクト　年間：10,000千円、以後はカリキュラムにより異なるが、概ね同額程度必要。

> 各プロジェクトで経営課題を実現するために必要な投資額を明確にする

> プロジェクトごとの投資額の内訳を施策に整理する

| | | 第9期 | | | | 第10期 | | | |
|---|---|---|---|---|---|---|---|---|---|
| | | 第1Q | 第2Q | 第3Q | 第4Q | 第1Q | 第2Q | 第3Q | 第4Q |
| 情報システム部門 | | | | 販売管理システム 10,000千円 | | | | | |
| | | | | 第1次 顧客応対システム 25,000千円 | | 第2次顧客応対システム 40,000千円 | | | |
| | | | | 勤怠システム機能追加 8,000千円 | | | | | |
| アフターサービス部門 | 事例の記録 | | | | | | | | |
| | 解決ノウハウ収集 | | | | | | | | |
| | | | 問題特定QA設計 | | | | | | |
| | 管理業務プロセス見直し 50,000千円 | | | | 請求業務アウトソーシング検討 | 新管理業務体制、プロセス試行 | | | |
| | 拠点集約是非検討 | | | | | | | | |
| | 教育カリキュラム作成 | | | | トレーニング受講 | | | | |
| | 問い合わせ件数実績調査 | | オペレーター配置検討・試行 | | | | | | |
| 人事部 | 社員募集要項整理 | | 中途社員 募集／採用活動推進 50,000千円 | | | | | | |
| | 教育カリキュラム作成 | | 5,000千円 | | トレーニングの実施 | | 10,000千円 | | |
| 法務部 | 契約条件見直し | | 派遣会社との交渉 | | | | | | |
| 年間投資額 | 55,000,000円 | | | | 50,000,000円 | | | | |
| 年間投資額 | 93,000,000円 | | | | ― | | | | |

凡例：□ 応対窓口業務の強化　□ 営業管理業務の効率化

63

**図 2-3-8** 投資対効果鳥瞰図

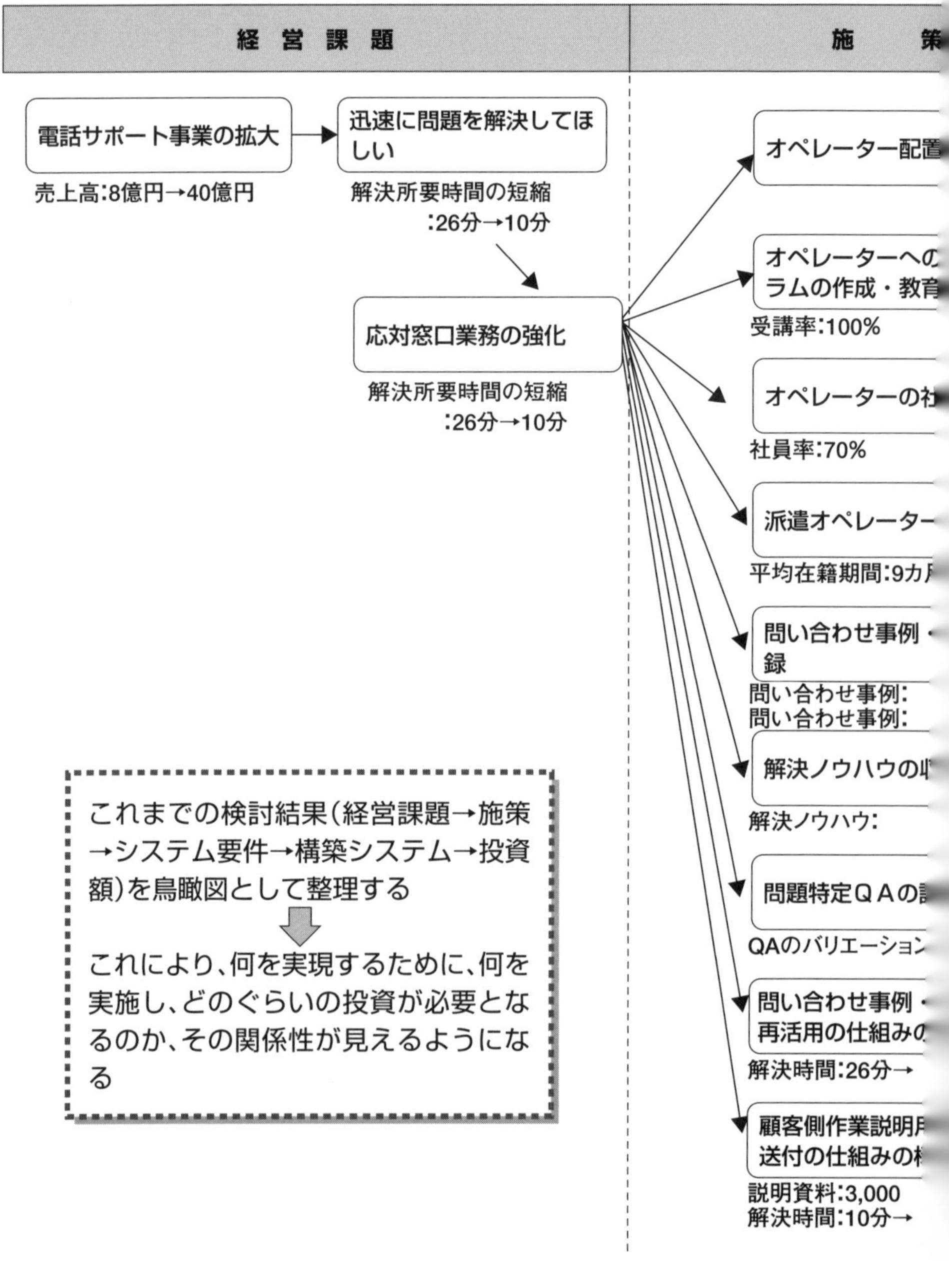

| 経　営　課　題 | 施　策 |
|---|---|

**経営課題側：**

- 電話サポート事業の拡大
  - 売上高:8億円→40億円
  - → 迅速に問題を解決してほしい
    - 解決所要時間の短縮:26分→10分
    - → 応対窓口業務の強化
      - 解決所要時間の短縮:26分→10分

これまでの検討結果（経営課題→施策→システム要件→構築システム→投資額）を鳥瞰図として整理する

⇩

これにより、何を実現するために、何を実施し、どのぐらいの投資が必要となるのか、その関係性が見えるようになる

**施策側：**

- オペレーター配置
- オペレーターへの（教育プログ）ラムの作成・教育
  - 受講率:100%
- オペレーターの社（員化）
  - 社員率:70%
- 派遣オペレーター
  - 平均在籍期間:9カ月
- 問い合わせ事例・（登）録
  - 問い合わせ事例:
  - 問い合わせ事例:
- 解決ノウハウの（収集）
  - 解決ノウハウ:
- 問題特定QAの（設計）
  - QAのバリエーション:
- 問い合わせ事例・（解決ノウハウ）再活用の仕組みの（構築）
  - 解決時間:26分→
- 顧客側作業説明用（資料）送付の仕組みの（構築）
  - 説明資料:3,000
  - 解決時間:10分→

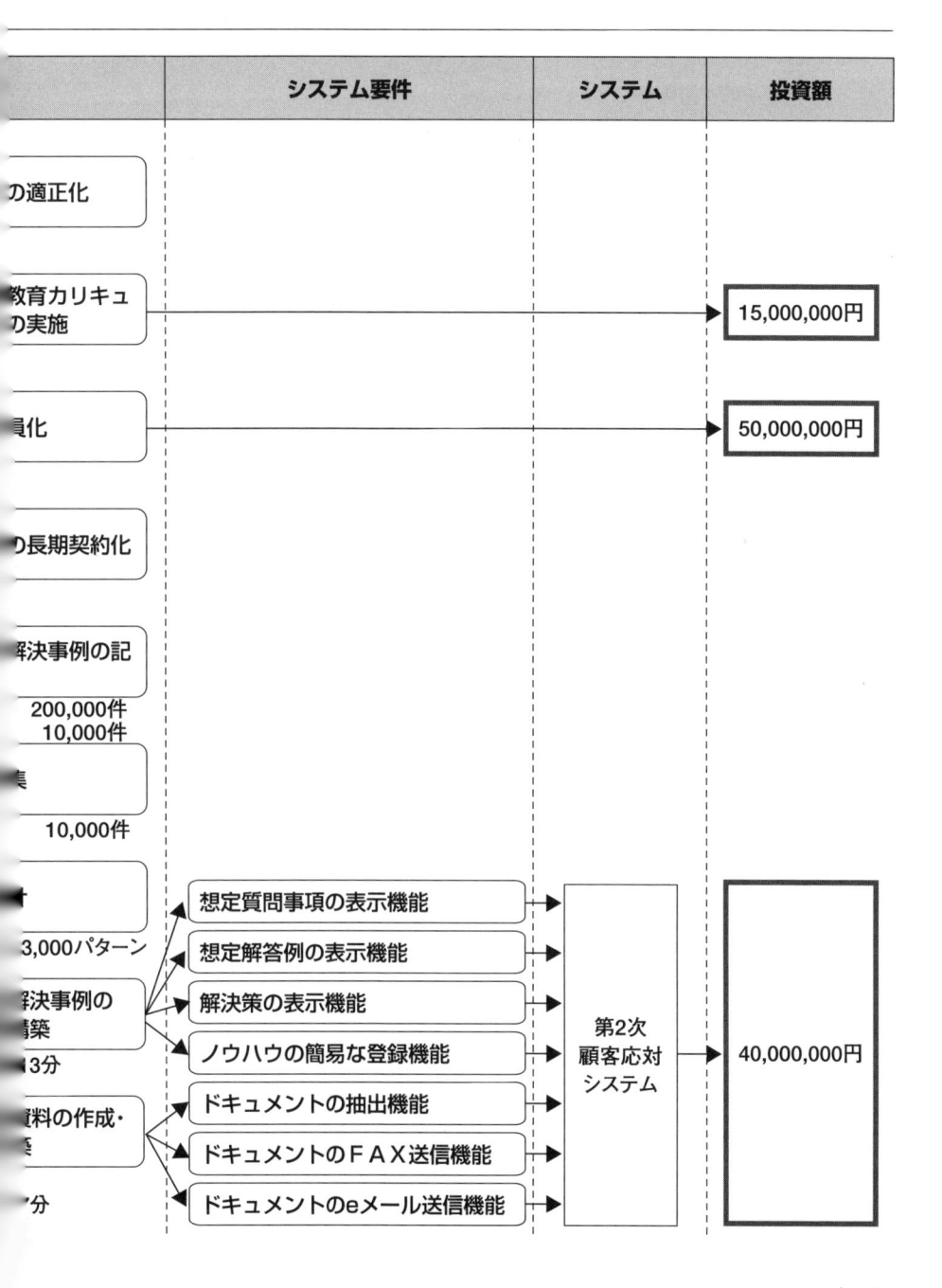

|  | システム要件 | システム | 投資額 |
|---|---|---|---|
| の適正化 |  |  |  |
| 教育カリキュ<br>の実施 |  |  | 15,000,000円 |
| 化 |  |  | 50,000,000円 |
| の長期契約化 |  |  |  |
| 決事例の記 |  |  |  |
| 200,000件<br>10,000件 |  |  |  |
|  |  |  |  |
| 10,000件 |  |  |  |
|  | 想定質問事項の表示機能 |  |  |
| 3,000パターン | 想定解答例の表示機能 |  |  |
| 決事例の<br>築 | 解決策の表示機能 | 第2次<br>顧客応対<br>システム | 40,000,000円 |
| 3分 | ノウハウの簡易な登録機能 |  |  |
| 料の作成・ | ドキュメントの抽出機能 |  |  |
|  | ドキュメントのFAX送信機能 |  |  |
| 分 | ドキュメントのeメール送信機能 |  |  |

## ■フェーズⅤ：全体推進計画の立案⇒投資対効果の整理

　プロジェクトごと、施策ごとに、投資額と効果を明確に表し、両者の対比により、費用対効果を説明する。

　プロジェクトや施策を推進することで経営課題が実現し、その目標値が達成できる。この「経営課題の目標値が達成できる」ことを、プロジェクトや施策の効果として考え、この関係をわかりやすく整理する。その結果は、図2-3-8のように表す。

## ■フェーズⅥ：経営者向け説明資料の作成と報告

　フェーズⅠ～Ⅴまでの調査、検討結果を経営者に報告する。そのさい次の点を経営者に的確に伝え、以後の意思決定に資する。
①実現する効果の明確化〈実現期日を含む〉
②効果実現のための取り組みポイントと具体的施策
③実現に向けての推進計画
④実現に向けての推進方法と投資額

　フェーズⅠ～Ⅴまでの検討とフェーズⅥの報告を実施すると、戦略的システム化計画の立案ができる。次章からは、各フェーズの具体的な作業内容や検討のポイントを、事例を使いながら解説する。

　計画の立案により、第1章で述べた効果が獲得できるかどうかは、その精度と実行活動の推進しだいである。しかし、計画の立案方法がわからないと、精度を上げることはできないし、計画がないのに活動を推進することもできない。まずは計画の立案方法を理解し、これを実際に作成する。そして、それを繰り返し実施することで、立案精度を上げ、実行活動を確実に推進する方向にもっていく。

## 4 戦略的システム化計画の補足説明

> 戦略的システム化計画の立案については、「どんなときに立案するのか」「計画期間はどれくらいを想定するのか」「計画の精度はどれくらいにすべきか」などの質問が多い。ここでは、これらについて説明する。

### ■どんなときに立案するのか

戦略的システム化計画は、次の機会に立案する。
①中期経営計画の立案時、新規事業の立ち上げ時
②既存システムの全面見直し時、個別システムの構築時

①と②ではきっかけが異なる。①は、経営計画や事業戦略の立案に際して、実現のための情報システムの構築を検討する。

②の2つは、経営計画や事業戦略の見直しが前提ではなく、最初に情報システム自体の新規構築や大幅な改編があり、それを整理するために、戦略的システム化計画の方法を活用する。

### ■計画立案の対象期間はどのくらいか

今後の方向性という意味では、10年先までの長期スパンで事業や経営のあり方を考える経営者も多い。しかし、具体的に計画可能な期間となると、長くても3年程度が現実的である。近年、立案期間が短くなる傾向があるが、中期経営計画などでは、おおむね3年程度が多い。

3年で期待する戦略、経営上の効果を実現するためには、システム構築も3年以内に完了している必要がある。そのためシステム化計画は、図2-4-1のように経営計画3年間のうち2年間くらいを想定して立案する。

「情報システムの全面的な再構築を実施したいが、これを機に事業にとっても真に有効なものにしたい」と希望する一方で、「戦略や経営計画といっても、時代状況の変化が激しい昨今、3年先など見えない」と嘆く経営者がいるかもしれない。

しかし、経営・事業としての中・長期的視野に立たずに、全面的な情報システムの再構築を行っても、他社と横並びのありきたりのものしか実現できない。

**図 2-4-1** 計画期間

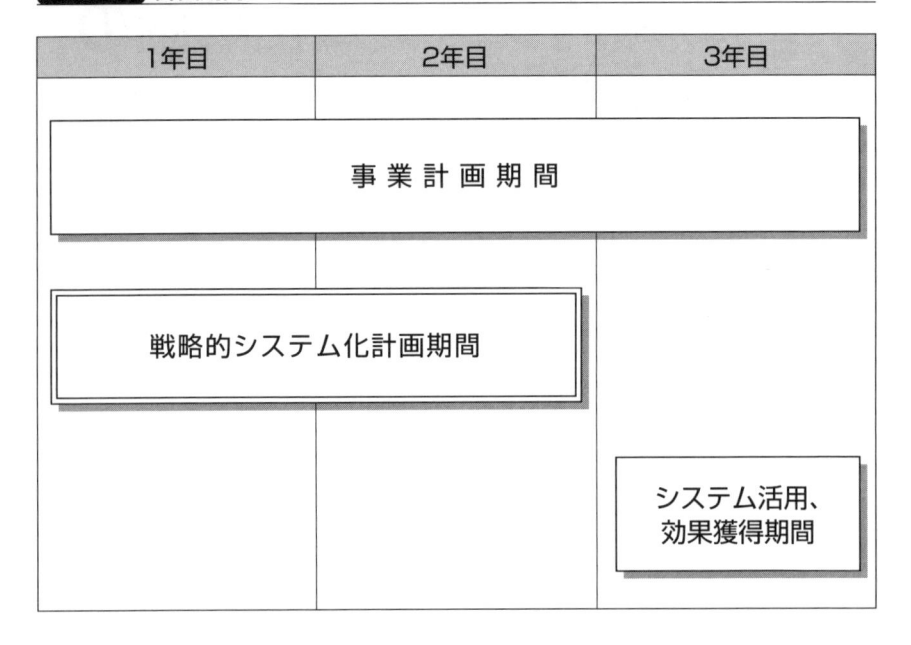

| 1年目 | 2年目 | 3年目 |
|---|---|---|
| 事業計画期間 | | |
| 戦略的システム化計画期間 | | |
| | | システム活用、効果獲得期間 |

戦略的に情報システムを活用するためには、やはり中・長期の経営計画・事業戦略が前提になる。

## ■■計画はどのくらいの精度でつくるか

中期経営計画は、大きな方向性をもつと同時に、直近の年度計画は詳細な実行計画を伴う。戦略的システム化計画も基本的に同じである。前述したように、次のことを実行する。
①事業戦略実現のための情報システムの課題を整理する
②そのための投資額、人員体制、取り組み課題、推進スケジュールを事前に定める

直近1年以内に取り組む課題については、①②を詳細に文書化する。1年以上先に開始するときは、②は概要を記せばいい。たとえば推進スケジュールなら、4半期単位で開始時期と完了時期を決める。

推進スケジュール、人員体制、取り組み課題などは、計画をすすめていくと必ず変更が発生する。これは立案精度の問題ではなく、想定外の事象が発生す

るのが現実であり不可避なものである。だから、これらは立案段階では、あまり詳細に文書化してもムダになるので、概算の予算が見積もれる程度の整理で十分である。

　一方、経営戦略達成のために核となる情報システムについては、十分に検討し、高い精度で計画に盛り込む必要がある。この部分がぶれると、計画全体が意義を失ってしまう。もちろん経営計画や事業戦略も状況により変わることがあり、それに応じて戦略的システム化計画を練り直すのは自然である。しかし、核となる経営計画や事業戦略は、本来安易に動かさないものであり、同様に核となる情報システムの構築計画についても十分な精度が必要である。

## ■■計画の作業期間はどのくらいにするか

　立案のための作業期間は、対象とする事業数や規模などで大きく異なる。フェーズ構成や作業項目は変わらないが、事業数や規模が大きくなると、各フェーズでの作業量が増えることが多い。逆に対象事業が1つでも、作業項目数は変わらないため、一定の作業量は最低限必要になる。過去の経験では、最短期間は4カ月だった。

　作業量や期間の想定は、そのつど検討が必要となる。全体の作業期間を6カ月とした場合の、各フェーズの作業期間割合を図2-4-2に例示する。検討方法に慣れていないうちは、この作業計画に準ずることをすすめる。

　また、最初は極力、対象の事業数を絞って（できれば1事業部のみで）実施することが望ましい。複数事業を対象にした全社的な立案については一通り実施し、要点を把握した後に取り組んだほうがいい。6カ月間より短い期間で実施するときも、一度経験を積んでおいたほうが無難である。

## ■■計画の作業ステップは変更可能か

　作業の流れは、フェーズⅠからⅥへと、論理展開に沿っている。これは、原則として変更してはならない。ただし、経営課題の整理などが別途実施されていて、その検討結果が得られる場合は、重点施策から作業を開始してもよい。つまり、開始フェーズの見直しは状況にあわせて変更できるが、フェーズの実施順は変えられないし、途中省略してもいけない。

**図 2-4-2** スケジュールイメージ

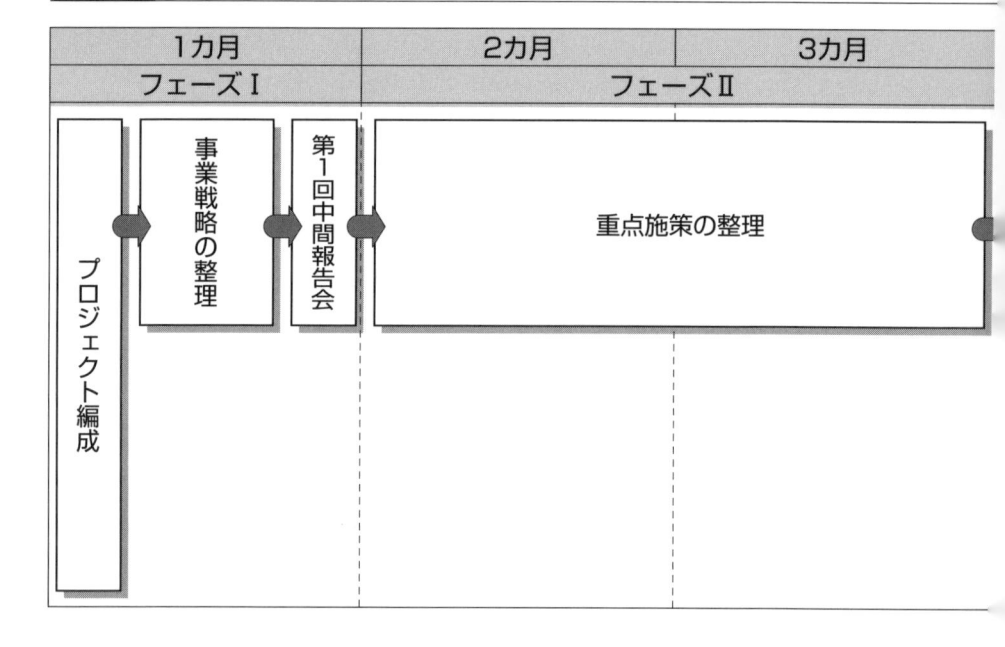

| 1カ月 | 2カ月 | 3カ月 |
|---|---|---|
| フェーズI | フェーズII | |

プロジェクト編成 → 事業戦略の整理 → 第1回中間報告会 → 重点施策の整理

## ■プロジェクトメンバーに必要な能力は

　立案の検討対象となる領域は非常に広い。プロジェクトメンバーは、おおよそ次の作業を実施する必要がある。
①経営トップや事業責任者から経営課題をヒアリングして整理する
②さまざまな業務に対する現状調査と問題分析をする
③業務プロセスを設計する
④情報システム要件を立案する
⑤システム構成イメージを立案する
⑥概算プロジェクト計画（スケジュール、体制等）を立案する
⑦投資金額の概算見積もりをする

　経営課題から情報システムの投資見積もりまで、一貫した論理展開で検討をすすめることに計画の特徴がある。このため、各作業を分担するよりは、全体を監督する人が1人は欠かせない。具体的には、全作業をリードする主担当者の下に作業スタッフが数名つくような体制が望ましい。
　あるいは上記すべてのスキルや経験をもつ人材が、当面いない企業もあるか

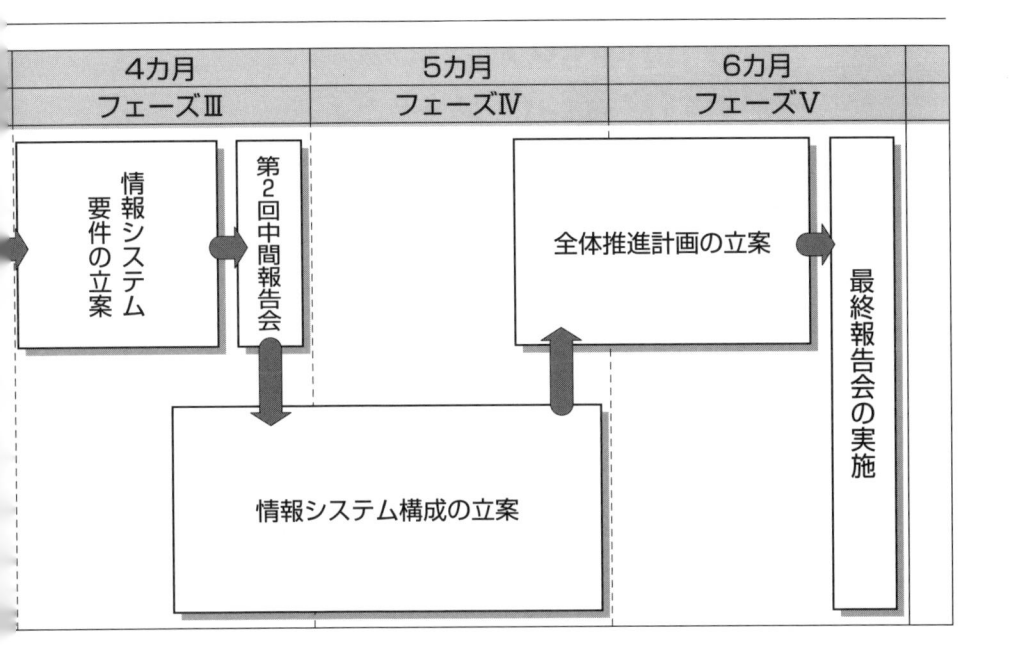

| 4カ月 | 5カ月 | 6カ月 |
|---|---|---|
| フェーズⅢ | フェーズⅣ | フェーズⅤ |

- 情報システム要件の立案
- 第2回中間報告会
- 情報システム構成の立案
- 全体推進計画の立案
- 最終報告会の実施

もしれない。しかしこれらは特殊な能力ではなく、経験によって学べるものである。現在適任でなくても、あえて着手すれば繰り返し取り組むなかで視野が広がり、各作業のポイントもわかり、推進できるようになる。

# 5 事例研究の想定企業イメージ

フェーズの流れに沿って、具体的な検討内容について説明していく。ここでは、ある企業の戦略的システム化計画の立案の取り組みを例示する。A社はパソコン販売業で、アフターサービス事業を重点に、3年で10倍の売り上げを目指している。

## ■ A社の事業概要

次章以降では、具体的な例にもとづき、戦略的システム化計画の立案作業を説明する。その説明に利用する企業イメージは図2-5-1のとおりである。

パソコン販売業A社は、法人向け販売で急成長し、来期創業7年目にして上場の目処がたった。これを機に、今後の成長のために、新たな戦略を立案することが喫緊の課題である。同社では、上場準備作業の一環として、図2-5-2のように経営課題を整理している。

### 図 2-5-1　A社の企業イメージ

**パソコン販売業A社**

売上高：308億円　　経常利益：20億円　　従業員数：650名
創業8年　創業者が社長　来年の上場を目標

**法人向け販売事業**…これまでの主力事業は近年停滞気味
　　売上高：170億円　　従業員数：300人　　営業地域：全国12拠点

**個人向け販売事業**…2大柱の一つで現在も成長を持続
　　売上高：130億円　　従業員数：300人　　営業地域：全国8拠点

**アフターサービス事業**…前年よりスタートした新規事業で前期は赤字
　　売上高：8億円　　従業員数：50人　　営業地域：関東、関西の2拠点

今後3年間の計画

|  | 9期 | 10期 | 11期 |
|---|---|---|---|
| 売上高合計 | 350億円 | 400億円 | 500億円 |
| 法人向け | 180億円 | 190億円 | 220億円 |
| コンシューマ向け | 150億円 | 170億円 | 200億円 |
| アフターサービス | 20億円 | 40億円 | 80億円 |

## 図 2-5-2　A社の経営課題

**今後の中期的経営課題**

**事業に関する課題**

・法人向け販売事業の再構築
　新規商品の開拓

・個人向け販売事業の強化
　ソフトウエア商品のラインナップ
　強化
　営業拠点の拡大

・アフターサービス事業の立ち上げ
　サービスメニューの増強
　サービス品質の向上
　サポート要員体制の大幅な拡大

**経営ガバナンスに関する課題**

・取締役と業務執行の分離
・経営管理体制の強化

**上場資金の活用方法に関する課題**

・新商材開拓への投資
・営業拠点の拡大
・次期全社情報システム構築

　A社では、アフターサービス事業を今後の成長分野ととらえ、上場で得た資金を活用し、積極的な事業育成戦略をとりたい。社長、アフターサービス事業担当役員を中心に、以下の課題を検討している。

　すなわち、営業領域の拡大、サービスの多様化などの営業戦略の検討、向こう3年で10倍の事業規模へ拡大しても対応可能な体制を構築することなどである。

　アフターサービス事業は、昨年スタートした新規事業で、業務システムもほとんど整備されていない。しかし、3年後10倍という成長を想定すると、情報システムは必須で、早急にその構築を果たすこととなった。

### ■A社の取り組み

　A社の取り組みは、①「中期経営計画の立案時」「新規事業の立上げ時」②「既存システムの全面見直し時」「個別システムの構築時」の分類では、①に該当する。

　A社では、アフターサービス事業の情報システム整備について、具体的に検

討をすすめることになり、プロジェクトチームを編成し、6カ月間の予定で実施をすすめることとした。

チームは、計画の推進責任者であるアフターサービス事業部長をリーダーとし、同事業部から2名、経営企画部から1名、情報システム部から3名の、計7名で構成された。また、検討をすすめるにあたり、コンサルタントの支援を得ることにした。

次章からは、その具体的な取り組み内容を例に、各フェーズにおける検討内容やドキュメントの作成方法、検討の観点や留意事項などを解説する。

# 第 3 章

## フェーズ I　経営計画マップの作成

# 1 経営課題整理の基礎知識

> 経営計画(戦略)マップ作成の目的は、実現すべきゴールを描くことである。そのためにフォーマットとバランス・スコアカードを使う。ゴールは事業目標(財務、顧客の視点)と、その実現のための課題(内部プロセス、成長と学習の視点)である。

## ■■経営課題整理の目的

　戦略的システム化計画は、経営計画の実現のために情報システムを活用する方法論である。したがって、取り組み内容や投資規模の検討に入る前に、実現する経営計画を経営者と確認しあうのが第一になる。この共通認識が確立していないと、取り組み計画や投資対効果の提示も無意味になる。

　このため立案にあたっては、まず経営計画を明確にするために、経営計画(戦略)マップを作成する。これにより経営者がその内容を確認し、メンバーと意思疎通することができる。

　この経営計画(戦略)マップは、経営者の脳裏にある経営課題体系を、鳥瞰図的に紙に描き出すのが理想である。これを見て経営者が、「なるほど、これは私の経営計画だ」と納得できることが重要である。

## ■■経営計画(戦略)マップに記載すること

　経営者が膝を打ってうなずくマップを提出するには、筆者の経験では次の内容が最低限必要である。
①鳥瞰図1枚に重要な経営課題が網羅的に描かれている
②個々の経営課題の達成レベルが明確に表されている
③これら相互の関係が示されている
　実は、この3点を1枚の絵にわかりやすく表現することはかなり難しい。

## ■■経営計画(戦略)マップのフォーマット

　戦略的システム化計画では、経営計画(戦略)マップの表現方法としてバランス・スコアカード(以後、BSC)を用いる。これは、ロバート・S・キャプランとデビット・P・ノートンが考案した、業績評価のためのフレームワー

第3章——フェーズⅠ 経営計画マップの作成

図 3-1-1 経営課題の表し方

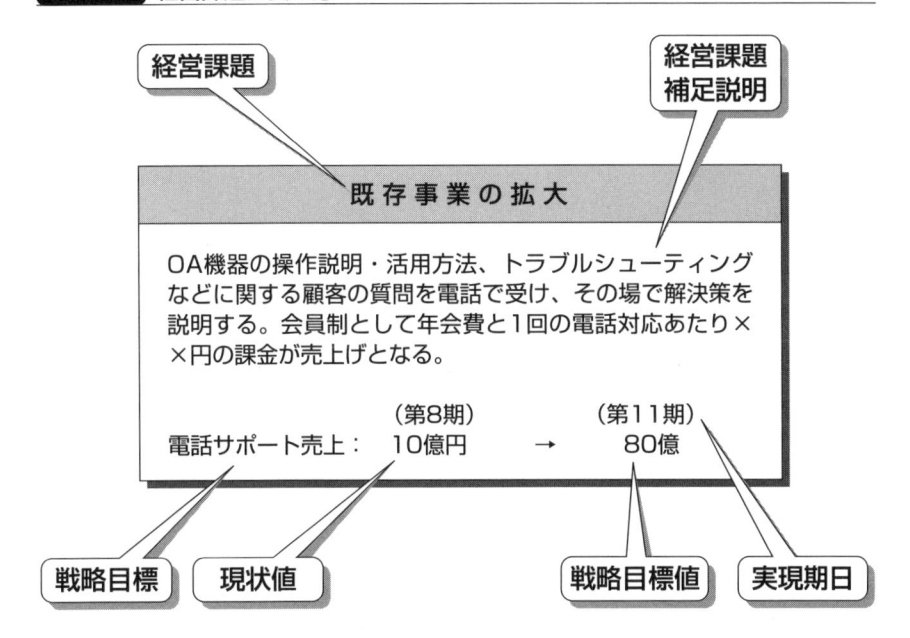

（経営課題）
（経営課題補足説明）

既 存 事 業 の 拡 大

OA機器の操作説明・活用方法、トラブルシューティングなどに関する顧客の質問を電話で受け、その場で解決策を説明する。会員制として年会費と1回の電話対応あたり××円の課金が売上げとなる。

　　　　　　　　　（第8期）　　　　　（第11期）
電話サポート売上：　10億円　　→　　80億

（戦略目標）（現状値）　　　　　（戦略目標値）（実現期日）

クである。

　ＢＳＣでは事業を、Ａ財務、Ｂ顧客、Ｃ内部プロセス、Ｄ学習と成長の４つの視点でとらえ、各視点での達成すべき戦略目標を定める。そして各経営課題の達成目標を定義し、その達成度で業績評価する。戦略的システム化計画では、このＢＳＣを経営課題を鳥瞰図に描くために利用する。

### ■経営課題の達成レベルを明確にする

　課題を網羅したら、各目標を明確にする必要がある。その設定しだいで、課題の位置づけや実現手段が異なってくる。たとえば、現在10億円の売上を15億円にするのと100億円にするのとでは、その意味や方法に質的な差が生ずる。

　課題の表現では、その達成レベルがわかるようにする。表現方法は各種あるが、筆者は図3-1-1のような表現方法をとっている。経営課題をタイトルで表現するだけだと、人により印象や解釈が分かれるので、若干の補足説明を追記している。また、戦略目標値には、現状と目標値を併記して、課題の難易度のイメージをつかみやすくした。

**図 3-1-2** バランス・スコアカードと各階層の関係

| 財務の視点 | 株主の期待に応えるためにはどのようなパフォーマンスを上げる必要があるのか？ | 戦略の遂行で達成したい結果・ゴール |
|---|---|---|
| 顧客の視点 | 財務の視点で定義したパフォーマンスを実現するためには、顧客のどのような期待に応える必要があるのか？ | |
| 内部プロセスの視点 | 顧客の期待に応えるために我々は何をすべきか？（どのようにして期待に応えるか） | 達成したい結果・ゴールに行き着くために実現すべき課題 |
| 学習と成長の視点 | プロセスを動かす組織や人の力を高めるために何が必要か？ | |

## ■経営課題の相互関係を表現する

　BSCの、A財務、B顧客、C内部プロセス、D学習と成長の４つの視点は、図3-1-2のような階層的な関係にある。経営課題間の相互関係も、この階層間の関係に順じている。

　たとえば、A財務とB顧客の視点の間には関係性がある。具体的には、55頁の図2-3-2の例のようにA財務の視点の「新サービスの事業化」という課題を実現するためには、B顧客の視点の「設定まで行ってほしい」「操作方法や活用方法の講習をしてほしい」という顧客の期待があってはじめて事業化が成り立つ。

　また、同様にB顧客の視点の「設定まで行ってほしい」という課題を実現するためには、C内部プロセスの視点の「訪問サービスの部隊を立ち上げる」必要がある。また、そのようなサービスを提供するためには、D成長と学習の視点の「訪問スタッフを採用し、スキルを高める」ことが必要となる。

　カードでは、一つひとつの経営課題の箱を矢印で結んで、相互の関係を表現する。これにより全体の理解がすすみ、説明もしやすくなる。

## ■バランス・スコアカード（ＢＳＣ）を活用する

　整理した事業戦略の資料を読んだ経営者が、「なるほど、これは私の経営計画だ」と納得するためには、その内容が明快で、一定のルールに沿って経営者の考えや思いを表現している必要がある。

　その点、ＢＳＣはこれによく合致し、経営課題体系の整理には最適である。はじめは作成が難しく感じるかもしれないが、慣れれば記述の要領も自然につかめるようになる。次節では、ＢＳＣを用いた経営計画（戦略）マップの作成方法について説明する。

# 2 経営計画（戦略）マップの作成手順

> 経営計画（戦略）マップの作成では、課題の内容と達成レベル、課題相互の関係を決める。これらは構築する情報システムの効果となり、機能のスペックの目標値として活用される。マップは、財務→顧客→内部プロセス→学習と成長の順につくる。

## ■■経営計画（戦略）マップの作成手順

　経営計画（戦略）マップの作成手順に標準仕様はない。筆者の経験からは、財務、顧客、内部プロセス、学習と成長の4つの視点については、マップの上から下への順で作成する。こうすると論理的に検討しやすい。

　マップの作成では、4つの階層間で論理的な関係が意味をもつことから、最終目標からスタートし、これを達成するために財務の視点がどうあるべきかを検討する。そして、その財務の視点を達成するために、顧客の視点がどうあるべきか、さらに内部プロセス、学習と成長の視点がどうかと、財務→顧客→内部プロセス→学習と成長順にすすめる。

　戦略的システム化計画の立案の全般にわたって「論理的であること」を重要視しているが、これは経営計画（戦略）マップの作成にも該当する。

## ■■最終目標を明確にする

　スタートはまず、マップ最上段の最終目標設定である。最上段はA財務の視点なので、財務的な数値目標を定める。具体的には、売上高、利益（営業利益、経常利益）、効率性（ＲＯＡ、ＲＯＥ）などの目標数値にすることが多い。ここでも、定性的な目標ではなく、定量的な目標にするのがポイントになる。

　A社では、事前に実施された事業計画では、3年後の売上高80億円、営業利益24億円が目標だった。そこで図3-2-1のように、これをそのまま目標値とした。

## ■■財務の視点を明確にする

　A社では、最終目標とした売上高や営業利益を達成するための売上拡大策とコスト削減のための経営課題を具体的に検討した。売上を増大させるためには、

昨年から実施した電話サポート事業の成長が前提で、売上高の倍増を目標値とした。

また、同事業での顧客ニーズの分析から、新規事業として「訪問設定サービス」と「講習サービス」の2つを立ち上げ、それぞれ3年後に売上高20億円を目標にすることを経営陣が提示した。

上記戦略が達成されても、現在の体制ではコストも事業規模に比例して増大する懸念があった。このため、電話サポート事業における電話応対業務、訪問設置サービスの受注業務、訪問作業者の配置業務、作業管理業務などの効率化を徹底し、コストを削減する必要性も確認した。そして、これらの検討、確認事項を整理し、「営業管理部門費用の削減」を財務の視点に記載した。

BSCでは、最終目標課題の1段階下に、「収益拡大戦略」と「生産性向上戦略」の2つの区分を設けている。財務の視点の課題整理は、この2つの区分で、その下の段階で行うとわかりやすい。

「収益拡大戦略」には、最終目標の売上高や事業規模を実現する方法、たとえば「新商品の投入」「新たな販売地域」「新たな販売チャネル」「粗利単価の向上」「販売価格の低減」を記し、その具体策と目標値を整理する。

「生産性向上戦略」には、対象業務領域ごとにコスト削減の目標額を決める。あるいは、「売上原価」「販売費」「一般管理費」「B／S残高（在庫や売掛金等）の削減」などの区分ごとに、コスト削減の目標を設定してもよい。

ここでは、戦略ごとに総花的に課題を羅列するのではなく、重要な課題を3〜4項程度にまとめて検討したほうがいい。

## ■顧客の視点を明確にする

A社では、昨年開始した電話応対サービスに際して、顧客の声やクレームを記録してきた。経営陣と担当部門責任者の間で、その内容の分析議論も行ってきた。この結果を参考に、図3-2-2のように顧客の視点を整理してみる。

経営陣からは、電話応対サービスは本来の事業目的である、「顧客の要望や不満を解決する」は一応果たしているという評価があった。しかし解決に時間がかかりすぎ、顧客の不満につながっていると指摘された。これを踏まえ、満足度を下げないように「迅速に問題を解決する」ことを、顧客の視点の課題として記載した。

また、電話で顧客に解決策をアドバイスしても、パソコンの設定変更などを

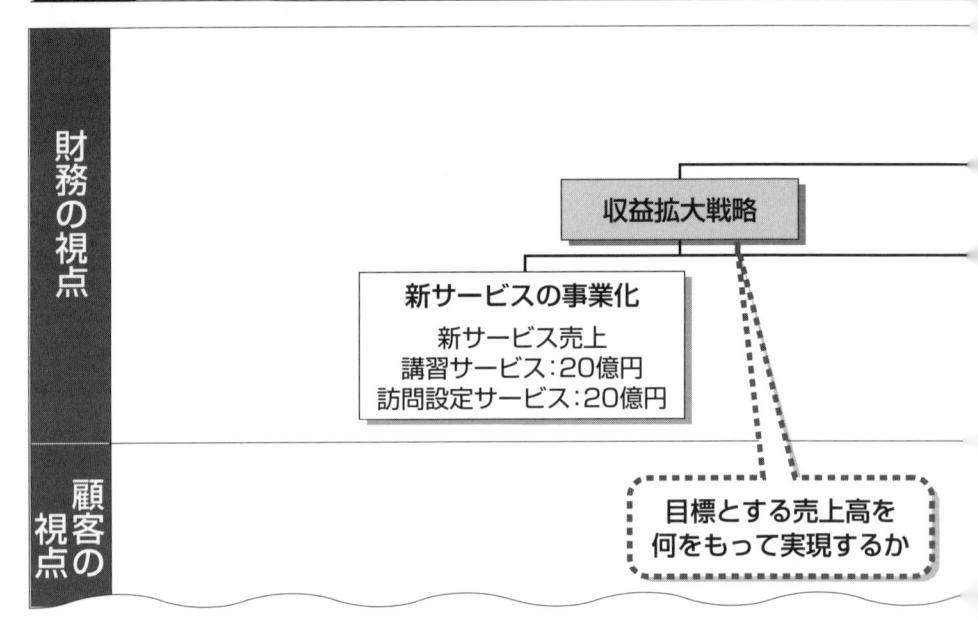

**図 3-2-1** 財務の視点の定義（全体図→54頁参照）

| 財務の視点 | 収益拡大戦略 |
| --- | --- |
| | 新サービスの事業化<br>新サービス売上<br>講習サービス：20億円<br>訪問設定サービス：20億円 |
| 顧客の視点 | |

目標とする売上高を何をもって実現するか

　うまく実行できないケースもあった。そこで顧客の視点の課題として「電話でのサポートだけでなく、設定まですべてやってほしい」を記載した。

　さらに、問題というわけではなく、利用法の質問や確認だけの電話も多かった。これらの事項はマニュアルにあるが、顧客は読むのがわずらわしかったのかもしれない。そこで、「設置工事だけでなく操作方法や活用方法の講習をしてほしい」も、顧客の視点に記載した。

　顧客の視点の整理では、顧客を特定し、その要望や期待事項を明確にする。前者の「顧客の特定」では、自社製品あるいはサービスの販売先が、流通段階ごとに複数種にわたることもあるので、これをはっきりさせる。たとえば、2次加工先の製造メーカーや販売先の流通業などが顧客になるときもあれば、その先の最終消費者を顧客ととらえたほうがよい場合もある。基本的には、直接販売先を顧客とすることが多いが、財務の視点での経営課題の内容に応じて、顧客像を明確にしなくてはならない。

　後者の「期待事項の整理」では、漠然と顧客の要望を考えるのでは十分ではない。財務の視点に記載した「収益拡大戦略」と「生産性向上戦略」の2つの

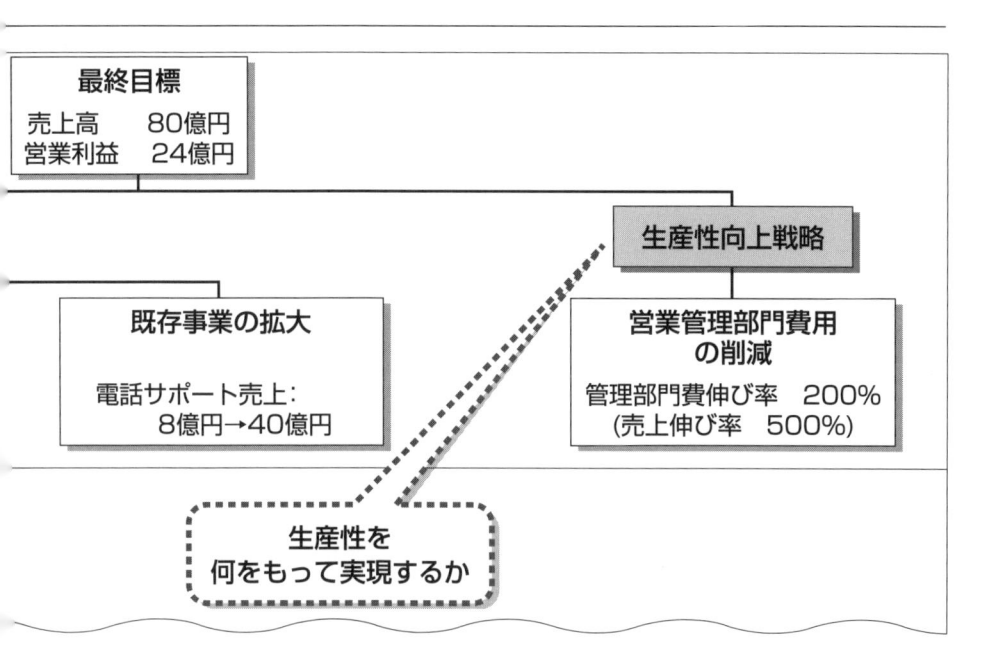

第3章 ─●─ フェーズⅠ 経営計画マップの作成

```
最終目標
売上高    80億円
営業利益   24億円
        │
        ├──────────────────────┐
                          生産性向上戦略
                               ╲
   既存事業の拡大              営業管理部門費用
                                 の削減
   電話サポート売上：          管理部門費伸び率　200％
    8億円→40億円              (売上伸び率　500％)

        ┌────────────────┐
        │   生産性を       │
        │ 何をもって実現するか │
        └────────────────┘
```

経営課題について、その実現のために顧客のどのような期待に応えるのか追求すべきである。「新商品の投入」によって増益を図るときは、顧客の期待する商品を明確にする。また、「販売単価のアップ」による収益拡大では、値上げしても販売量を維持ないし増やすためには、単価をアップしても顧客に納得してもらえる追加実現ニーズを整理する。

■ 内部プロセスの視点を明確にする

A社の電話応対サービスでは、顧客の視点から「迅速に問題を解決してほしい」ことを課題として記載した。解決までの時間が長くかかる原因も調べたが、特定できないため検討を持ちこすことになった。ここではいったん「応対窓口業務の強化」を行うことを、図3-2-3のように内部プロセスの視点の課題として記載した。

このさい、処理時間の短縮に力を入れすぎ、人員増加を図るなど過剰な対応も懸念される。そこで、「生産性向上戦略」の2段階下に位置する、内部プロセスの視点の課題に、「営業管理業務の効率化」を新たに記載した。

**図 3-2-2** 顧客の視点の定義 （全体図→54頁参照）

### 財務の視点

**収益拡大戦略**

**新サービスの事業化**
新サービス売上
講習サービス：20億円
訪問設定サービス：20億円

> その売上は、顧客のどのようなニーズに応えることで実現するか

### 顧客の視点

設置工事だけでなく、操作方法や活用方法の講習をしてほしい

電話でのサポートだけでなく、設定まですべてやってほしい

---

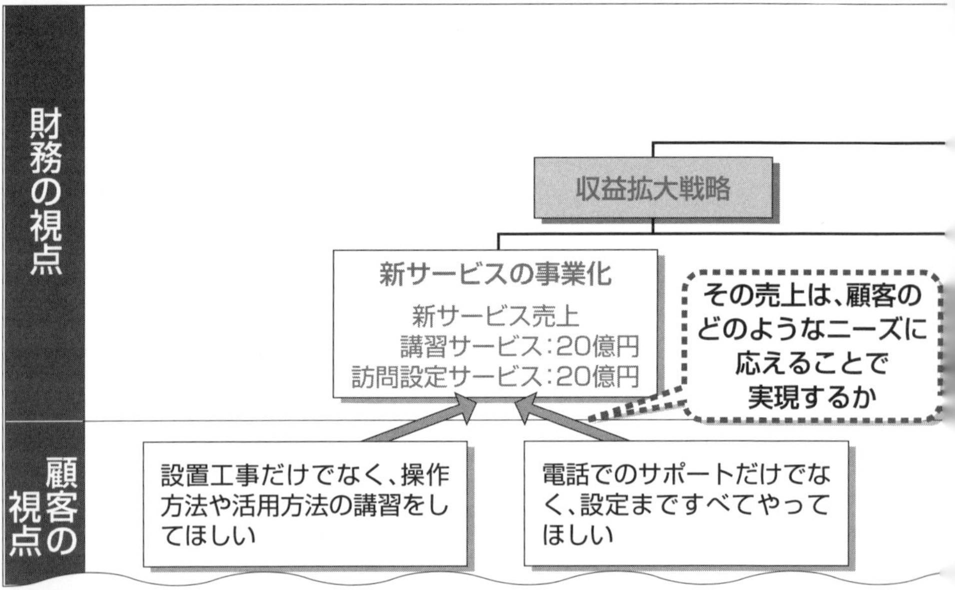

**図 3-2-3** 内部プロセスの視点の定義 （全体図→54頁参照）

### 顧客の視点

設置工事だけでなく、操作方法や活用方法の講習をしてほしい

電話でのサポートだけでなく、設定まですべてやってほしい

### 内部プロセスの視点

**研修拠点の早期展開**
拠点：　100拠点
講師数：250人

**訪問設定サービスラインナップの拡充**
サービス数：0→20

**訪問サービス要員の全国組織化**
受注件数：100,000件
要員数：　250人

> その顧客のニーズを実現するためには、どのような仕組みが必要か

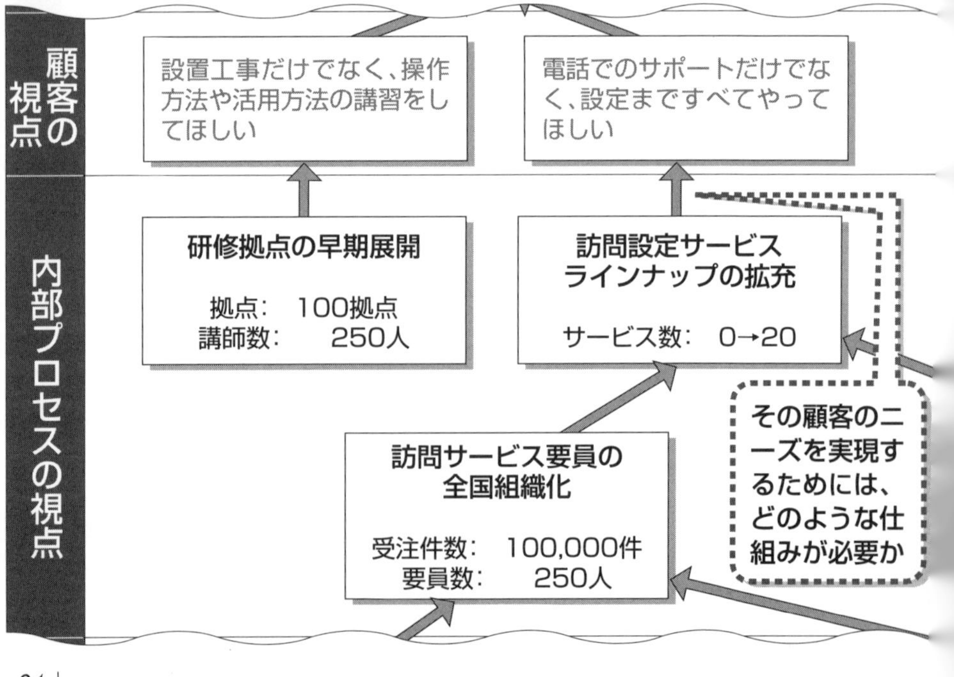

第3章 ― フェーズI 経営計画マップの作成

```
┌─────────────────┐
│ 目　標          │
│ 売上高　　80億円 │
│ 営業利益　24億円 │
└─────────────────┘
```

**生産性向上戦略**

**既存事業の拡大**

電話サポート売上：
8億円→40億円

**営業管理部門費用の削減**

管理部門費伸び率　200％
（売上伸び率　　　500％）

迅速に問題を解決してほしい（電話でたらいまわしにしないでほしい）
解決所要時間：26分→10分

---

迅速に問題を解決してほしい（電話でたらいまわしにしないでほしい）
解決所要時間：26分→10分

**応対窓口業務の強化**

電話サポート　　解決所要時間：26分→10分
訪問サービス　　受注件数：6,000件／日

**営業管理業務の効率化**

営業管理業務人員数
第8期末の2倍

**訪問業務フローの確立**

その生産性の向上を実現するためには、どのような仕組みが必要か

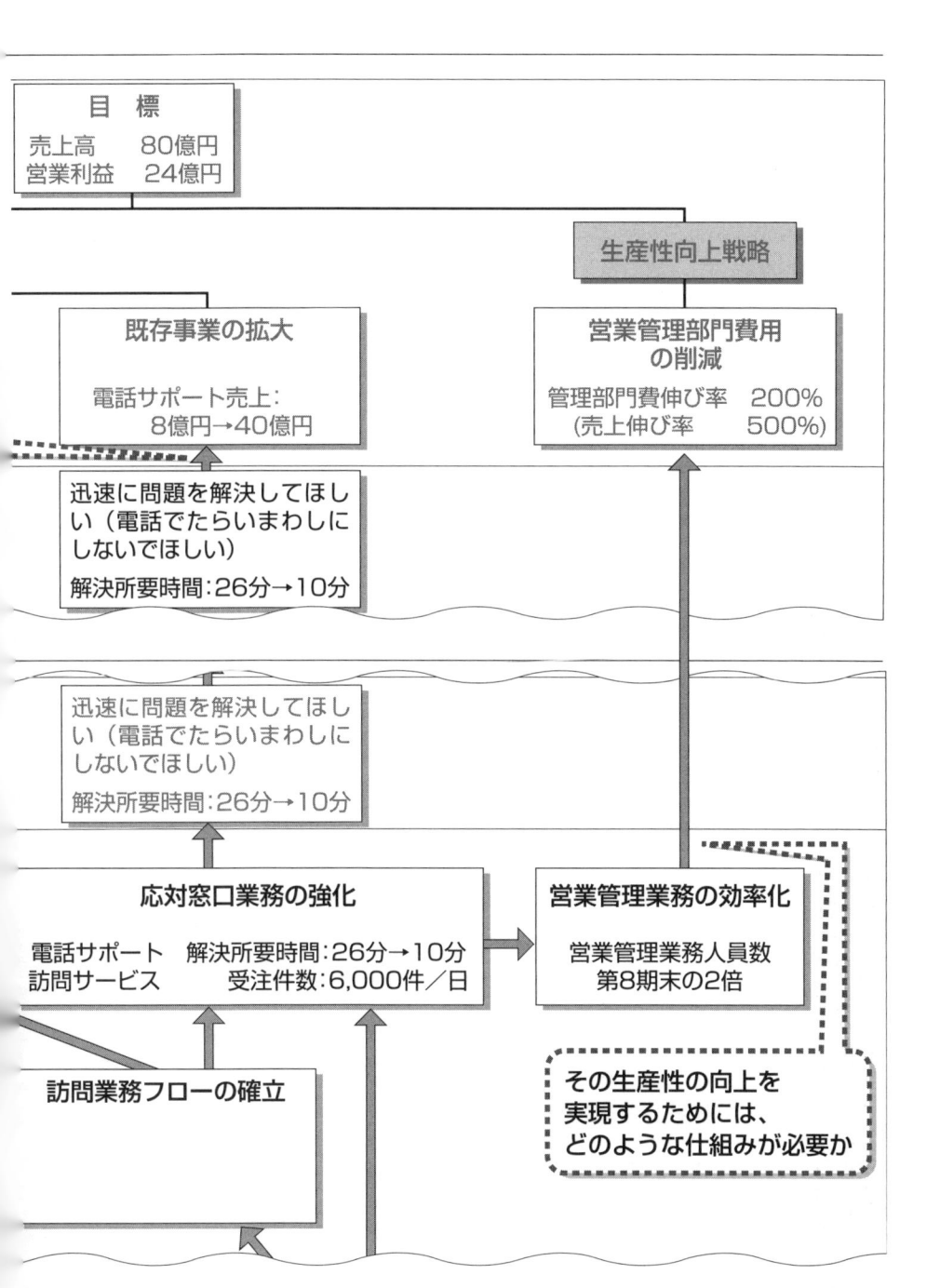

また、新規事業である「訪問設置サービス」と「講習サービス」では、事業の仕組みをつくることが最優先になった。そこで内部プロセスの視点の課題として、「訪問設定サービスラインナップの拡充」「訪問サービス要員の全国組織化」「訪問業務フローの確立」「研修拠点の早期展開」を記載した。
　内部プロセスの視点では、財務の視点、顧客の視点で提示した課題の実現のため、必要な業務機能を明確にする。この機能には、「既存するが、レベルアップを図る機能」と「既存せず、新たに構築する機能」がある。
　上記の電話応対サービスでは、「より短時間で解決する応対プロセスを構築する」ことは前者である。また、「サービスラインナップの拡充」「訪問サービス要員の全国組織化」「訪問業務フローの確立」「研修拠点の早期展開」などは後者に該当する。
　ときには、財務の視点に提示した課題と、顧客の視点のそれとが矛盾することがでてくる。こういうケースでは、その矛盾を解決する方策を講ずることが

**図 3-2-4**　学習と成長の視点の定義（全体図→54頁参照）

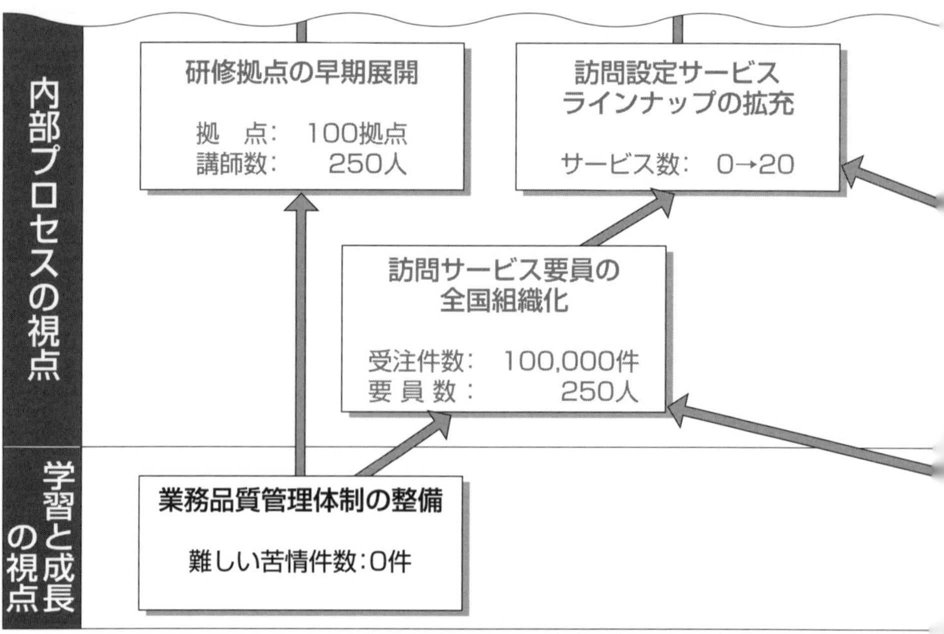

内部プロセスの視点

- 研修拠点の早期展開
  - 拠　点：100拠点
  - 講師数：250人

- 訪問設定サービス ラインナップの拡充
  - サービス数：0→20

- 訪問サービス要員の 全国組織化
  - 受注件数：100,000件
  - 要 員 数：250人

学習と成長の視点

- 業務品質管理体制の整備
  - 難しい苦情件数：0件

内部プロセスの視点の経営課題となる。

たとえば、財務の視点では、競合他社の動向を見て、経営課題として、「単価の引き下げによる、売上およびシェアの拡大」を記載したとする。

一方、顧客の視点では、「従来よりも高度なサービス提供」を記載した。これら財務、顧客の両視点の、一見相反する経営課題を解決するためには、内部プロセスの視点に、「より高度なサービスを、より安価に提供できる仕組みを構築する」具体的な実現策を課題として記載することになる。こうした相反する課題を解決する実現策を検討するなかで、戦略的情報システムの要件が整理されることも多い。

どこまで具体的に課題を整理できるかは、それまでの検討しだいになる。A社の電話応対サービスのように、「解決までに時間をかけない」ことが課題であるのはわかっても、具体的にどの業務プロセスをどう改革するかまで決められないこともある。こういうときは、「ここが課題となりそうだ」のレベルで

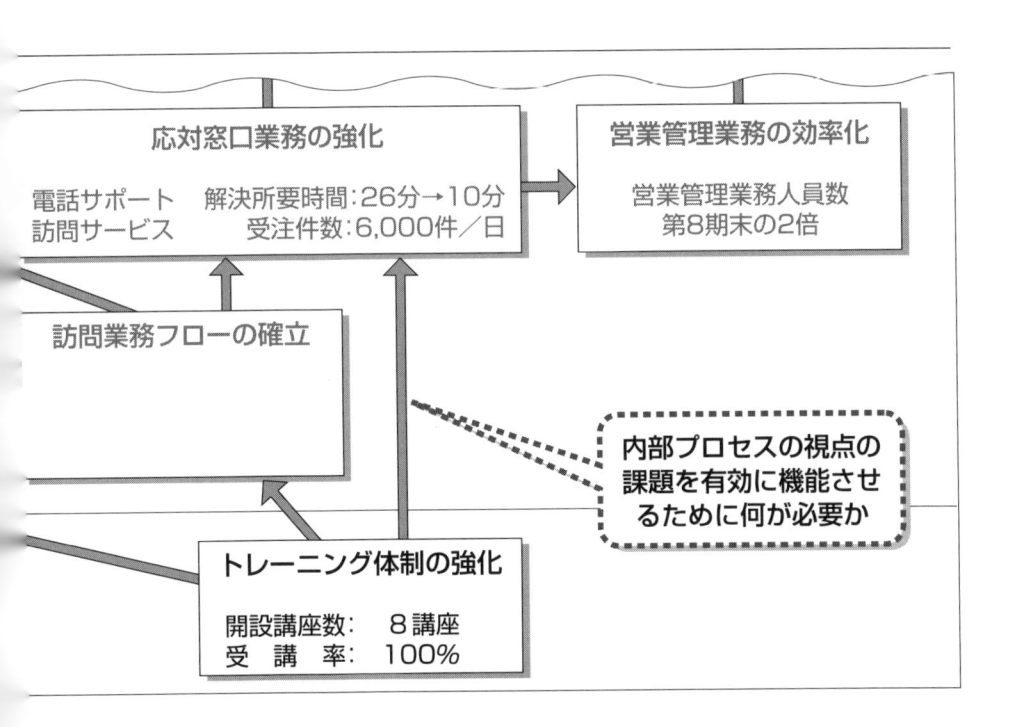

---

**応対窓口業務の強化**

電話サポート　　解決所要時間：26分→10分
訪問サービス　　受注件数：6,000件／日

**営業管理業務の効率化**

営業管理業務人員数
第8期末の2倍

**訪問業務フローの確立**

**トレーニング体制の強化**

開設講座数：　8講座
受　講　率：　100%

内部プロセスの視点の課題を有効に機能させるために何が必要か

検討をやめ、次のフェーズ以降で作業をすすめる。

## ■■学習と成長の視点を明確にする

　A社では、整理された経営課題を実現し、それを根付かせるために、何が必要なのかを検討した。その結果、図3-2-4のように「トレーニング体制の強化」「業務品質管理体制の強化」を、学習と成長の視点の課題として提示した。

　このさい、すべては業務を担当する人の能力に帰着し、企業としてはそういう人材をいかに集め育成していくかが基礎になると結論した。そして、それをかなえる体制が整っていないことが、現在の課題の根源にあり、顧客の不満の原因でもあることを確認した。そのため、当該事業を実施していくうえでも、このような基礎整備が必要であることも再確認した。

　学習と成長の視点の整理は、財務、顧客、内部プロセスの視点で整理した課題の実現のために、「構造的基盤を構築するための課題を提示する」ことである。構造的基盤とは、「従業員の能力」「情報システムの能力」「モチベーション、エンパワーメント（能力増強）およびアラインメント（配置）」（バランススコアカード・1997年生産性出版）などが該当する。

　財務〜内部プロセスの視点に記載した諸課題を実現するために学習と成長の視点として検討すべきポイントは、次のようになる。
①必要な人材像
②その採用方法
③育成体制
　また、個人の能力だけでなく、全従業員がその事業に主体的・積極的に取り組むために検討すべきポイントは、次のとおりである。
④組織、管理、評価、待遇などの改善策、新体制づくり
　A社に見るように、学習と成長の視点では、事業の根幹・基礎となるものを確認し、それを構築するために必要な課題を提示するが、この作業は簡単ではない。だから、一度の作業で課題設定の完成を目指さず、いったん提示してみて、以後の事業運営のなかで再設定を行えばよい。

## 3 経営計画（戦略）マップ記載のポイント

> 経営計画（戦略）マップの作成目的を考えると、記述内容もそれに合致させることが重要である。最大の目的は、戦略的システム化計画で達成を目指すゴールの姿であり、それを経営者とメンバーとの間でよくつめることにある。その留意点を補足する。

### ■経営計画（戦略）マップの作成単位

　経営計画の整理のために、マップを作成するさい、全社あるいは部門などの単位はどう区分すべきか。これはマップ作成の目的により決めるべきで、区分もそれに合わせる。

　戦略的システム化計画では、マップを事業単位で作成する。事業とは、商品・サービスと顧客の組み合わせにほかならない。これらの個々の規模が小さい場合は、商品・サービス群、顧客群としてもよい。

　事業ごとのマップのほかに、説明用として全社のマップを作成することもある。これは内容的には事業別カードの集約だが、各事業の大きな課題を1枚のマップに集約する。この全社マップで事業全体の課題を概説し、その後に個々の事業の説明に入るという使い方も多い。

　なお、以上は複数事業を有する企業のケースで、単一事業の企業では事業の経営計画（戦略）マップと全社のそれは同一になる。また、複数事業でいつも全社および各事業のマップが必要なわけではなく、作成はケースバイケースである。

　マップの大きな特徴は、「顧客の視点」をもっている点にある。各マップの記述時には、対象となる顧客像を明確にすることに留意する。

　たとえば、多様な事業を展開し、さまざまな顧客が存在する企業では、全社マップの作成時に顧客のニーズが絞れず、よくわからないものができあがることも多い。そのようなときは、顧客が明確に定義できる事業ごとのマップを作成し、全社のマップは事業ごとのマップを集約していくと、全体の経営課題や事業像が見えてくる（図3-3-1）。

**図 3-3-1** 全社の経営計画（戦略）マップと事業の経営計画（戦略）マップ

## 全社経営計画（戦略）マップ

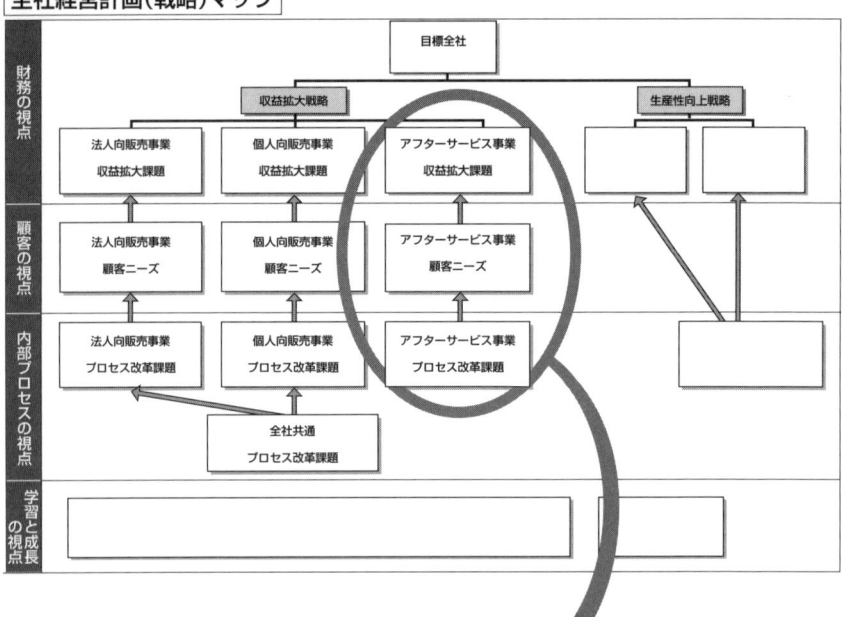

|財務の視点|目標全社|
|---|---|

収益拡大戦略／生産性向上戦略

- 法人向販売事業 収益拡大課題
- 個人向販売事業 収益拡大課題
- アフターサービス事業 収益拡大課題

顧客の視点
- 法人向販売事業 顧客ニーズ
- 個人向販売事業 顧客ニーズ
- アフターサービス事業 顧客ニーズ

内部プロセスの視点
- 法人向販売事業 プロセス改革課題
- 個人向販売事業 プロセス改革課題
- アフターサービス事業 プロセス改革課題
- 全社共通 プロセス改革課題

学習と成長の視点

## 事業経営計画（戦略）マップ

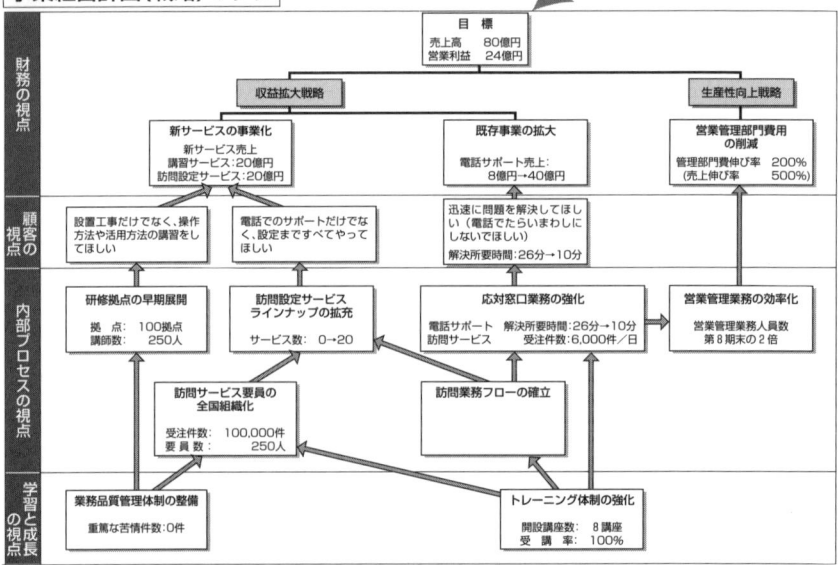

**財務の視点**

目標
- 売上高　80億円
- 営業利益　24億円

収益拡大戦略
- 新サービスの事業化
  - 新サービス売上
  - 講習サービス：20億円
  - 訪問設定サービス：20億円
- 既存事業の拡大
  - 電話サポート売上：8億円→40億円

生産性向上戦略
- 営業管理部門費用の削減
  - 管理部門費伸び率 200%
  - （売上伸び率 500%）

**顧客の視点**
- 設置工事だけでなく、操作方法や活用方法の講習をしてほしい
- 電話でのサポートだけでなく、設定まですべてやってほしい
- 迅速に問題を解決してほしい（電話でたらいまわしにしないでほしい）
  - 解決所要時間：26分→10分

**内部プロセスの視点**
- 研修拠点の早期展開
  - 拠点：100拠点
  - 講師数：250人
- 訪問設定サービスラインナップの拡充
  - サービス数：0→20
- 応対窓口業務の強化
  - 電話サポート　解決所要時間：26分→10分
  - 訪問サービス　受注件数：6,000件／日
- 営業管理業務の効率化
  - 営業管理業務人員数　第8期末の2倍
- 訪問サービス要員の全国組織化
  - 受注件数：100,000件
  - 要員数：250人
- 訪問業務フローの確立

**学習と成長の視点**
- 業務品質管理体制の整備
  - 重篤な苦情件数：0件
- トレーニング体制の強化
  - 開設講座数：8講座
  - 受講率：100%

90

## ■経営計画マップの言葉づかい

　経営計画マップの課題の表現で、専門用語の多用により、抽象的でわかりにくくなっているものが結構多い。これは、経営陣との打ち合わせ資料ということで、日常的な会話表現を避け、あえてビジネス用語や経営用語を用いた結果である。

　経営計画（戦略）マップの作成目的は、経営課題を経営者とメンバーとで共有することにある。このため、よくわからない専門用語よりも、当事者にピンとくる表現のほうが望ましい。たとえば、顧客の視点で「納品の即時化」などと記載するよりも、「すぐ持ってきてほしい」と顧客の生の声を記入したほうが、議論の活性化や認識の共有化につながる。

## ■表現する課題の大きさ

　経営課題には大きなものや、それほど大きくないものもある。経営計画マップに記載する課題は、どの程度が適当かもよく議論になる。もとより、重要性の高い課題を上げるべきだが、その明確な基準はない。

　むしろ、まず思いつく課題をいったんは経営者とともに全部検討し、そのなかから経営計画（戦略）マップに記載すべきものを決めればいい。これはそもそも、経営計画（戦略）マップの作成の目的が、解決すべき課題を経営者に確認することにあるからである。

## ■目標達成レベルを表現する

　経営計画（戦略）マップでは、課題を提示するだけでなく、その達成レベルも明示する必要がある。達成レベルを表現するには、定性的な方法と定量的な方法があり、そのちがいは図3-3-2に示した。マップでは、達成レベルの表現は、定量的表現を重視する。その理由は次の2つである。
①達成レベルが明確にわかる。
②目標に達しているかどうかを客観的に評価できる。

　また、達成レベルを、どんな数値で表現するかが課題となる。たとえば、「顧客満足度をあげる」という課題の達成レベルでは、次のようになる。
①顧客満足度を図る直接的な指標をつくり、その指標で表現する
②顧客満足度の上昇を反映する、受注件数で表現する
③顧客満足度の上昇に伴い、売上単価が上がり受注数が伸びるので、売上金額

**図 3-3-2** 定性的、定量的表現の違い

| 定性的効果の表現例 | 定量的効果の表現例 |
|---|---|
| ・業務の効率化を実現 | ・従業員の200名の削減<br>・人件費の1億円削減 |
| ・業務品質の向上 | ・歩留り率の5％向上 |
| ・経営スピードの向上 | ・月次決算日程の5日短縮<br>・経営会議開催日の10日間前倒し |

で表現する

　実は、この達成レベルの数値表現は、マップ作成作業のなかでも難しいものの一つである。厳密さからいえば、指標をつくって比較するのが理想的である。しかし、現実に即した指標を定めるのは容易ではない。そのときは、受注件数や売上高など、因果関係のある他の数値で代用する。

　この数値表現は、後の構築システムのスペックの定義、投資対効果の説明などの重要なポイントとなるので、たえず意識している必要がある。

## ■経営計画（戦略）マップ作成のためのヒアリング

　これまでに見てきたとおり、経営計画（戦略）マップの作成には、記述方法の要領を知っている必要がある。したがって、ただマップのフォーマットを、経営陣や各部署に配布して記入を依頼しても、期待した回答は得られない。そこでふつうは、担当者がヒアリングを行ってマップを作成する。

　マップは、その構成やすすめ方が理解できれば、これに従って課題を整理できる利点がある。しかし、はじめてマップを見る人や慣れないうちは、4つの

視点の意味もわからず、記述内容や方法も見当もつかないだろう。

だからヒアリングのときも、マップのフォーマットを指差し、「さあ、財務の視点からとりかかりましょう」というようなすすめ方をしてはいけない。担当者は、自分の頭のなかでマップをイメージし、その構成に沿って、たとえば以下のように質問をするのがポイントである。

①この売上高を実現するために、どの商品で稼ぐのですか？
②販売数量を増加させるためには、今のままで大丈夫ですか？
③販売増加が難しいとすると、それを実現するためには、お客様のどのような期待に応えないといけないでしょう？
④そのお客様の期待に、現在応えられていますか。あるいは、今後応えることが可能と思われますか。
⑤期待に応えるためには、現状の業務方法のままで大丈夫ですか。
⑥お客様の期待に応えるために、何を変革する必要があると思いますか。
⑦その変革を実現する準備は従業員のなかにできていますか。

これらの質問は、質問者ややり方によっては、そのつもりはなくても、事業責任者に事業戦略や事業計画を問いただすような印象を与えることもある。また担当者より回答者の役職が格段に高くてやりにくいときもある。こういうケースでは、外部のコンサルタントなど第3者にヒアリングを委託するのも有効である。

## ■すすめながら完璧に近づける

マップで経営計画（戦略）マップを作成するのには、慣れが必要である。一度取り組んで納得するものができなくてもあきらめなくていい。二度、三度目と試行するうちに必ず、自他ともにうなずけるものが完成できるようになる。

要領を得るためには、実際に経営計画（戦略）マップを作成したうえで、その計画を遂行してみて、両者の比較検討を何度か重ねてみるのがいい。しだいに、記載どおりにすすむところ、格差が大きいところなどが見えてくる。その原因がわかるようになると、何を課題とすべきか、何をＫＰＩとするか、目標値にどの程度のチャレンジ性をもたせるのかなど、勘所がつかめるようになってくる。

# 4 第1回中間報告会の実施

> 戦略的システム化計画では、途中で何度か経営者への中間報告を行う。中間報告は、検討の方向性を経営者の認識にあわせて軌道修正するために行う。とくに第1回中間報告は、経営者の思いが計画にどう反映したかを確認するもので重要である。

## ■■中間報告会実施のポイント

　戦略的システム化計画の検討作業は、経営計画からその実現のための情報システムを、論理的に導き出すことにポイントがある。したがって、前提となる経営計画を全員が正しく認識していないと、以後の検討作業が無意味になる。このため、検討の各段階で、それまでの結果と以後の方向性について、経営者と考え方を合わせることが大事になるので、適宜中間報告会を実施する。

　第1回中間報告では、経営計画の検討結果の報告を行う。この作業は、プロジェクトチームが、事業責任者の担当役員や事業部長とすすめてきたもので、相互の認識は合致しているはずである。したがって、第1回中間報告では、この結果が経営トップの認識からずれていないか否かを確認するのが主目的となる。

## ■■経営計画と合致しているか

　経営トップは、報告される経営課題が、自分の考えている経営計画と整合するか否かを、以下の3つの観点から確認する。

### ①方向性

　A社を例にとると、法人向けPC販売事業で、販売終了後に販売先をリピーターあるいは別商品の固定客として取り込むことが、全社経営計画の大きな目標、すなわち基本方針になっている。

　この目的を果たすためには、顧客層やそのニーズなどを割り出し、今後の取引内容や提供するサービスを予測しながら体制を構築していく必要がある。

　アフターサービス事業は、電話サポート、研修サービス、訪問サービスの3つを柱に、こうした検討を経て構想された。いずれも将来的には全国展開を目標にしている。

今後、提供すべきサービス内容や、事業の拠点配置、人員構成など具体策や体制づくりが課題となる。これらの方向性が全社経営計画と合致しているかを確認する。

②**達成水準**

アフターサービス事業の具体策や体制を確認するさい、事業規模についても全員の認識が一致しなくてはならない。たとえば、「サービス拡充の内容と度合い」「サービス提供地域の広さ」「サービス提供人員体制の規模」「サービス品質の高さ」など、規模・品質・スピード・顧客満足度などの面で、全社経営計画の達成水準と合致しているかどうかを確認する。

③**スピード感**

次に、目標の達成水準を実現するまでの期間についても、経営計画と合致しているか確認する。最終ゴールの達成時期だけでなく、途中の節目ごとに、関係各事業の推進スピードや各取り組みの実施タイミングとも整合しなくてはならない。

## ■第1回中間報告会を実施する

A社における第1回中間報告会には、全役員とアフターサービス事業部長および部員数名、プロジェクトチームメンバー全員が出席した。はじめにプロジェクトリーダーであるアフターサービス事業部長が、作成した経営計画（戦略）マップにより今後の事業経営計画を説明した。

実はプロジェクト内での検討と並行して、担当役員との打ち合わせを行い、会議前にその担当役員が、社長と他役員への説明、調整をしていた。このため、参加者がすでに事業経営計画の内容を十分把握していて、認識のズレによる議論は起きなかった。

こういう根回しは評価していい。A社の場合は、事業担当役員がそのつど、経営陣のなかで調整し、プロジェクトにフィードバックしたため、効率よく全社経営計画に合致した計画をすすめることになった。

経営計画について、経営者と意思統一が完了したことを受けて、次は、その経営計画をいかにして実現するかの検討にすすむ。

# 第4章

## フェーズⅡ 重点施策の整理

# 1 重点施策の基礎知識

> 重点施策の整理作業では、情報システムの構築だけでなく、組織・業務・制度・意識の改革など経営計画の実現に必要なすべての取り組みを洗い出す。この幅広い検討が、経営計画の実現度を高め、全体のなかでの情報システムの役割を明確にする。

## ■■重点施策の整理作業の目的

　経営計画（戦略）マップの作成を通じて、目標の姿がはっきりし、主要な経営課題について経営者と意思統一を図った。次のステップは、その課題を解決するために、具体的な方法＝施策を洗い出すことにある。

　課題の実現には、組織改革、業務プロセス改革、各種制度改革、意識改革などの取り組みが必要となる。情報システムの構築は、これら改革を実現する手段の1つにすぎない。ここでは、改革を実現するために必要な施策を網羅的に洗い出す。この整理作業は、システム化計画の妥当性、実現性を高めるためにも欠かせないものである。

## ■■重点施策の洗い出しと絞り込み

　この整理作業のポイントは、立案された多くの施策について、それぞれの重要度を判別することにある。仮に、経営計画（戦略）マップの4つの視点ごとに、20前後の課題が並び、課題ごとに5個の施策が立案されると、全体では100前後の施策になる。実現までに要する時間や人員を考慮すると、これだけの施策を同時に実施するのは現実的でない。

　それゆえ、本当に効果が期待できる施策に重点を置き、残った施策には優先順位をつけて検討すべきである。そのためには、まず計画実現の急所を見極めることが先決になる。これを"実現の肝"をおさえる作業という。これに続いて、実現の肝を基準に、各施策の順位づけを行い、それに沿って実施するのが望ましい。

## ■■問題の核を特定する

　"実現の肝"を見つけるには、問題点構造分析の手法を用いる。これは、ラ

ンダムに収集した多数の問題の発生原因となっている"問題の核"を発見し、次のようにすすめていく。

たとえば、「仕事がはかどらない」という問題（課題ではないが）では、このコメントは問題の核ではなく、発生している現象を表現している。あらためてその原因を考えると、「はかどらない」のは、「昨晩遊びすぎて眠い」「まわりがうるさくて仕事に集中できない」などになる。

ここで施策として、「仕事がはかどらないので、より高性能のパソコンを割り当てる」などを立案しても、実際は「眠い」のが原因のときには、問題の解決には役立たない。一方、「まわりがうるさい」のが真因なら、騒音対策や環境管理などの現実的な対策も可能になる。

このように、課題解決のための施策立案でも、問題の核を特定することが大事になる。こうして発見した問題の核を、解決する施策が実現の肝となる。

## ■重点施策展開表をつくってみる

重点施策である"実現の肝"を洗い出す方法は後述するが、ここではその結果を整理するための図2-3-3（56頁）に示した「重点施策展開表」から説明する。表は、縦軸に「経営計画マップ」、横軸に「施策」、縦軸と横軸の交点に「施策と経営課題の関係性」、下部に「施策の実施責任部門」、右端に「課題の達成責任部門」を記載する構成となっている。

縦軸は、ツリー構造で記載した「経営計画（戦略）マップ」を表形式で表現し、課題ごとに「達成期日」と「解決優先順位」の記入欄を追加している。基本的には「経営計画（戦略）マップ」と同じであり、経営課題の検討と整合性をとっている。

横軸は、施策を列挙一覧する形になっている。施策の検討方法については後述する。

縦軸と横軸の交点に○をつけることで、課題と施策の関係性を横軸から見れば、その課題の解決にはどのような施策が必要なのかがわかる。

表の下部、縦軸の課題の欄の下に部門名を列挙する。その部門名と施策の交点の○で、その施策を推進する部門を示す。複数の部門が関与するときは、主担当部門に○を、補助部門に△の記号をつける。

表の右端、施策の欄の右にも部門名を列挙する。その部門名と課題の交点の○で、その課題の達成責任部門を示す。

表を作成することにより、課題の実現に必要な施策の全体像と、それを推進する関係部門が一目でわかる。全体像を描き出すと、次は施策の推進の検討にすすめる。

## ■■重点施策整理の手順

課題実現の核を見つけ出し、実現の肝である重点施策を整理する方法は、次のとおりである。
①想定される詳細な課題を網羅的に洗い出す（現状調査）。
②これらのなかから、核となる課題を抽出する（問題の核の検討）。
③核となる課題に対して施策を立案する（施策の立案）。
④経営者（事業責任者）に課題の達成期日、優先順位を確認する。
⑤重点施策展開表を作成し、施策と課題の関係を整理する。

課題の内容によってバリエーションはありうるが、基本的な検討の流れはほぼ共通である。次に、具体例により①～③を説明する。

## 2 現状調査の実施

問題の核を見定め、経営計画実現に本当に効果のある施策を立案するためには、正しい現状認識が前提になる。その第1段階の、課題を網羅的に洗い出す現状調査は重要である。実施には、先入観をもたず、客観的な目で業務を見直さなくてはならない。

### ■A社での現状調査の実施

A社では、経営計画マップの整理後、各課題について重点施策を検討した。「応対窓口業務の強化」では、顧客から「解決までに時間がかかりすぎる」との指摘があり、それを切り口にして、以下の調査を行った。
①現場へのヒアリング調査
②現行業務フロー調査
③現行業務実績調査

### ■現場へのヒアリング調査

第1段階の調査として、現場のオペレーター、現場管理者に分け、「なぜ、解決までに時間がかかるのか」についてヒアリングを行った。ここでは、直前にあった問題事象をあたかも継続していた問題かのように話す人や、その人の関心事を全員の共通認識かのように話す人も散見された。

しかし、担当者は話題を誘導したり、話を遮ったり、否定したりしないのが、解決へのヒントをつかむコツになる。ヒアリングしたすべての内容は図4-2-1に列挙形式で一覧表にした。

現状調査では、最初にヒアリングなどで、問題の全体像を把握するのがポイントになる。インタビューする側は、相手が話しやすいように、いちおうテーマを設けて質問していく。ただし、A社の例のように、話の展開がテーマから逸れることはよくある。こういうときは、そのまま話をすすめてかまわない。案外、そこから意外な視野が開けることもある。

聞き取った話は、事実とは限らないし、瑣末な内容かもしれない。しかし、この段階での価値判断や取捨選択は早計である。いったんすべて記録し、以後の検討のなかで、結果を整理すべきである。

**図 4-2-1** ヒアリング結果一覧

---

**なぜ、解決までに時間がかかっているのか？**

◎お客様は通信機器／OA機器用語などを知らないため、説明に非常に時間がかかる。
◎お客様が何を質問されているかが理解できない。
◎お客様が何を言っているのかわからない。
◎問題点を突き止めようとしても、質問したことにお客様が的を射た答えを返してくれない。
◎わからない場合に、知っている人を探すのに手間がかかる。
◎説明だけでなく、設定変更などの作業を行ってほしいと要望され、できないことを説明し納得いただくのに時間がかかる。

⋮

◎解決策を説明しても、お客様が納得(理解)してくださらない。
◎言葉だけで操作方法や解決策を説明しようとしても、なかなかお客様に伝わらない。
◎サービス対象外の商品についての質問も多く、対応できないことを説明し納得いただくのに時間がかかる。
◎オペレーター一人ひとりの知識がそもそも不十分。
◎新人のオペレーターが多く、知識がない人が多い。周りに聞きつつ対応しているので時間がかかる。

---

## ■■現行業務のプロセス調査

　次に、「解決までに時間がかかりすぎる」のは、具体的にどの業務で、どう時間がかかっているのかを調査した。そのために、まず現場でのヒアリングを行い、業務プロセスを把握するために、業務フローを作成した。これはシステム開発用の詳細なフローチャートではなく、業務の流れの大筋が見える概観フローでいい。

　ヒアリングでは、オペレーター数人に集まってもらい、日常の業務の流れを聞きながら、これを白板に書いていった。要点を整理すると、「電話受け」⇒「お客様の状況把握」⇒「問題、原因の検討」⇒「解決策の検討」⇒「解決策の説明」と業務が進んでいた。この一連の流れは、1人のオペレーターが終始一貫して行うときと、途中で交代して計2名で対応するときに分かれる。

　また、「お客様の状況把握」は、内容的に「ヒアリング」「ヒアリングメモ作成」「解決提示可能可否判断」という3つの作業からなる。同様に、ほかの業務でもポイントになる作業を整理し、それらをまとめると、図4-2-2のようになる。

通常の業務フローでは、業務の流れに沿って、組織間の役割分担や業務実施のタイミング、更新・参照・承認などの業務区分を記載する。ここでは、業務を細かくフロー化する必要はない。主要業務の概要の流れと、各業務のポイントが見えれば十分である。

　実は、このフロー化の結果、面白い事実が浮かび上がった。それは当初は「解決策の検討」までは1人のオペレーターで行い、解決策が不明のときのみ、例外的に他のオペレーターが対応することになっていた。ところが、いつか途中交代での2名対応が例外ではなく、通常業務のフローの一部になっているのが判明した。

　ヒアリングに同席した当事業の管理者は、2名応対の業務フローが常在することをはじめて知って驚いていた。作業ではこういうこともでてくるので、与見をもって調査をしてはいけない。

## ■現行業務プロセスの実地調査

　業務プロセスを整理した後、「どう時間がかかる」のかを見るために、各業務の作業時間の調査をした。作業時間は、ストップウォッチで計測する方法から、オペレーターにアンケートをとる方法までさまざまである。当調査では、プロセスの概要がわかればいいので、精緻な調査は不要である。

　A社のケースでは、主観が混じる可能性があるが、オペレーターへのアンケートを基本に、インタビューでの追加確認を行った。図4-2-2で説明すると、横方向の「概要フロー」と縦方向の「詳細フロー」ごとに、各箱に処理時間を記入した。全体では、横方向の概要フローに見るように、「電話を受けて」から「解決策を説明し」、電話を切るまでに平均26分かかった。縦方向の詳細フローでは、作業ごとの時間を箱ごとに記入した。ただし、オペレーターへのインタビューの結果、「問題・原因検討」の下の「追加質問」と「原因分析」「解決策検討」の下の「追加質問」と「解決策立案」などの箱は、ケース・バイ・ケースで時間はかなり変わってくる。

　また過去に、同様・類似の質問を受けた経験があると、オペレーターIが解決策を説明できる場合もあり、「問題・原因検討」「解決策検討」の各作業が不要となり、「お客様の状況把握」から一気に「解決策説明」へとすすむ。このときは、解決までの所要時間は、26分から17分に短縮される。

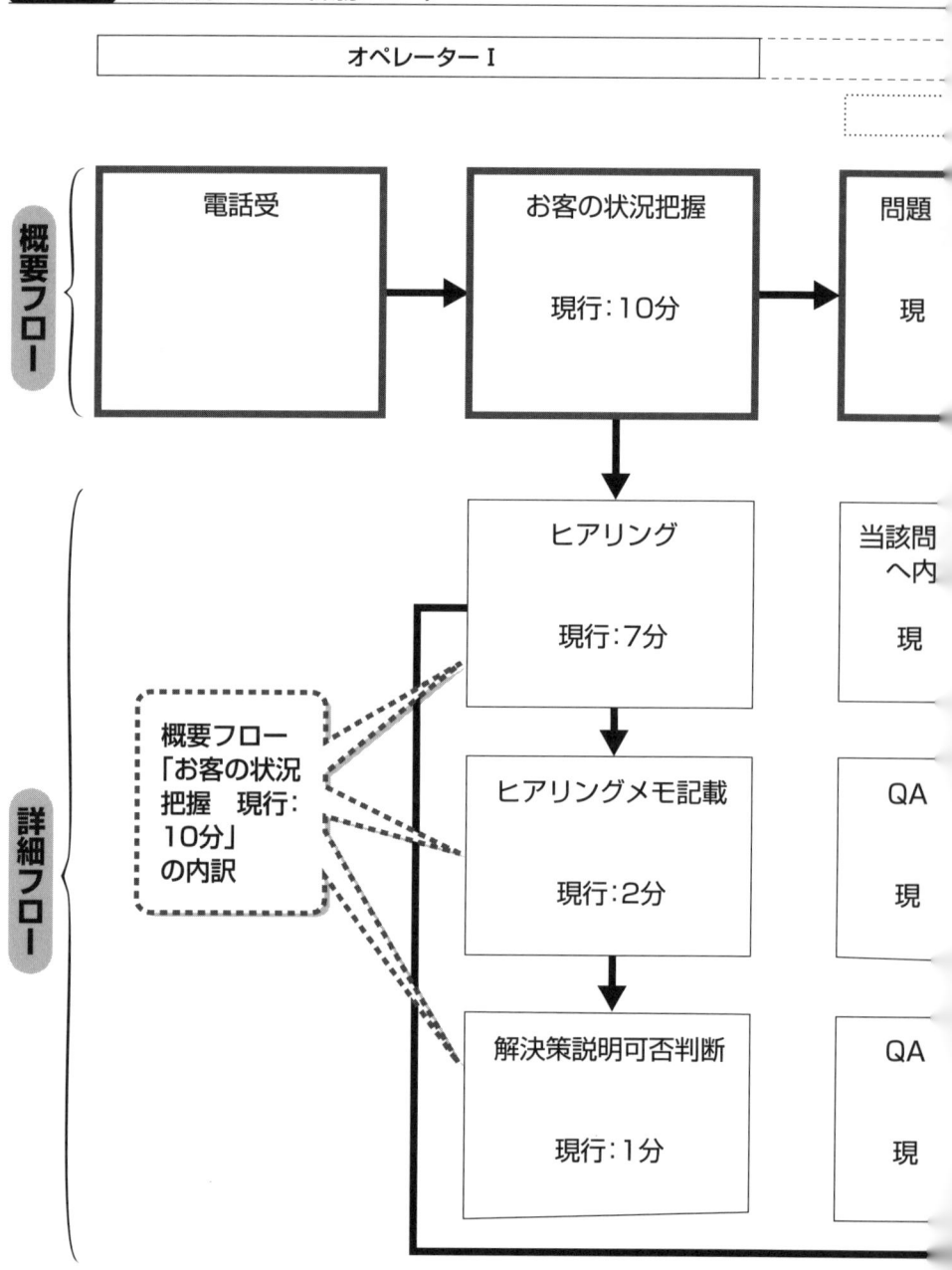

### 図 4-2-2　現行業務プロセス（業務フロー）

**オペレーターⅠ**

**概要フロー**
- 電話受
- お客の状況把握　現行：10分
- 問題　現

**詳細フロー**
- ヒアリング　現行：7分
- ヒアリングメモ記載　現行：2分
- 解決策説明可否判断　現行：1分

（概要フロー「お客の状況把握　現行：10分」の内訳）

- 当該問へ内　現
- QA　現
- QA　現

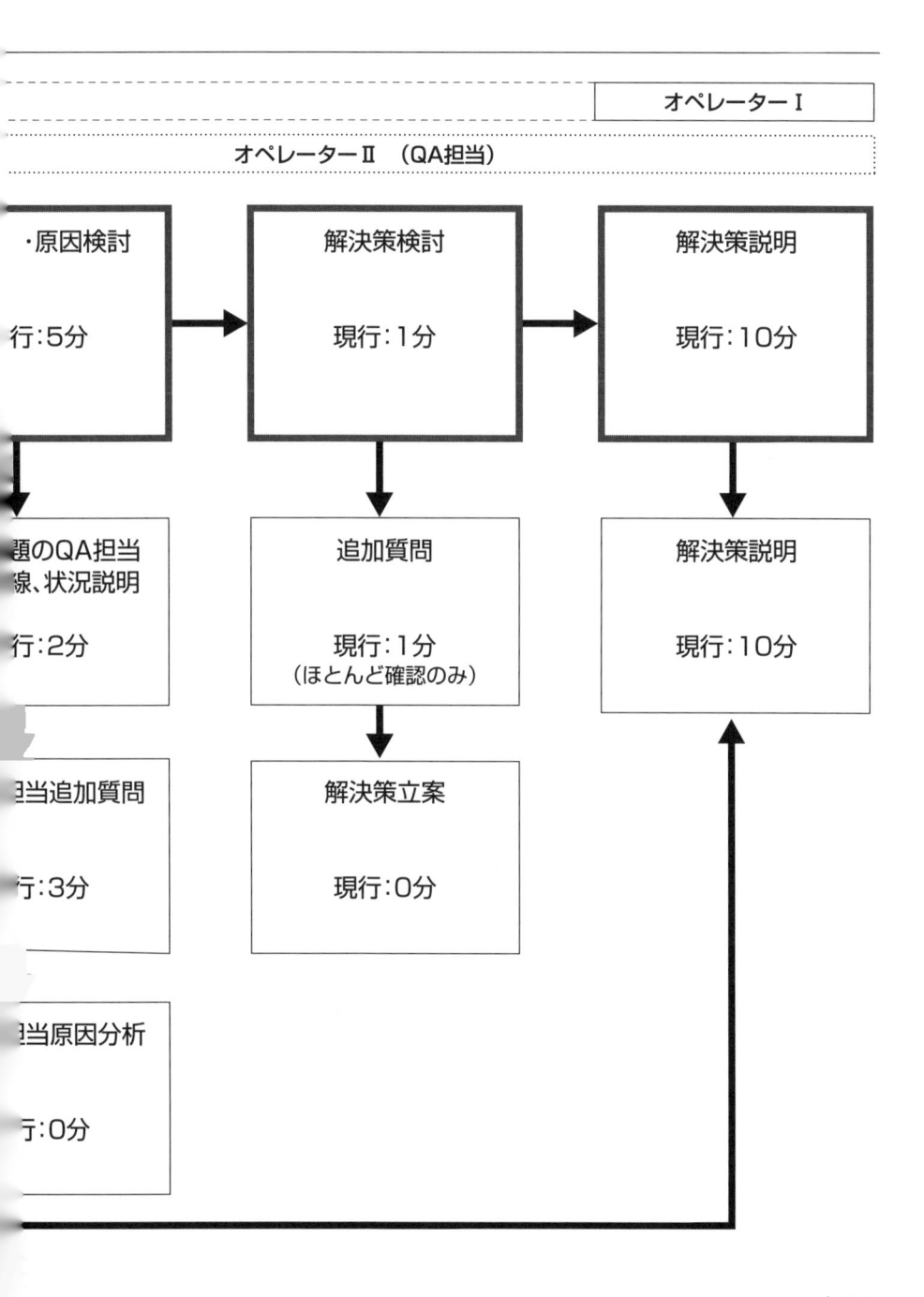

第 4 章 ─●─ フェーズⅡ 重点施策の整理

| | オペレーターⅠ |
|---|---|
| オペレーターⅡ （QA担当） | |

・原因検討

行:5分

→ 解決策検討

現行:1分

→ 解決策説明

現行:10分

題のQA担当
線、状況説明

行:2分

追加質問

現行:1分
（ほとんど確認のみ）

解決策説明

現行:10分

当追加質問

行:3分

解決策立案

現行:0分

当原因分析

行:0分

## 3 問題の核の検討

> 現状調査結果をもとに、問題点構造分析を実施し、問題の核を見つけ出す。問題の核は、複雑に絡み合う問題点のなかで、多様な問題事象の根本をなすものである。この問題の核を見つけ出し、解決する施策を実施しないと、効果は期待できない。

### ■■問題点の構造を整理する

　ここでは、これまでの調査結果をもとに、「解決までに時間がかかりすぎる」という問題の構造を検討する。まず、ヒアリング、業務プロセス調査で得た問題について、相互間の因果関係を整理する。

　これには、一つひとつの問題について、さらにその原因となる事象があるかないかを確かめる。そして、さらなる原因があれば、それを箱に書き入れ、原因の箱とその結果の箱を、矢印で結んでいく。

　具体例として、「解決までに時間がかかる」のはなぜかと、その原因をヒアリングで聞くと、以下のような答えがでてきた。

　①お客様が何を言っているのかわからない
　②サービス対象外の商品についての質問がある
　③回答を提示しているのに、お客様が納得してくださらない
　④何がお客様の問題なのか把握できない
　⑤解決策について誰に聞けばよいのかわからない

　次に、④の「何がお客様の問題なのか把握できない」のはなぜか、その原因を聞くと、「こちらが質問した際に、お客様が何を聞かれているのか理解できない」「オペレーター自身、お客様の問題点を把握するために何を質問すればよいのかわからない」などだった。

　通常は問題事象が起きる原因は、複数の問題が複雑に絡み合っていることが多い。それらを整理すると根本的な問題点が浮かび上がってくるが、それこそが"問題の核"にほかならない。

　問題の核を見つけるには、まず前述の「なぜ、その問題が発生しているのか」という確認の経緯を、今度は目に見えるようにする。これを図4-3-1に示す。

　次に、図4-3-1とは逆に結果から原因に向かって、「なぜ」という問いかけの

方向へ矢印を結ぶ。すると、箱により、矢印の数が多いものが出てくる。結論からいえば、矢印の多い箱が、問題の核となる可能性が高い。ただし、後述するように、そうでないものも含まれている。これが図4-3-2である。

このように問題点構造分析を用いると、図式化により、問題の核がどこにあるかが、直感的に把握できるようになる。これを図示せずに、頭のなかでイメージだけで考えていても問題の核は見えてこない。

なお、問題点構造分析での矢印は、図4-3-1のように、原因から結果に引くのが正しい。この点、問題の核を見つけるためには、矢印が結果から原因に向かうので注意する。

## ■■問題の核と前提条件を判別する

問題の核を見つける目的は、改善効果がある対策を見つけることにある。逆にいうと、実際の対策が立案できない問題の核は、課題として無意味なので別扱いにしなくてはならない。

たとえば、図4-3-1の最上段にある「お客様は通信機器／ＯＡ機器用語などを知らない」は、そもそもそういう人のサポートである以上、課題にはなりえない。だから、これは改善の対象ではなく、前提条件と考えるべきである。

このように、矢印が多くても、問題の核でないものも出てくる。もし、それが前提条件のときは、その箱の周りの箱に問題の核があることが多い。図4-3-1では、「電話での口頭説明だけでは説明しきれない」が、問題の核である。

**図 4-3-1** 問題点構造図

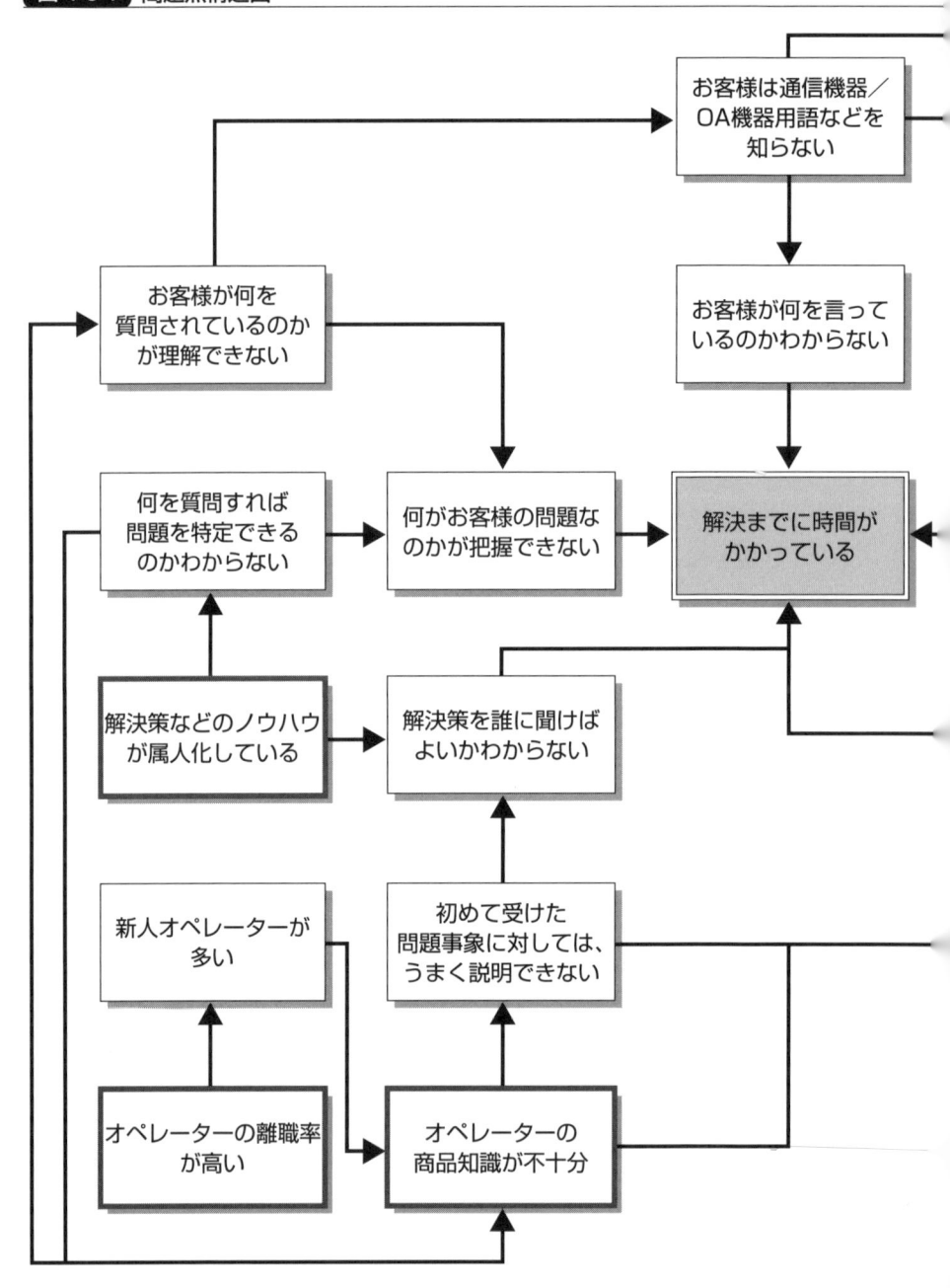

```
                                              ┌─────────────────┐
                                              │ お客様は通信機器／│
                                              │  OA機器用語などを │
                                              │     知らない      │
                                              └─────────────────┘
                                                       │
         ┌─────────────────┐                           ▼
         │ お客様が何を      │                  ┌─────────────────┐
         │ 質問されているのか│                  │ お客様が何を言って│
         │ が理解できない    │                  │ いるのかわからない│
         └─────────────────┘                  └─────────────────┘
                     │                                 │
                     ▼                                 ▼
 ┌──────────────┐ ┌──────────────┐        ┌──────────────┐
 │ 何を質問すれば │ │ 何がお客様の  │        │ 解決までに時間が│
 │ 問題を特定できる│→│ 問題なのかが   │───────→│  かかっている   │
 │ のかわからない │ │ 把握できない  │        └──────────────┘
 └──────────────┘ └──────────────┘
        ▲
 ┌──────────────┐ ┌──────────────┐
 │ 解決策などのノウ│→│ 解決策を誰に  │
 │ ハウが属人化   │ │ 聞けばよいか   │
 │ している       │ │ わからない    │
 └──────────────┘ └──────────────┘
                            ▲
 ┌──────────────┐ ┌──────────────┐
 │ 新人オペレーター│ │ 初めて受けた   │
 │ が多い         │ │ 問題事象に対して│
 │                │ │ は、うまく説明 │
 │                │ │ できない      │
 └──────────────┘ └──────────────┘
        ▲                   ▲
 ┌──────────────┐ ┌──────────────┐
 │ オペレーターの │→│ オペレーターの │
 │ 離職率が高い   │ │ 商品知識が不十分│
 └──────────────┘ └──────────────┘
```

108

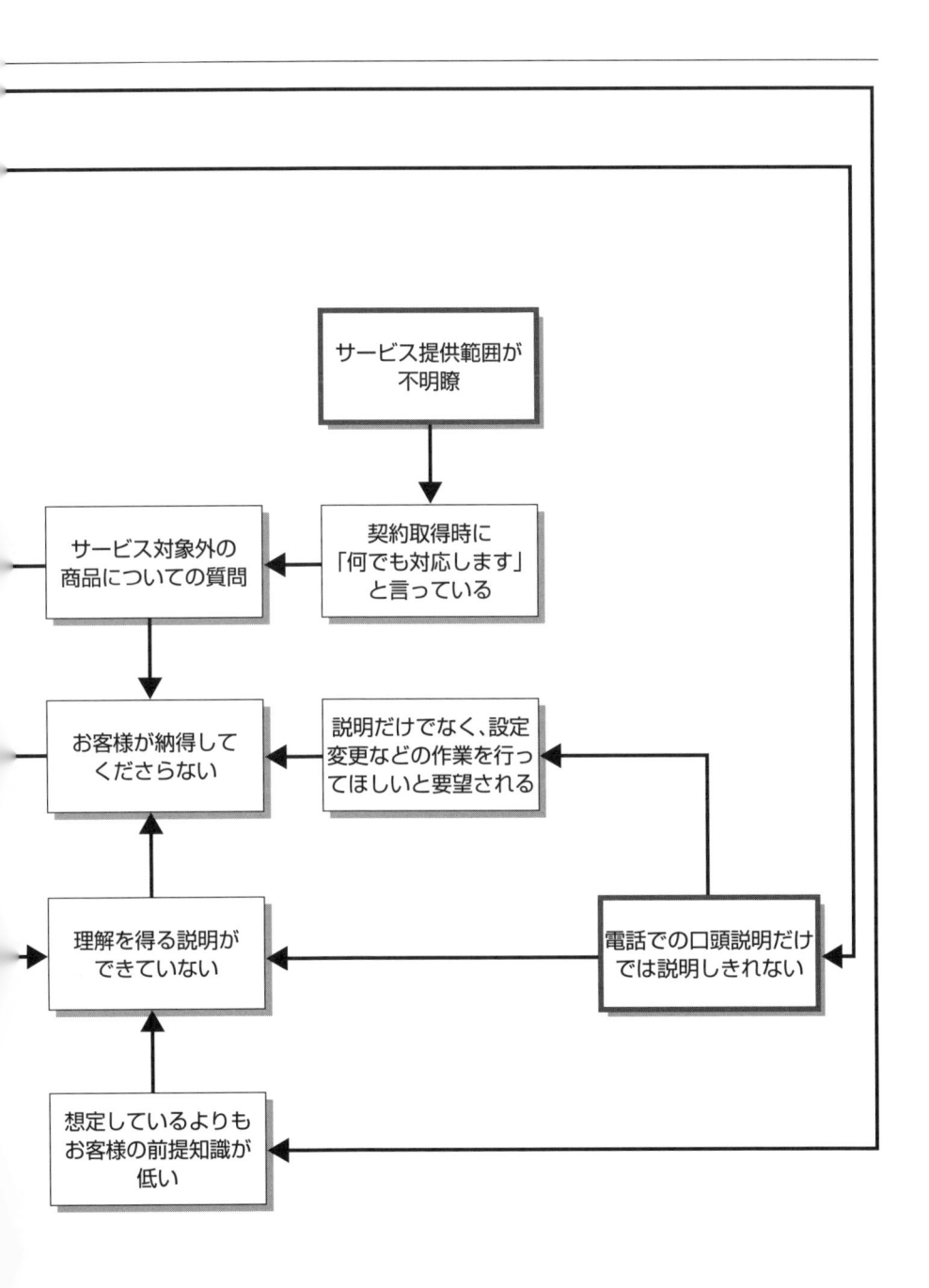

第 4 章 ── ● ── フェーズⅡ　重点施策の整理

```
                            ┌──────────────────┐
                            │ サービス提供範囲が │
                            │ 不明瞭           │
                            └────────┬─────────┘
                                     ↓
┌──────────────┐         ┌──────────────────┐
│ サービス対象外の│         │ 契約取得時に      │
│ 商品についての質問│        │「何でも対応します」│
└──────┬───────┘         │ と言っている      │
       │                 └──────────────────┘
       ↓
┌──────────────┐  ┌──────────────────┐     ┌──────────────────┐
│ お客様が納得して│←─│ 説明だけでなく、設定│←────│                  │
│ くださらない   │  │ 変更などの作業を行っ│     │                  │
└──────┬───────┘  │ てほしいと要望される│     │                  │
       ↑           └──────────────────┘     │                  │
       │                                     │                  │
┌──────┴───────┐                            ┌──────────────────┐
│ 理解を得る説明が│←──────────────────────────│ 電話での口頭説明だけ│
│ できていない   │                            │ では説明しきれない │
└──────┬───────┘                            └──────────────────┘
       ↑
┌──────┴───────┐
│ 想定しているよりも│
│ お客様の前提知識が│←──────────────────────────────
│ 低い          │
└──────────────┘
```

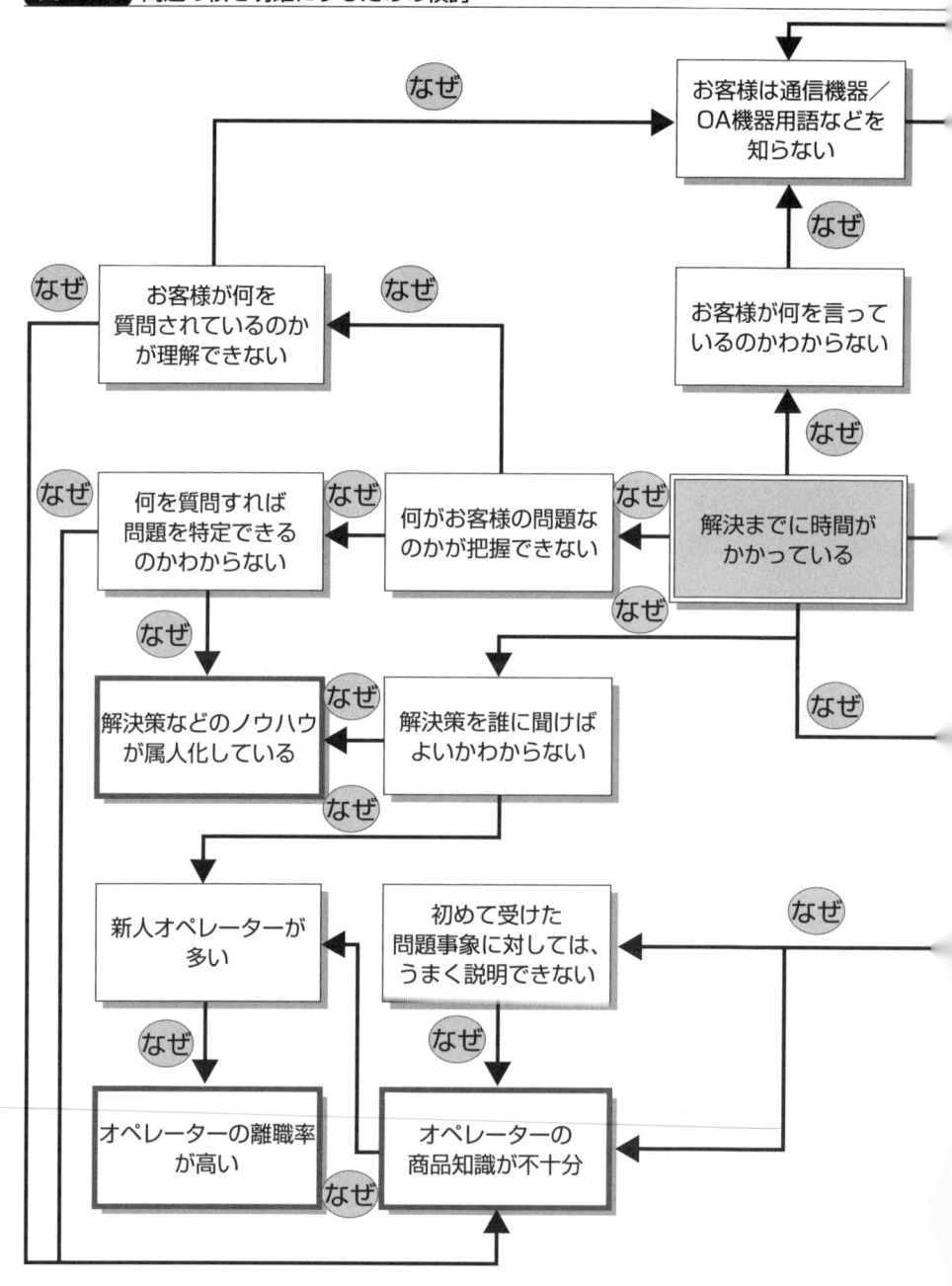

図 4-3-2　問題の核を明確にするための検討

- お客様は通信機器／OA機器用語などを知らない
- お客様が何を質問されているのかが理解できない
- お客様が何を言っているのかわからない
- 何を質問すれば問題を特定できるのかわからない
- 何がお客様の問題なのかが把握できない
- 解決までに時間がかかっている
- 解決策などのノウハウが属人化している
- 解決策を誰に聞けばよいかわからない
- 新人オペレーターが多い
- 初めて受けた問題事象に対しては、うまく説明できない
- オペレーターの離職率が高い
- オペレーターの商品知識が不十分

（矢印ラベル：なぜ）

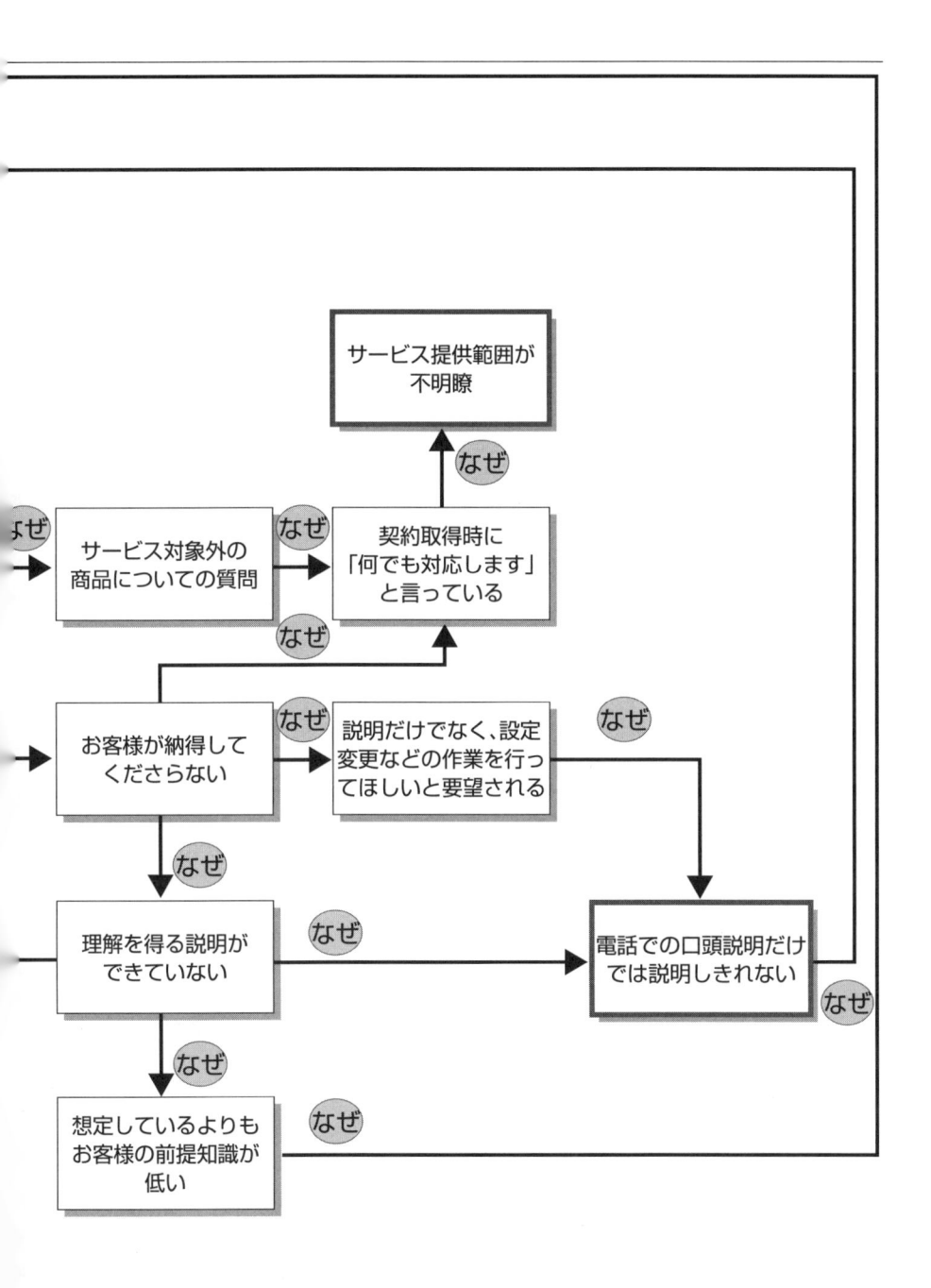

第 4 章 ─●─ フェーズⅡ 　重点施策の整理

```
                                    ┌──────────────────┐
                                    │ サービス提供範囲が │
                                    │ 不明瞭           │
                                    └──────────────────┘
                                            ↑ なぜ
┌──────────────────┐ なぜ  ┌──────────────────┐
│ サービス対象外の   │ ──→ │ 契約取得時に       │
│ 商品についての質問 │      │ 「何でも対応します」│
└──────────────────┘      │ と言っている       │
                     なぜ  └──────────────────┘
                           ↑
┌──────────────────┐ なぜ ┌──────────────────┐ なぜ
│ お客様が納得して   │ ──→│ 説明だけでなく、設定│
│ くださらない      │     │ 変更などの作業を行っ│
└──────────────────┘     │ てほしいと要望される│
        │ なぜ            └──────────────────┘
        ↓                           │
┌──────────────────┐ なぜ          ↓
│ 理解を得る説明が   │ ──→ ┌──────────────────┐
│ できていない      │      │ 電話での口頭説明だけ│
└──────────────────┘      │ では説明しきれない  │
        │ なぜ             └──────────────────┘
        ↓                           ↑ なぜ
┌──────────────────┐ なぜ
│ 想定しているよりも │ ───────────┘
│ お客様の前提知識が │
│ 低い              │
└──────────────────┘
```

111

# 4 重点施策の立案

> 問題の核を特定できれば、それを改善する施策は立案しやすい。肝心なのは、そうやって立てた施策が、経営計画実現のために本当に効果を発揮するか否かである。施策の立案では、さらに検討をすすめ、その施策の有効性を検証することも必要になる。

## ■■問題の核に対する施策を考える

　問題点構造分析によって、問題の核を見つけ、対策が必要な課題を特定した。しかし、課題によっては、それだけでは具体的にどんな方法が効果的なのかはっきりしないこともある。

　たとえば「応対窓口業務の強化」の課題では、解決までの所要時間を26分から10分に短縮することが目標になる。問題点構造分析で、時間がかかるのは、オペレーターのスキルが低く、その原因として、「離職率が高い」「新人オペレーターが多い」ことが特定されている。

　では、オペレーターは最低何年の勤務経験が必要なのか。最低6カ月なのか、1年なのか、3年以上なのかは不明である。また、それを実現する方法も、何が効果的なのかわかっていない。

　派遣社員が主体なら、派遣会社との契約を見直すのか、賃金を上げるのか、正社員を勤務につけるべきなのか、これらが未定である。

　これらを見極め、有効な対策を立てるのには、以下の作業が必要になる。

## ■■追加実地調査を実施する

　必要な勤務経験の長さXを出すには、解決までの所要時間と、オペレーターの勤務経験の長さの間の、相関関係を見る必要がある。既存のデータがないときは、実地調査で調べないといけない。

　A社はこれまでは、即戦力の観点から派遣オペレーターを使い、教育は省力を前提にした。しかし、実際には個人間でスキルの差が大きく、低能力のオペレーターほど短期間で離職するため、基本契約は3カ月にしていた。

　調査の結果、解決までの所要時間と、勤務経験の間に明確な因果関係が出てきた。すなわち、勤務経験が9カ月間以下では、経験に反比例して時間がかか

### 図 4-4-1　追加実地調査結果

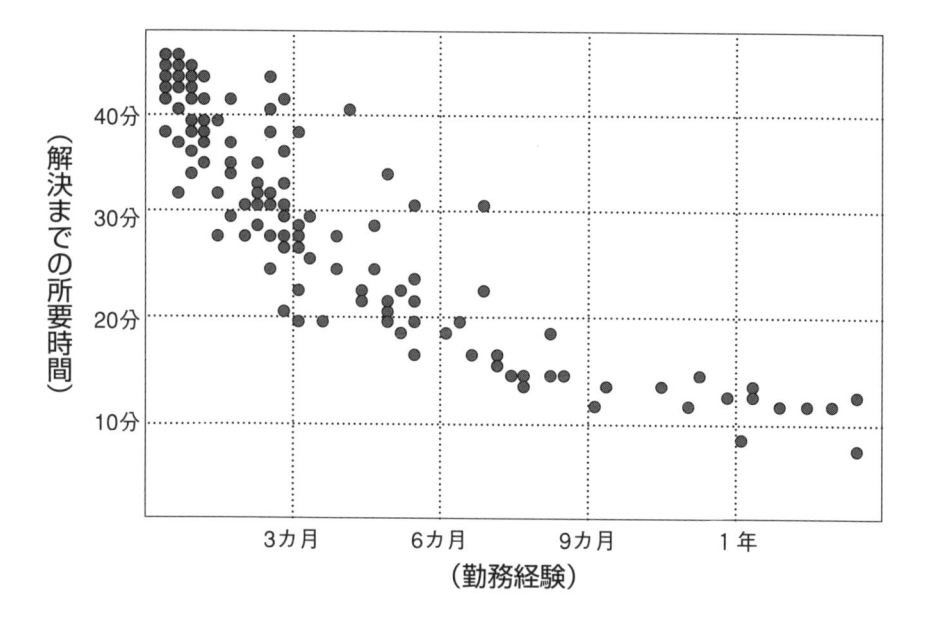

（縦軸：解決までの所要時間、横軸：勤務経験）

るが、9カ月間以上では10分前後に短縮することがわかった。そこで、「勤務経験を9カ月以上に引き上げる」ことが目標になり、そのための施策を立案することになった。

## ■重点施策を検討する

追加調査から、解決時間の短縮には、人員の育成が必須ということがわかった。そのため、次のことを実現のための施策とした。
① 教育プログラムの拡充
② 教育を含めて一定期間の勤務経験を経るために、派遣契約を長期に切り替えること
③ オペレーターの正社員比率を高めること

このように、課題の実現策を導き出すためには、現状調査による事実関係の把握が必要になる。これにより「課題」と「問題の核」の関係を、どう改善するかが見えてくる。このケースでは、解決までの所要時間と勤務経験との相関から、後者を9カ月以上にすることが明らかになった。以上の2段階を経ると、

実施すべき施策が決められる。

　また、問題の核の解決に、情報システム構築が有効なら、構築が施策となる。そのさいには、追加調査の実施をふくめ、同様の作業が必要となる。情報システムの要件整理については、第5章でさらに詳しく説明する。

# 5 重点施策展開表の作成

> これまでの検討結果を整理して、重点施策展開表を作成する。重点施策展開表を作成することで、経営計画を実現するために必要なすべての取り組み（施策）とその推進責任部署が明確になる。

## ■重点施策展開表3つのポイント

重点施策展開表は、大きくは3つのパートから構成されている。1つ目は、表の左側の「経営課題」の記載欄、2つ目は表の上段の「施策」の記載欄、3つ目は表の下部と右側の「責任部門」の記載欄である。各パートの記載方法について次に説明を行う。

### ①重点施策展開表へ「課題」を追記する

施策の洗い出しの完了後、56頁の図2-3-3のような重点施策展開表を作成する。最初に、図4-5-1のようにマップの記載内容を重点施策展開表の縦軸に転記する。また、経営計画（戦略）マップ作成時に、経営者や事業責任者に確認しておいた、課題ごとの達成期日と重要度も記入する。重要度は、あまり厳密に区別せず、A～Cの3階層くらいでいい。

### ②重点施策展開表へ施策を追記する

図4-5-2のように、施策を表の横軸に転記する。その順序にスタンダードはないが、表を見やすくするためには、つながりのある課題はそのまとまりで転記するといい。

転記が完了したら、表のなかの施策で実現できる課題については、両者の交点に〇印を記入する。一つの施策が複数の課題の実現にあずかるときは、すべての交点に〇印を記入する。

課題の実現に複数の施策が必要で、それぞれの重要性に格差があるときは、重要度で◎と〇に分けたり、〇△□などの区別をつけてもいい。

### ③重点施策展開表へ責任部門を追記する

課題と施策について、その責任部門を追記する（図2-3-3参照）。課題の実現責任部門は、表の右端に課題ごとに記入する。施策の推進責任部門は、表の下部に1つずつ記す。

### 図 4-5-1　重点施策展開表への経営課題の追記

#### 経営計画（戦略）マップ

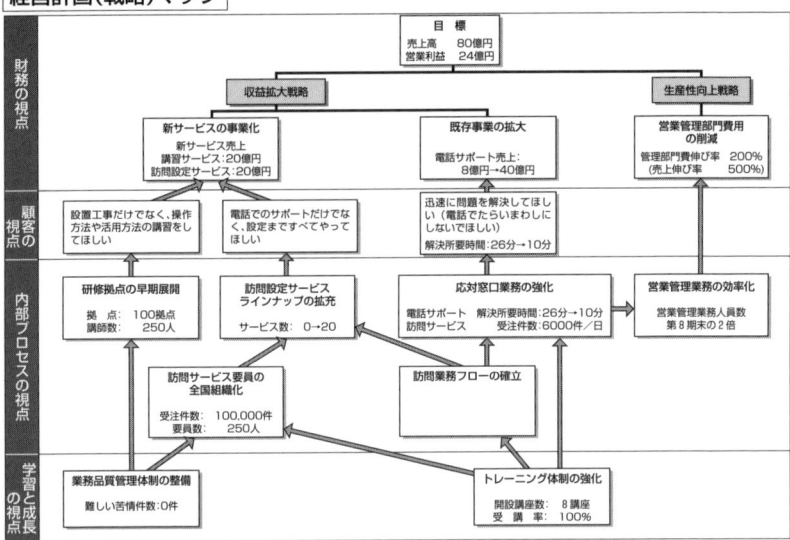

**目標**
売上高　80億円
営業利益　24億円

**収益拡大戦略** / **生産性向上戦略**

財務の視点：
- 新サービスの事業化
  - 新サービス売上
  - 講習サービス：20億円
  - 訪問設定サービス：20億円
- 既存事業の拡大
  - 電話サポート売上：8億円→40億円
- 営業管理部門費用の削減
  - 管理部門費用比率 200%
  - （売上伸び率 500%）

顧客の視点：
- 設置工事だけでなく、操作方法や活用方法の講習をしてほしい
- 電話でのサポートだけでなく、設定まですべてやってほしい
- 迅速に問題を解決してほしい（電話でたらいまわしにしないでほしい）
- 解決所要時間：26分→10分

内部プロセスの視点：
- 研修拠点の早期展開
  - 拠点：100拠点
  - 講師数：250人
- 訪問設定サービスラインナップの拡充
  - サービス数：0→20
- 応対窓口業務の強化
  - 電話サポート 解決所要時間：26分→10分
  - 訪問サービス 受注件数：6000件/日
- 営業管理業務の効率化
  - 営業管理業務人員数 第8期末の2倍
- 訪問サービス要員の全国組織化
  - 受注件数：100,000件
  - 要員数：250人
- 訪問業務フローの確立

学習と成長の視点：
- 業務品質管理体制の整備
  - 難しい苦情件数：0件
- トレーニング体制の強化
  - 開設講座数：8講座
  - 受講率：100%

#### 経営課題の重点施策展開表への転記

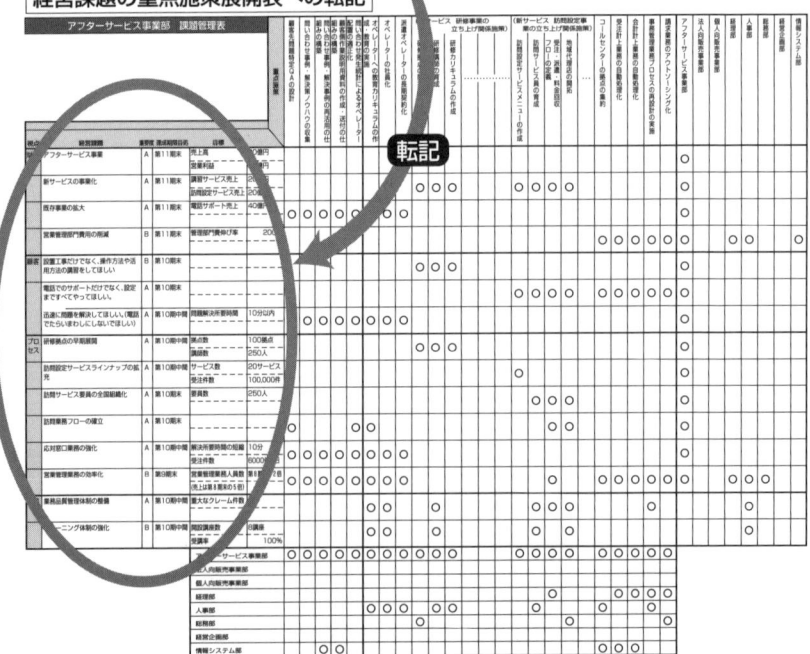

アフターサービス事業部　課題管理表

（転記）

第 4 章—●— フェーズⅡ 重点施策の整理

### 図 4-5-2 重点施策展開表への施策の追記

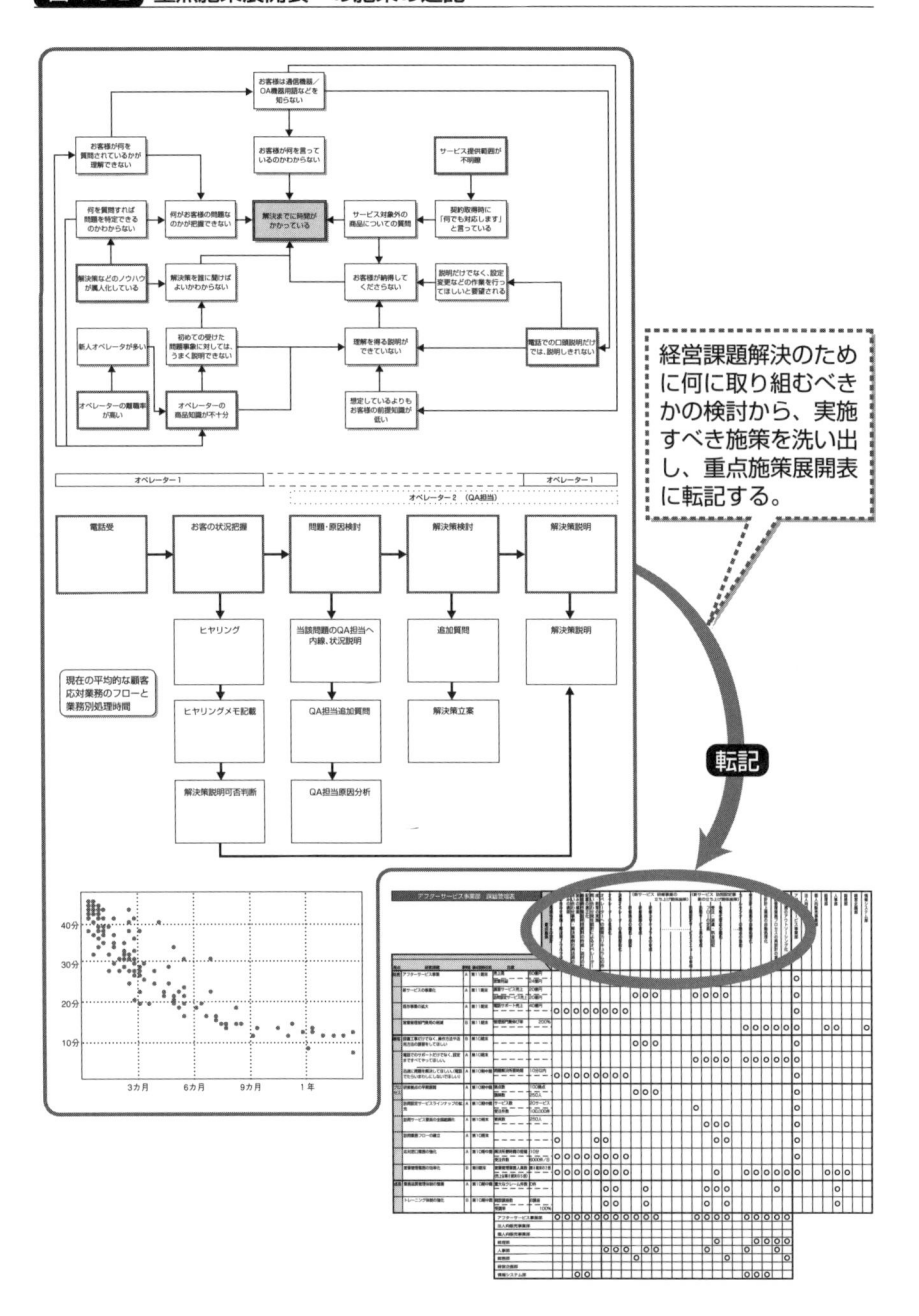

経営課題解決のために何に取り組むべきかの検討から、実施すべき施策を洗い出し、重点施策展開表に転記する。

転記

責任部門の記載を見れば、課題実現の責任者は、どの部門の協力が必要かを確認できる。また、施策の推進責任者は、施策がどの部門の課題を実現するのか、改善などの達成レベルをどの部門と調整・決定すべきかすぐわかる。

## ■■重点施策を整理する意味

　重点施策の整理の結果は、業務改善や組織改善、制度改善や意識改善に関するものなど、情報システム構築以外の施策であることも多い。このため、ＩＴ部門出身でＩＴ戦略の立案担当者などは、これを自分の責任範囲外と考えたり、はじめから作業ができそうもないと逃げ出すおそれもある。

　戦略的システム化計画の目的は、課題を実現する情報システムを構築し、どう効果を上げるかを明確にすることにある。いいかえれば、経営計画を実現するのが主目的で、情報システムはあくまでその手段である。

　実際に、業務改善や組織改善、制度改善や意識改善を情報システム構築と並行して実施しないと、経営計画を実現できないことが非常に多い。だから、経営計画を実現する施策の全体像を描いたうえで、対象とする情報システムの位置づけと役割を明確にすることが重要である。

# 第5章

## フェーズⅢ 情報システム要件の立案

# 1 情報システム要件整理の基礎

企画した情報システムの構築を決定するのは経営者である。経営者に理解できず、構築意義が明確でない情報システムは承認されない。経営者の関心事である経営課題の実現に沿って、論理の飛躍や矛盾なしに、必要な情報システム像を描き出す。

## ■■情報システム要件を整理する

フェーズⅡで、経営計画の実現に必要な施策を洗い出した。その施策には、まちがいなく情報システム構築が含まれる。フェーズⅢの情報システムの要件整理では、経営計画実現のためにどのようなシステムを構築するのかを明らかにする。

要件整理のレベルは、第2章で説明したように「売上高を大幅に増加させる」ために、その「受注を処理するシステムが必要」では不十分である。「売上高を100億増加させる」という課題から、「受注処理を2秒で完了させるシステムが必要」という内容まで踏み込んだ整理が欠かせない。

ただし、すべての要件をこのように詳述しなくてもいい。しかし、経営計画の"実現の肝"となる部分だけは、具体的に検討し、要件としてスペックを整理しなくてはいけない。このスペックの落とし込みで、次の効果が期待できる。
①本当に効果を発揮するシステムを開発できる。
②経営者が、その情報システムの意義や重要性を理解しやすくなる。
③推進者にとっても、情報システム像を具体的にイメージでき、後の作業計画や投資見積もりの精度を上げることができる。

このような効果を得るために、情報システムの主要要件を整理することが、当フェーズの目的である。

## ■■情報システム要件を論理的に詳細化する

「売上高を100億増加させる」から「システムの受注処理を2秒で完了させる」の間には、何段階かの検討が必要である。たとえば、「100億増加させる」ためには、「受注件数を1万件増加させる」ことが前提になる。そして、これを実現させようとすると、「1日に3万件の受注処理が必要」となる。

第5章 ─●─ フェーズⅢ 情報システム要件の立案

### 図 5-1-1 目標値の論理展開（イメージ）

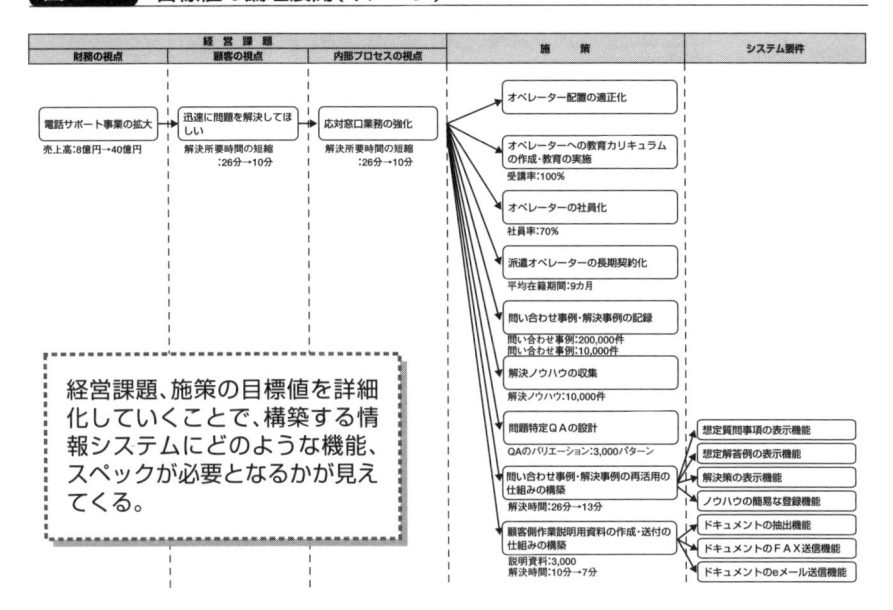

| 経営課題 | | | 施策 | システム要件 |
|---|---|---|---|---|
| 財務の視点 | 顧客の視点 | 内部プロセスの視点 | | |

- 電話サポート事業の拡大
  - 売上高:8億円→40億円
- 迅速に問題を解決してほしい
  - 解決所要時間の短縮:26分→10分
- 応対窓口業務の強化
  - 解決所要時間の短縮:26分→10分

施策：
- オペレーター配置の適正化
- オペレーターへの教育カリキュラムの作成・教育の実施
  - 受講率:100%
- オペレーターの社員化
  - 社員率:70%
- 派遣オペレーターの長期契約化
  - 平均在籍期間:9カ月
- 問い合わせ事例・解決事例の記録
  - 問い合わせ事例:200,000件
  - 問い合わせ事例:10,000件
- 解決ノウハウの収集
  - 解決ノウハウ:10,000件
- 問題特定QAの設計
  - QAのバリエーション:3,000パターン
- 問い合わせ事例・解決事例の再活用の仕組みの構築
  - 解決時間:26分→13分
- 顧客側作業説明用資料の作成・送付の仕組みの構築
  - 説明資料:3,000
  - 解決時間:10分→7分

システム要件：
- 想定質問事項の表示機能
- 想定解答例の表示機能
- 解決策の表示機能
- ノウハウの簡易な登録機能
- ドキュメントの抽出機能
- ドキュメントのＦＡＸ送信機能
- ドキュメントのeメール送信機能

> 経営課題、施策の目標値を詳細化していくことで、構築する情報システムにどのような機能、スペックが必要となるかが見えてくる。

　これだけの数になると、次には「受注システムが必要」となる。その受注システムで1日に3万件の受注をこなすには、「1受注の処理時間を2秒で完了させる機能が必要」となる。
　このように、経営者が関心をもっている課題を、論理を追って明細に記述し、最終的に情報システムの機能スペック（仕様）に落としこむ。

## ■論理展開を明示する

　課題を論理的に明細化することは、第3章で検討したように、経営計画マップの課題と目標値を、「実現のために、さらにXが必要」と究明していくことで、重要な作業である。図5-1-1では、課題⇒施策⇒システム要件と線で結び、論理の展開をイメージした。矢印により、論理の流れが見え、わかりやすくなる。

## 2 情報システム要件の整理手順

戦略的システム化計画における情報システム要件整理作業の作業手順、および製作物の説明をする。まず、現行の業務プロセスを整理し、個別および全体の目標値を設定する。次に、これを実現する業務方法を特定し、情報システムの概要をおさえる。

### ■■情報システム要件整理の手順

情報システム要件の整理作業手順は、基本的にはフェーズⅡの重点施策のそれと同じである。施策整理の過程で、情報システムの活用が有効と判断されれば、より詳細に検討をすすめることとなる。作業手順は次のようになる（図5-2-1）。

①課題の"実現の核"に該当する、現行業務プロセスを整理する。
②業務プロセス上の各業務スペックの現状値を調査する。
③経営課題の目標値の実現のために業務プロセス全体の目標値を設定する。
④業務プロセスを構成する個別業務ごとに目標値を検討する。

これを基礎として、全体の業務プロセスの目標値を達成するための業務方法を検討する。たとえば、業務プロセスの流れを変える、個別プロセスの実施方法を変える、アウトソーシングする、情報システムを活用するなど。

⑤整理した業務方法のうち、情報システムを活用するものを抜き出し整理する。

以上は業務改革をイメージした検討のすすめ方の例である。改革すべきテーマしだいで、具体的な検討方法には差が生ずる。しかし、その考え方は共通であり、次のような流れになる。

①現状の把握
②実現すべき達成水準と現状とのギャップの把握
③ギャップを埋める方策の検討
④方策を詳細に検討し、ポイントになるものは情報システムの機能レベルまで落とし込む。

この流れに沿って、改革方法にあった検討方法で作業をすすめる。

第5章―● フェーズⅢ　情報システム要件の立案

### 図 5-2-1　情報システム要件整理の作業手順

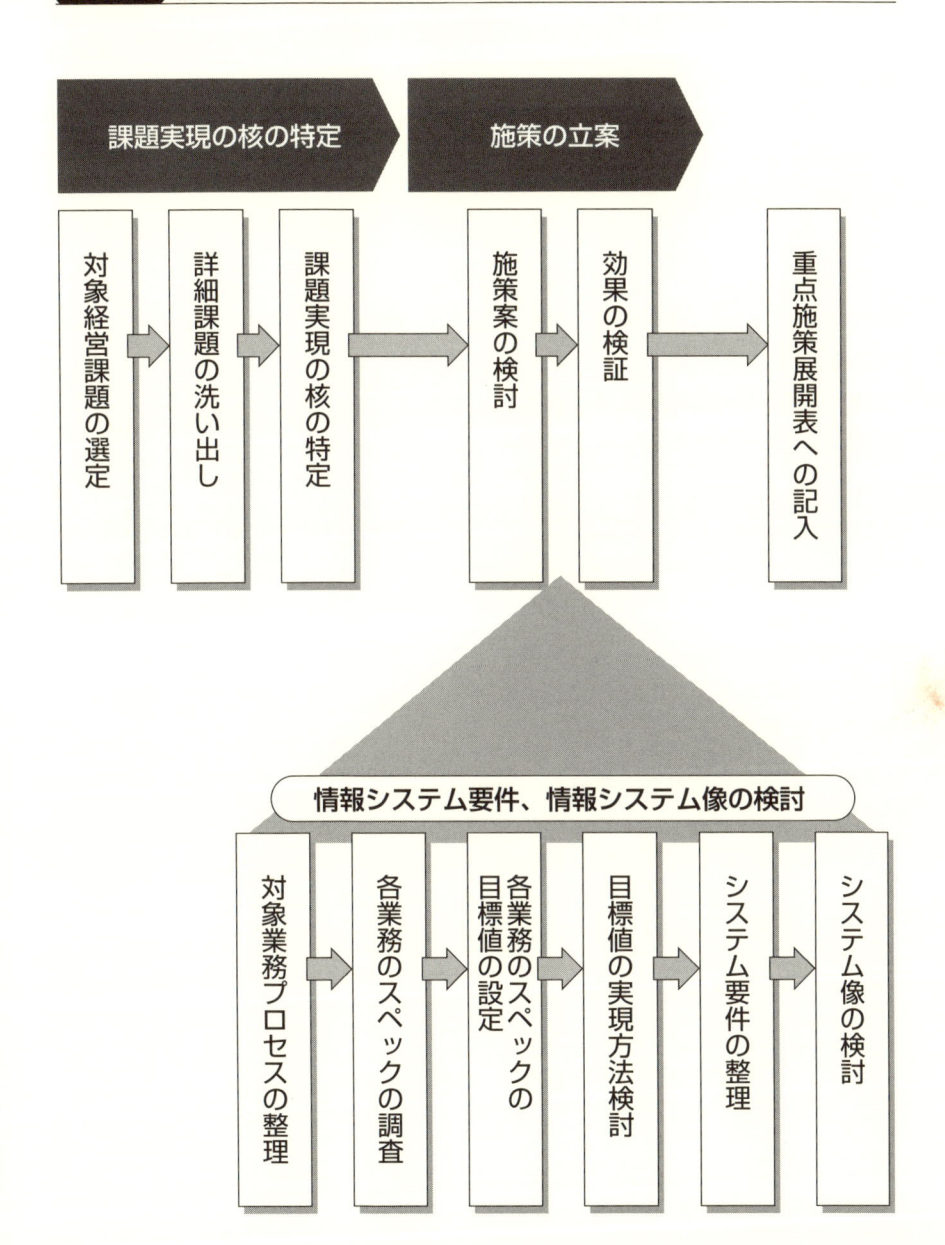

**課題実現の核の特定** → **施策の立案**

対象経営課題の選定 → 詳細課題の洗い出し → 課題実現の核の特定 → 施策案の検討 → 効果の検証 → 重点施策展開表への記入

**情報システム要件、情報システム像の検討**

対象業務プロセスの整理 → 各業務のスペックの調査 → 各業務のスペックの目標値の設定 → 目標値の実現方法検討 → システム要件の整理 → システム像の検討

## ■■情報システム要件表のフォーマット

　情報システム要件表のフォーマットは、施策の業務区分別に集計された単なる情報システム要件の一覧表で、すでに図2-3-4に示した。表への記載項目は、次のとおりである。
①業務区分（大）……販売、製造、物流、会計、経営管理など
②業務区分（中）……受注、引当、出荷指示など
③経営課題…………その施策によって達成される経営課題
④完了時期…………その経営課題の達成期日
⑤重要度……………その経営課題の重要度
⑥要件説明…………落とし込まれた情報システム機能

　情報システムの構成は、次のフェーズで検討する。ここでは、単純に検討の結果洗い出された要件を列挙していけばいい。

## ■■情報システム要件の整理レベル

　ここでは情報システムの設計をするわけではないので、システム機能を精緻に整理する必要はない。経営計画の実現に必要な情報システムの機能と、その達成水準がわかれば十分である。本フェーズの検討結果から、構築費用の見積もりを出すので、主要な機能要件、システム規模、構築の難易度などが推測でき、概算見積もりができるレベルでいい。
　次に、具体的な作業と、どこまで整理するかを説明する。

第5章―● フェーズⅢ　情報システム要件の立案

## 3　情報システム要件の検討

> 戦略的システム化計画における情報システム要件の整理は、ヒアリングした事項の羅列ではない。経営計画の整理作業で定義されたＫＰＩや目標値を、現状業務の問題点と照らし合わせながら論理的に明細化し、システム要件へ落としこむ作業である。

### ■これまでの検討のおさらい

　Ａ社では、電話応対サービス事業の拡大のためには、応対時間を短縮することが前提になり、「応対窓口業務の強化」が課題となった。現状調査結果から問題点構造分析を行った結果については108頁の図4-3-1を見ていただきたい。

　図中太枠の箱の中に記載された、「サービス提供範囲が不明瞭」「電話での口頭説明だけでは説明しきれない」「解決策などのノウハウが属人化している」「オペレーターの離職率が高い」「オペレーターの商品知識が不十分」などが"問題の核"である。

　第４章では、問題の核「オペレーターの離職率が高い」について、解決までの所要時間と勤務経験の因果関係を明らかにした。そして改善策を検討し、オペレーターの「社員化の推進」「派遣社員の長期契約への切り替え」「教育カリキュラムの作成」「教育の強化」などを、「オペレーターの離職率を引き上げる」ための重点施策として整理した。

　本章では、業務プロセスに着目し、他の問題の核が応対期間にどのような影響を与えているか、また課題の実現のために業務をどう改善するかを検討する。そこから、情報システムを活用するか否かを決め、活用するときはその要件を整理する。これを図5-3-1に示す。

### ■各業務の目標値を設定する

　解決までの所要時間26分を、経営計画（戦略）マップでは10分の目標値にしている。この目標値は、顧客の期待から設定したもので、取り組みの結果から割り出した達成時間ではない。そのため、ここでは10分を達成するために、現行の各業務時間をどの程度短縮すればいいのかを検討する。これが図5-3-2で

**図 5-3-1** 現状業務の整理結果

オペレーター I

電話受 → お客の状況把握　現行：10分 → 問題・原因（現行）

電話受 → お客の状況把握　現行：7分 →

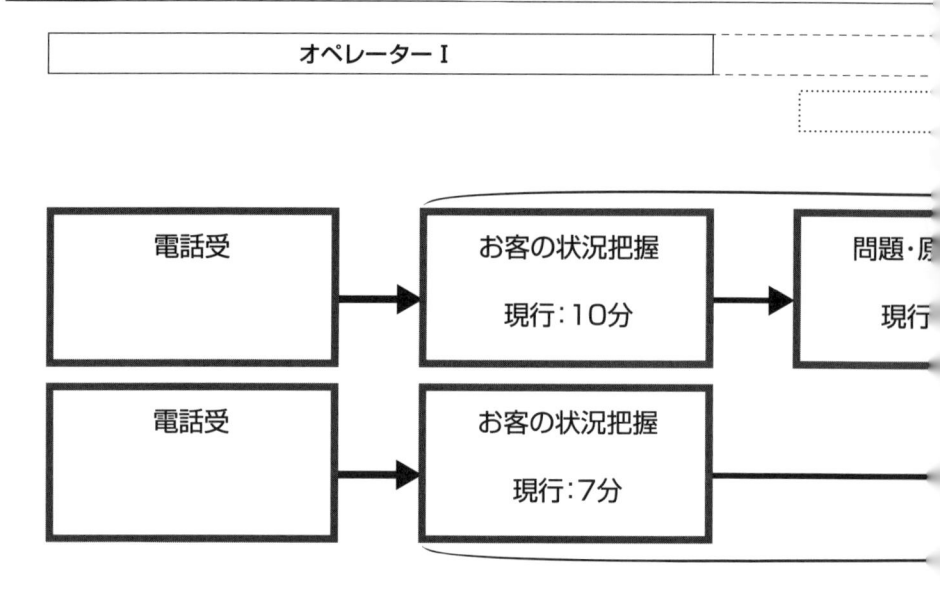

ある。

A社では調査の結果、業務の流れが二分されていることがわかった。
① オペレーターが問い合わせに即答できない場合……26分
② オペレーターが問い合わせに即答できる場合………17分

いずれも目標値10分には届かないが、両者の間に9分もの差が生じるのは注目に値する。見方を変えれば、ほとんどの質問にオペレーターが即答できるようにすれば、目標値10分に近づくこととなる。

仮に、「ほとんどの質問にオペレーターが即答できるようにする」ことで17分に短縮できたとしても、目標の10分までにはさらに7分短縮しなくてはならない。

A社の取り組みでは、さらなる短縮の可能性を検討した。検討では、短縮の是非もふくめ、その可能性を総合的に判断した。というのは、時間を短縮したために、顧客から新たな不満が出てくるようなら意味がない。そもそも「応対窓口業務の強化」は、顧客の視点の「迅速に問題を解決してほしい」を実現するための課題である。だから、「時間は早くなったが、応対は悪くなった」で

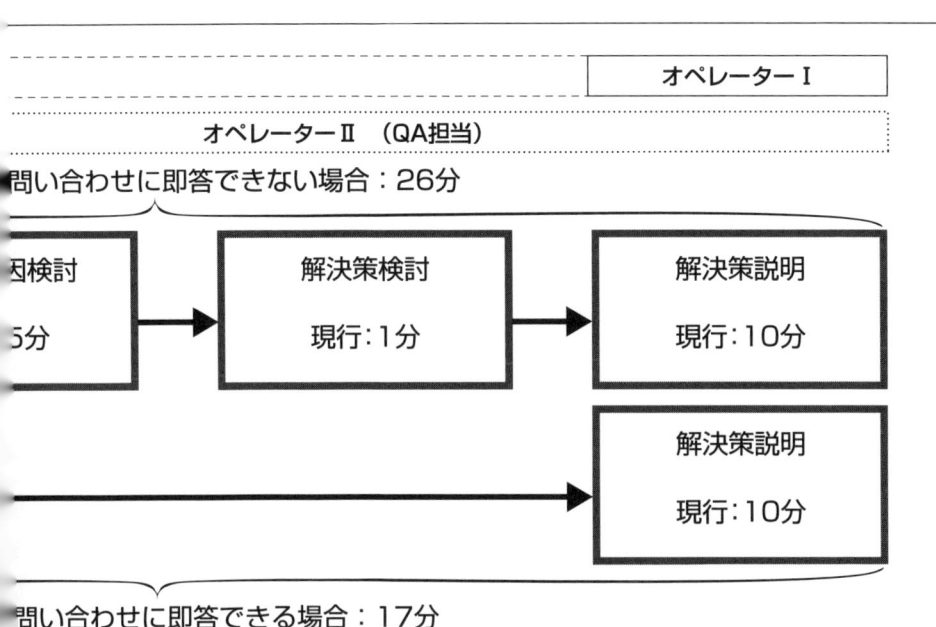

```
                                              オペレーターⅠ
           オペレーターⅡ （QA担当）
問い合わせに即答できない場合：26分

因検討          解決策検討              解決策説明
 5分            現行：1分               現行：10分


                                       解決策説明
                                       現行：10分

問い合わせに即答できる場合：17分
```

は、1つの課題の解決が新たな課題を生み出すことになってしまう。この点は、十分に考慮が必要である。

　ここでは、まず、「オペレーターが問い合わせに即答できる」状態を整備することで、26分から17分へ短縮するという目標を設定した。次に、「お客様の状況把握」と「解決策説明」の改善で、17分から10分への短縮を目標設定とし、具体策の検討に入ることとした。

### ■■改善すべき業務を絞る

　現行業務の整理結果を見ると、「解決策の説明」はオペレーターⅠでも、ＱＡ担当のオペレーターⅡでも、10分と差がない。両者に時間的な差がでるのは、「問題・原因の特定のためのヒアリング」である。

　オペレーターⅠのヒアリングは平均10分かかり、かつ問題事象が特定できず、ＱＡ担当に引き継ぐ場合も多い。ＱＡ担当だと、オペレーターⅠからの引き継ぎがあるにせよ、ヒアリング時間は平均3分である。この差7分の原因について、再度詳細に調査することになった。

図 5-3-2　時間短縮のイメージ

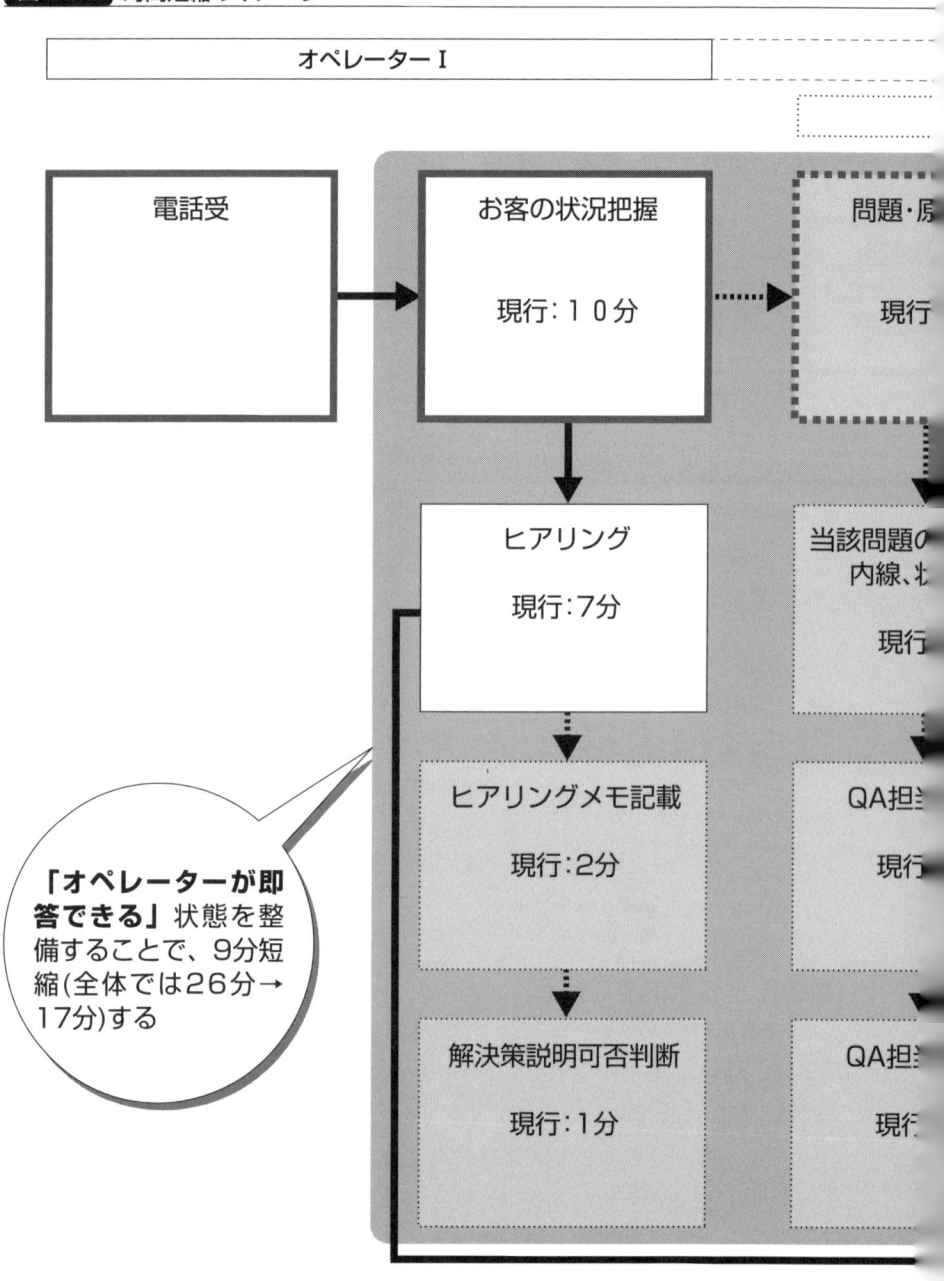

オペレーター I

- 電話受
- お客の状況把握　現行：10分
- 問題・原[因]　現行
- ヒアリング　現行：7分
- 当該問題の内線、[…]　現行
- ヒアリングメモ記載　現行：2分
- QA担[当]　現行
- 解決策説明可否判断　現行：1分
- QA担[当]　現行

「**オペレーターが即答できる**」状態を整備することで、9分短縮(全体では26分→17分)する

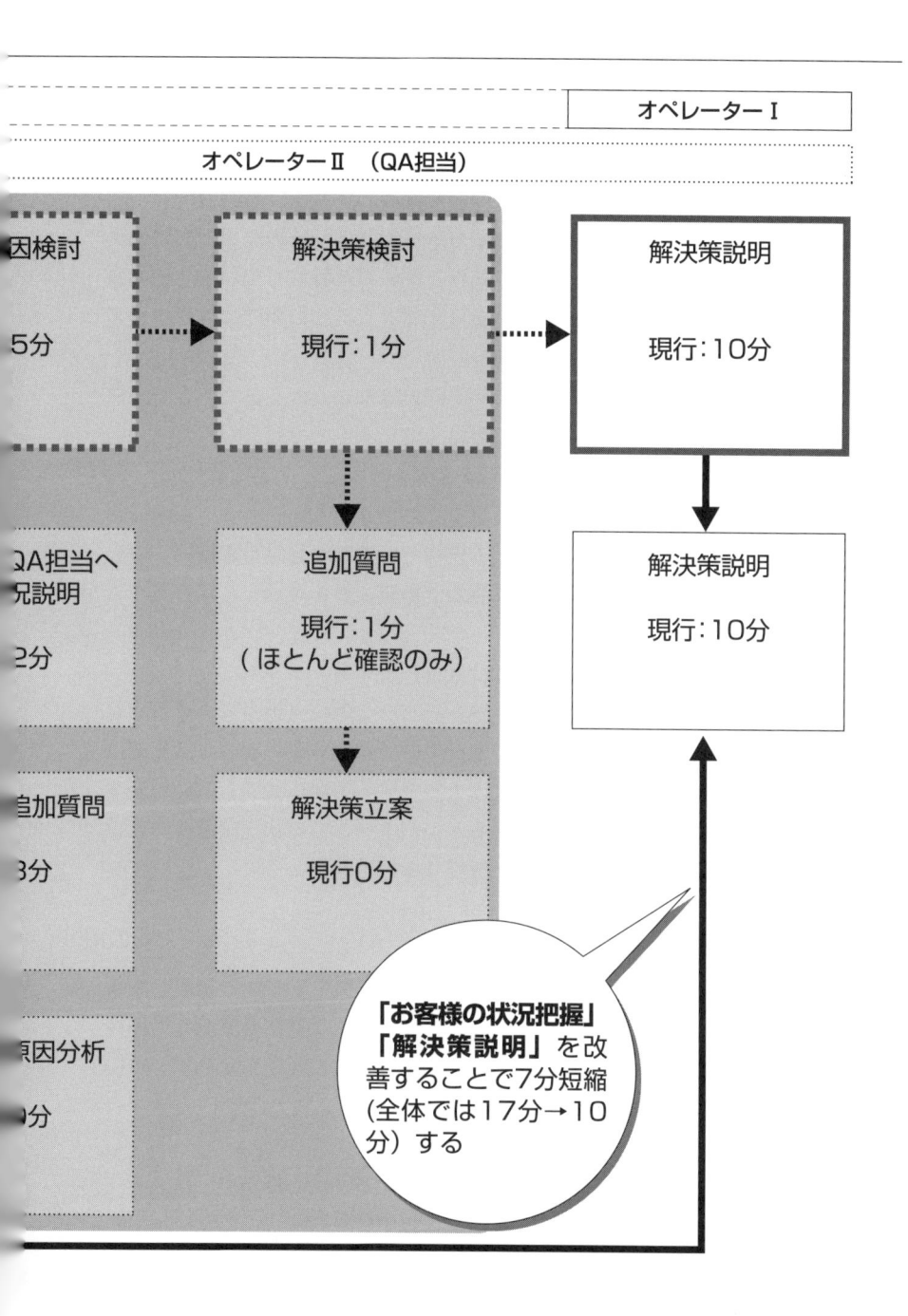

第5章 ─●─ フェーズⅢ 情報システム要件の立案

オペレーターⅠ

オペレーターⅡ （QA担当）

因検討

5分

解決策検討

現行：1分

解決策説明

現行：10分

QA担当へ
況説明

2分

追加質問

現行：1分
（ほとんど確認のみ）

解決策説明

現行：10分

追加質問

3分

解決策立案

現行0分

因分析

0分

**「お客様の状況把握」**
**「解決策説明」**を改善することで7分短縮（全体では17分→10分）する

## ■問題業務に対する詳細調査

　詳細調査として、オペレーターⅠとQA担当オペレーターの業務方法の実地調査を行った。調査方法は、オペレーターⅠとQA担当の応対状況を1日間録音し、それを分析するとともに、結果について確認ヒアリングを行った。

　QA担当は、顧客から問題になっている事柄を聞くと、その原因と回答にある程度見当がつき、それに沿って質問を続け、解決策を特定している。その質問内容は、問題事象によりパターンが決まっており、同一の問題にはほぼ一定の順番で一定の質問をしていた（図5-3-3）。

　一方、オペレーターⅠは、質問内容にパターンはなかった。また、質問方法は散発的な印象で、絞り込んで問題点を特定していくものではなかった。

　この結果から、QA担当オペレーターは、次のようなことを実行しているか、あるいは知識として知っているという仮説を立てた。
①顧客の説明を聞くと、問題の原因となる候補をいくつか想定できる。
②いくつかの候補から本当の原因を絞り込むさいに、何を確認すれば特定できるかを知っている。
③そのような絞り込みパターンを、いくつももっている。

　この仮説の当否を確認するために、オペレーターⅠとQA担当に、それぞれヒアリングを行った。QA担当は必ずしも意識的ではないが、顧客の話を聞けばほぼ問題点の候補が想定でき、真の原因を特定する方向へ質問していた。オペレーターⅠでも同様にできることもあるが、パターンでの状況確認の頻度は少ないことがわかった。以上のように、仮説は確認された。

## ■システム要件を検討する

　検討の結果、「ノウハウが属人化（個人の能力に依拠）している問題」を解決するために、「勤務経験の長いオペレーターのもつノウハウをデータベース化し、その内容を共有化する情報システム」を構築することを想定した。このノウハウは、次の2つである。
①顧客の話から問題原因をある程度特定するノウハウ
②問題原因を限定するための質問手順、内容に関するノウハウ
　この2つのノウハウをシステム化する機能は以下になる。
①問題特定のための質問内容、手順をデータベース化する

②顧客の相談内容を一覧表示する
③相談内容例を選択したとき、次に行うべき質問を表示する
④その質問に対する顧客の想定回答例を一覧表示する
⑤想定回答例を選択したとき、次に行う質問事項を表示する
⑥この繰り返しの結果、問題原因を特定する
⑦特定された問題に対する解決方法を表示する
⑧顧客の話のヒアリングから解決策の特定までを、3回以内の質問で、3分以内にできるようにする

　この機能を情報システムで実現し、だれもがＱＡ担当のように、顧客の話を聞きながら、3分以内に問題点を特定できるようにする。これにより、現在10分かかる「解決策説明」とあわせて、全体では13分で解決案の提示ができる目処が立ったことになる。

　次に、この13分をさらに3分短縮して、解決までの所要時間を10分にするために「解決策説明」業務について、同様の検討を実施した。

　検討の結果、よくある顧客の相談15種類を想定し、その原因と解決策がパターン化できるものをドキュメントにすることにした。質問が解決するまでの流れを、図などでわかりやすく解説し、問い合わせのあった顧客に対して、まずＦＡＸなどで送信する。これで顧客が納得できれば、全体での平均応対時間は3分短縮できることがわかった。

　この実現のための情報システム要件は、次のようになる。
①解決策＝対処方法のドキュメント化（図解で明快に）
②解決策ドキュメントの簡単な抽出機能
③ドキュメントの顧客へのＦＡＸ送信
④ドキュメントの顧客へのｅメール送信

　以上の説明はあくまでもひとつの例である。検討する内容により、仮説や検証方法はケース・バイ・ケースである。とはいえ、現状調査と分析、仮説立案、さらに仮説の検証を繰り返すことで、課題実現のためのポイントが明確になってくる。そうなれば、情報システム要件を抽出することは難しくはない。

## ■情報システム要件表へ転記する

　Ａ社では、以上の作業で抽出した情報システム要件を、図5-3-4に記入した。このフォーマットは表計算ソフトで作成し、任意の項目でソートができる。

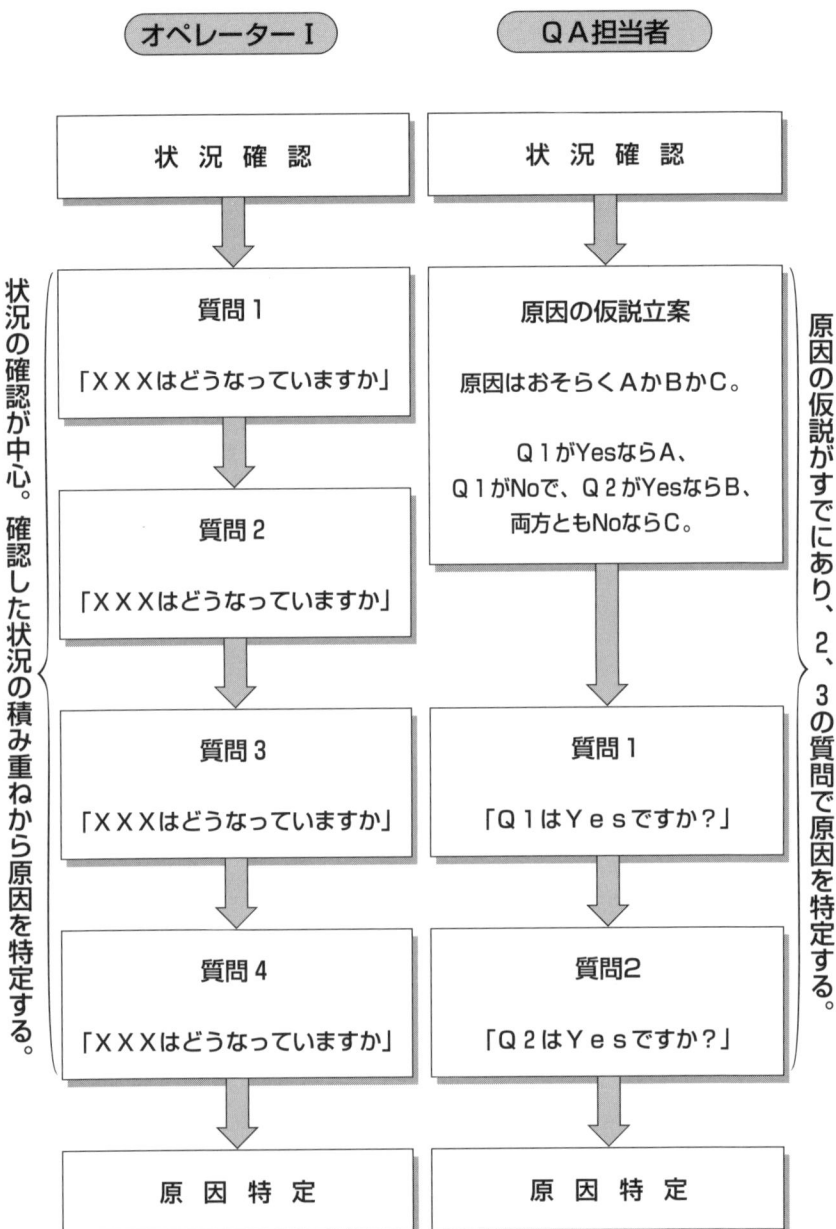

### 図 5-3-3　オペレーターⅠとQA担当の質問方法の違い

**オペレーターⅠ**

状況確認
↓
質問1
「ＸＸＸはどうなっていますか」
↓
質問2
「ＸＸＸはどうなっていますか」
↓
質問3
「ＸＸＸはどうなっていますか」
↓
質問4
「ＸＸＸはどうなっていますか」
↓
原因特定

状況の確認が中心。確認した状況の積み重ねから原因を特定する。

**QA担当者**

状況確認
↓
原因の仮説立案

原因はおそらくAかBかC。

Q1がYesならA、
Q1がNoで、Q2がYesならB、
両方ともNoならC。
↓
質問1
「Q1はＹｅｓですか？」
↓
質問2
「Q2はＹｅｓですか？」
↓
原因特定

原因の仮説がすでにあり、2、3の質問で原因を特定する。

第5章 ● フェーズⅢ 情報システム要件の立案

### 図 5-3-4 情報システム要件表への転記

- 現行業務分析の結果から転記する
- 重点施策展開表から転記する
- 検討したシステム要件を記載する

| 業務区分(大) | 業務区分(中) | 経営課題 | 完了時期 | 重要度 | 情報システム要件 |
|---|---|---|---|---|---|
| 顧客応対 | 顧客情報管理 | 応対窓口の強化 | 第10期中間 | A | 顧客情報の自動参照機能 |
| 顧客応対 | 顧客情報管理 | 応対窓口の強化 | 第10期中間 | A | 顧客問合履歴の検索 |
| 顧客応対 | ヒアリング結果入力 | 応対窓口の強化 | 第10期中間 | A | 想定質問事項の表示機能 |
| 顧客応対 | 回答検索 | 応対窓口の強化 | 第10期中間 | A | 想定質問事項の表示機能 |
| 顧客応対 | ノウハウ管理 | 応対窓口の強化 | 第10期中間 | A | 想定回答例の管理機能 |
| 顧客応対 | ノウハウ管理 | 応対窓口の強化 | 第10期中間 | A | 想定質問例の管理機能 |
| 顧客応対 | 回答検索 | 応対窓口の強化 | 第10期中間 | A | 解決策の表示機能 |
| 顧客応対 | 回答検索 | 応対窓口の強化 | 第10期中間 | A | ドキュメントの抽出機能 |
| 顧客応対 | 回答送付 | 応対窓口の強化 | 第10期中間 | A | ドキュメントのFAX送信機能 |
| 顧客応対 | 回答送付 | 応対窓口の強化 | 第10期中間 | A | ドキュメントのeメール送信機能 |
| 顧客応対 | オペレーター連携 | 応対窓口の強化 | 第10期中間 | A | データエスカレーション機能 |
| 顧客応対 | ヒアリング結果入力 | 応対窓口の強化 | 第10期中間 | A | ヒアリング事項の簡易入力機能 |
| 顧客応対 | 顧客情報管理 | 応対窓口の強化 | 第10期中間 | A | 回答結果の登録機能 |
| 顧客応対 | ノウハウ管理 | 応対窓口の強化 | 第10期中間 | A | ノウハウの簡易な登録機能 |
| 顧客応対 | ノウハウ管理 | 応対窓口の強化 | 第10期中間 | A | ドキュメントの保管 |
| 顧客応対 | 顧客情報管理 | 応対窓口の強化 | 第10期中間 | A | 顧客マスタ自動登録機能 |
| 顧客応対 | 売上計上 | 営業管理業務の効率化 | 第9期末 | A | 売上自動計上機能 |
| 顧客応対 | オペレーター管理 | 営業管理業務の効率化 | 第9期末 | A | オペレーター勤怠管理機能 |
| 顧客応対 | オペレーター管理 | 営業管理業務の効率化 | 第9期末 | A | オペレーター作業実績計上 |

たとえば、経営課題のある欄でソートを行うと、それに該当する情報システム要件が抽出される。同様に、業務別でソートすると、実現すべき情報システムの要件が抽出できる。

## 4 第2回中間報告会の実施

第2回報告会の目的は、経営者が立案した経営計画を実現するために、現状のどこに問題があり、それを解決するためにどんな取り組みが必要かを、経営者と意思統一することにある。この認識の一致は、以後の推進計画の前提として重要である。

### ■第2回中間報告会のポイント

第2回中間報告のポイントは、現状と目指す姿のギャップや、それを埋めるための取り組みについて、経営者や事業責任者の理解を得ることである。

実現すべき課題は、現状とのギャップが大きいほど、かけるエネルギーと投資額は大きくなる。このギャップがきちんと認識されていないと、後に「なぜそのような多大な投資が必要になるのか理解できない」ということにもなりかねない。

第2回の中間報告の段階で、投資額まで算出するわけではないが、取り組みとその効果を明確にすることは、以後の意思決定にも大きな影響を与える。

### ■中間報告すべき内容は何か

経営者や事業責任者に、現状と目指す姿のギャップを理解してもらうためには、それを指摘するだけでは不十分である。

経営者は事業の各現場や業務の一つひとつを、必ずしも細部まで把握しているわけではない。問題の原因となる現場での、人の作業や物の流れの詳細な因果関係までは知らないこともある。

しかし、経営者のほとんどは、そこにある問題点への理解は早く的確である。したがって、現実は現実として正確に説明をし、実現すべき姿への道筋を論理的に説明すれば、整理した施策の意義や重要性も十分に認識してもらえる。

### ■第2回中間報告──A社の例

A社では第2回中間報告を、休日の土曜日に、郊外の研修所で実施した。午前中は、フェーズⅡ、Ⅲで検討した問題点と、対策となる施策の全体像を説明した。また午後は、そのなかの重要課題について、詳細説明と討議を行った。

このうち、経営者から「電話サービス事業の回答時間の削減は、顧客へのサービス品質の問題であり、事業の行く末を左右する」との指摘があった。そのため午後の詳細検討は、この「回答時間の削減」が中心になった。

　検討にさいしては、全員が正しい現状認識を共有することが前提になる。このためプロジェクトチームは、現場へのヒアリングや現状業務プロセス調査の結果を説明した。

　報告事項中の「離職率の高さ」「担当者間のスキル・知識の偏り」、それにもとづいた「業務プロセスの複雑化」などは、経営者、事業部幹部が初めて耳にすることで、驚きの声が上がった。そして「責任者はだれだ」「責任者は知っていたのか」などの感情的な議論になりかけた。

　しかし、ここはまずプロジェクトチームの以後の対策案を聞こうということになった。プロジェクトチームは、問題点構造分析の結果や問題の核を説明し、対策事項を提案した。

　現状調査の結果を踏まえ、問題の核として特定した内容は、経営者や事業責任者から見ても、十分納得できるものだった。そのため、対策案の意義や重要性も的確に理解された。経営者からは、対策の完了時期や、実施のための体制や費用を早急に明確にし、可及的速やかに取り組み開始ができるよう指示が出た。

# 第 6 章

フェーズ IV

## 情報システム構成の立案

# 1 情報システム構成検討の基礎

情報システム構成の検討は、現実的な実現策の検討である。「経営計画を実現する」ためという基本方針は変わらないが、論理的にあるべき姿を描くだけでなく、実現性を十分検討したうえで、構築すべき情報システムを見極めることが重要である。

## ■■情報システム構成検討の目的

これまでの検討は、経営計画を実現する施策を、論理的に詳細化することに重点を置いてきた。その結果、個々の経営課題ごとに、情報システム要件を列挙できたものの、アプリケーション（用途別ソフト）をどう構築するかについては、まだ明確になっていない。

さて、実際の事業活動や業務プロセスは、経営課題ごとに分かれているわけではない。これらは、互いの連関で複雑にからみあって動いているのが現実である。情報システムがこうした環境のなかで使用されることを考えると、経営課題単位に構築するのが最善か否かは再考の余地がある。

このため、これまで経営課題単位で整理した情報システム要件を、実際の事業活動や業務プロセスの観点から、1つの情報システムを構築するために、どう組み合わせるべきかを見直す必要がある。

また、現在使用中のシステムもあるわけだから、それに機能追加をするのか、再構築を行うのかも決めなければならない。

## ■■情報システム構成検討の成果

情報システム要件の整理結果を図6-1-1に、その要件を実現した情報システム構成図を図6-1-2に示した。この情報システム構成図は、計画達成後のシステム構成を既存と新規を合わせて図示したものである。各システムには、検討の結果抽出した情報システム要件を、概要機能として列挙した。

作成する情報システム構成図は、1枚とは限らない。各課題の達成期日が一律でなく段階的なときは、情報システムも段階的に構築する。タイミングしだいで経営課題実現の効果に大きなちがいが出るケースでは、段階的な情報システム構築をすすめることが多い。

第 6 章 — フェーズⅣ 情報システム構成の立案

**図 6-1-1** システム構成の検討

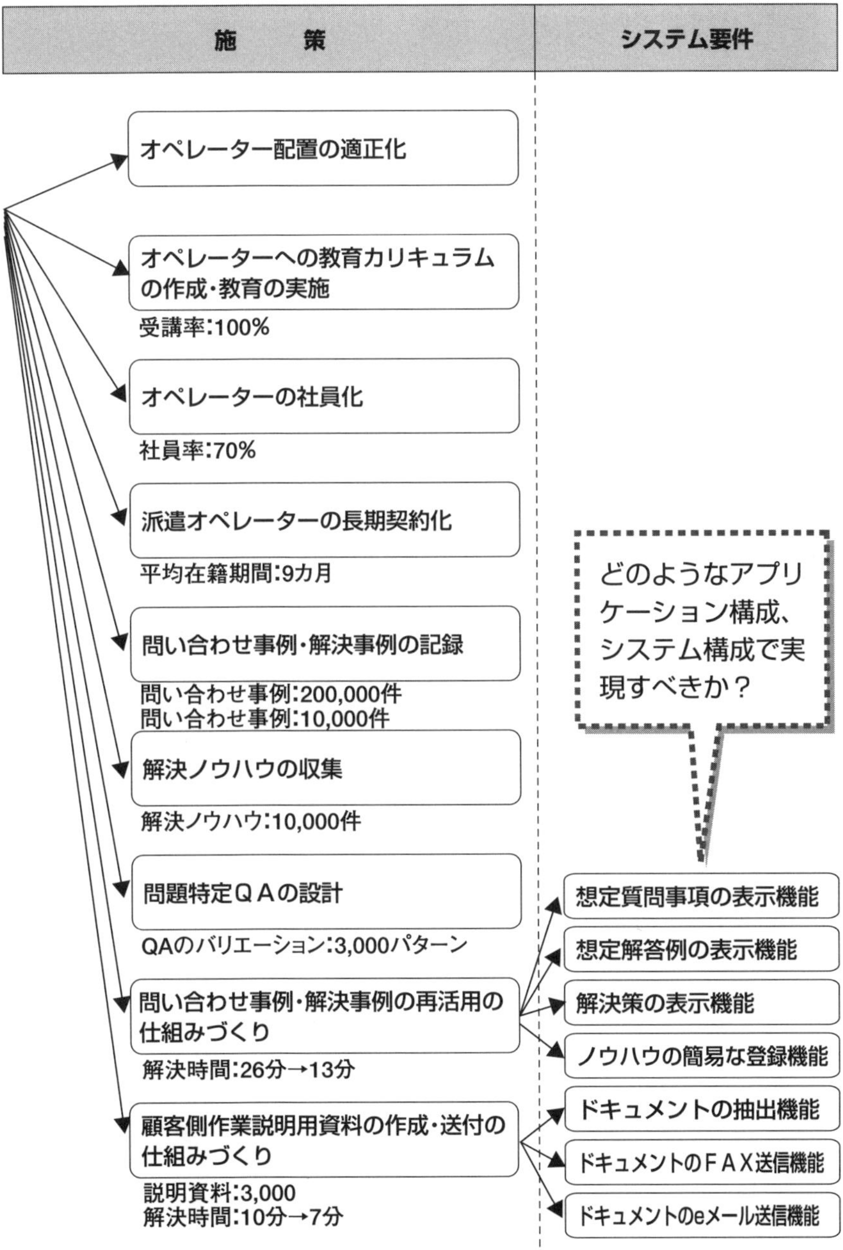

| 施　　策 | システム要件 |
|---|---|

- オペレーター配置の適正化

- オペレーターへの教育カリキュラムの作成・教育の実施
  受講率：100%

- オペレーターの社員化
  社員率：70%

- 派遣オペレーターの長期契約化
  平均在籍期間：9カ月

- 問い合わせ事例・解決事例の記録
  問い合わせ事例：200,000件
  問い合わせ事例：10,000件

- 解決ノウハウの収集
  解決ノウハウ：10,000件

- 問題特定QAの設計
  QAのバリエーション：3,000パターン

- 問い合わせ事例・解決事例の再活用の仕組みづくり
  解決時間：26分→13分

- 顧客側作業説明用資料の作成・送付の仕組みづくり
  説明資料：3,000
  解決時間：10分→7分

どのようなアプリケーション構成、システム構成で実現すべきか？

- 想定質問事項の表示機能
- 想定解答例の表示機能
- 解決策の表示機能
- ノウハウの簡易な登録機能
- ドキュメントの抽出機能
- ドキュメントのFAX送信機能
- ドキュメントのeメール送信機能

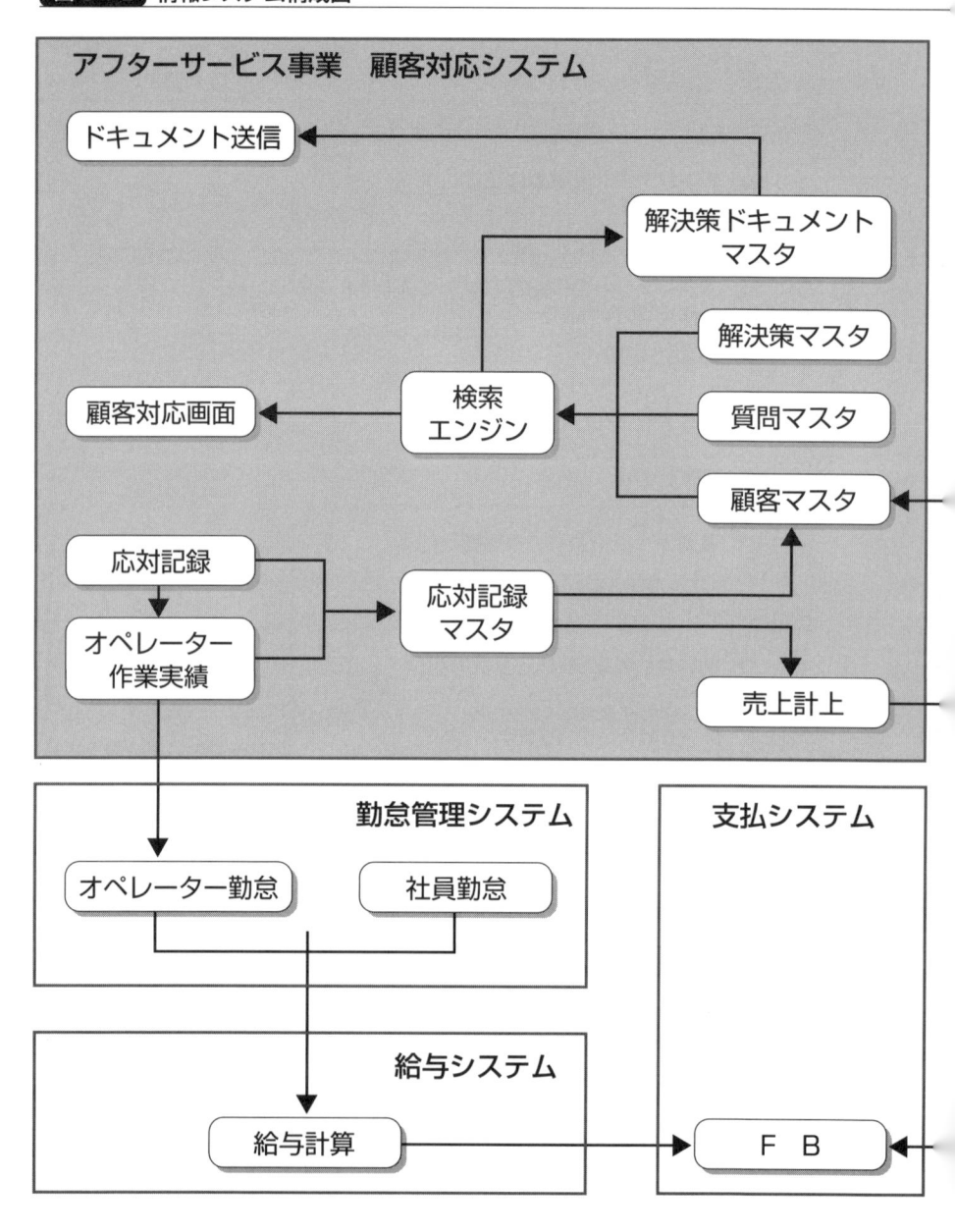

### 図 6-1-2 情報システム構成図

**アフターサービス事業　顧客対応システム**

- ドキュメント送信
- 解決策ドキュメントマスタ
- 解決策マスタ
- 質問マスタ
- 顧客マスタ
- 顧客対応画面
- 検索エンジン
- 応対記録
- オペレーター作業実績
- 応対記録マスタ
- 売上計上

**勤怠管理システム**
- オペレーター勤怠
- 社員勤怠

**支払システム**
- FB

**給与システム**
- 給与計算

第6章━━● フェーズⅣ 情報システム構成の立案

## 法人向け販売事業　設置工事管理システム

工事進捗 ← 工事手配 ← 受注計上
　↓
売上計上　　在庫管理

## 販売管理システム

顧客登録
　↓
顧客マスタ

売上計上

## 商品仕入システム

入出庫 → 在庫確認　　発　注

## 個人向販売事業 販売拠点受発注システム

在庫確認 → 納期解答

売上計上 ← 受注計上

## 財務会計システム

伝票計上 → 債権管理　　固定資産管理
　　　　 → 債務管理　　資金管理
　↓
総勘定元帳 → レポーティング

支　払

■ 新規開発システム　　□ 現行既存システム

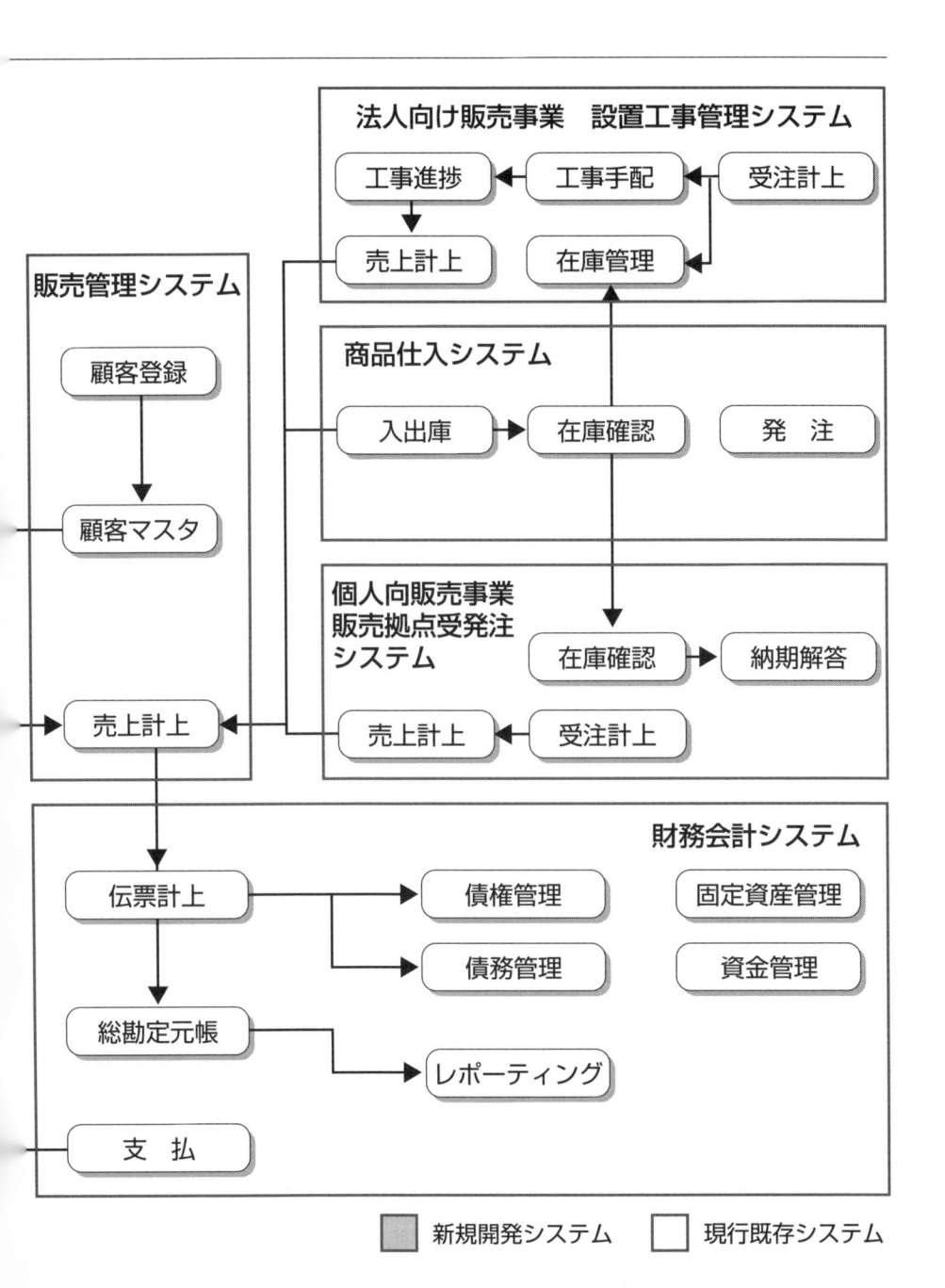

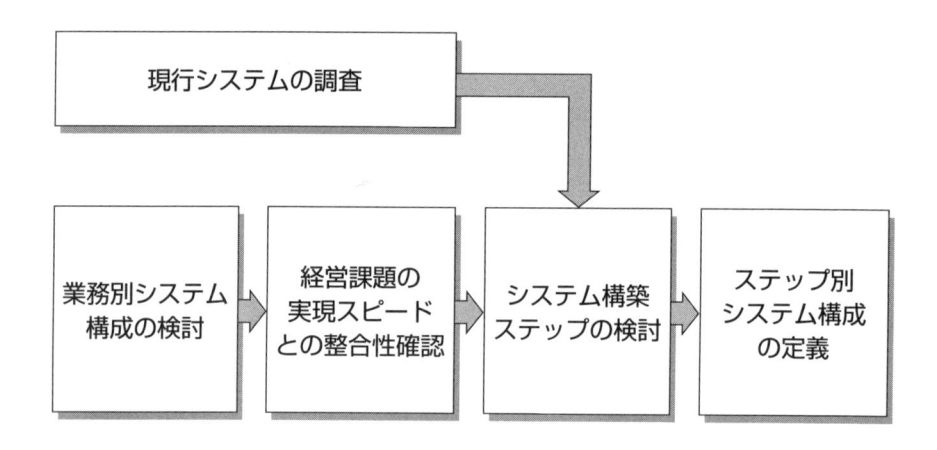

### 図 6-1-3　システム構成検討の作業手順

```
          ┌─────────────────┐
          │ 現行システムの調査 │
          └─────────────────┘
                              │
                              ▼
┌──────────┐  ┌──────────┐  ┌──────────┐  ┌──────────┐
│業務別システム│→│経営課題の │→│システム構築│→│ステップ別 │
│構成の検討  │  │実現スピード│  │ステップの │  │システム構成│
│          │  │との整合性確認│  │検討      │  │の定義    │
└──────────┘  └──────────┘  └──────────┘  └──────────┘
```

　こういうときは、その経営課題の実現スピードに合致したマイルストーンを設ける。そして、各マイルストーンでのシステム構成を目指すことになる。情報システム構成図も、60頁の図2-3-5のようにマイルストーンごとに作成し、これを順番に並べると、システム構成の変化がわかりやすい。

### ■■情報システム構成図作成の手順

　情報システム構成は、図6-1-3のように現行システム調査と構築手順の検討作業で明確になる。
①現行システム調査
②構築手順の検討作業
　構築手順の検討作業は2段階に分かれる。まず整理した情報システム要件を業務別にまとめ、複数の業務別システムからなる構成図を描く。この「業務別システム構成」は、最終ゴールのシステム構成の姿となる。
　次に、「課題実現タイミングとの差異の検討」「情報システム構築ステップの検討」を通じて、ゴール実現までの構築ステップの検討と、「ステップ別の情報システム構成」を描く。

## 2 情報システム構成検討のポイント

> 情報システム構成の検討は、フェーズⅠ～Ⅲとは抜本的に異なる。その違いを認識して作業をすすめないと、実現できない計画を立案するおそれがある。当フェーズでは、過去の経験を踏まえ、情報システムの実現を見定める現実的な目が重要となる。

### ■推論方法を変える必要がある

　情報システム構成の検討は、その前のフェーズⅠ～Ⅲの作業と、考え方を根本的に変えなくてはならない。フェーズⅠ～Ⅲでは、まずあるべき姿を描き、それを実現するための課題を、いわば演繹的に検討した。しかしフェーズⅣでは、想定される個々の事象から出発し、これらに対して情報システムをどう構成すればいいかという帰納的な発想が必要である。

　この推論方法の変換は、計画の立案作業に混乱を起こすおそれがある。これまでは、あるべき姿への方向を検討するという発想だったので、今後のシステム構成でも、この考え方にとらわれる人も出てくる。しかし、あまりあるべき姿に固執すると、システム化計画は画餅に終わることがある。

　もちろんフェーズⅣでも、「経営計画を実現するための情報システム」であることに変わりはない。ちがうのは、フェーズⅠ～Ⅲでは、計画の方向性を打ち出すのが主眼だったのに対して、フェーズⅣでは具体的な実現手段を立案しなくてはならない点である。

　現実に実行する段になると、頭で考えた構想とは別次元の、さまざまな制約が出てくる。それらを加味して、「経営計画をいかに実現するか」の検討が必要なのである。

### ■過去の経験が重要になる

　ここでは詳細な設計まではしなくていいが、システム構成や構築スケジュールなどを、実現性の観点を含めて整理しなければならない。まだ多くの事項が確定していない状況で、構想を打ち出す作業は困難を伴う。

　本章の説明でも検討手順やその観点は提示したが、それをどう判断し結論を導く方法のスタンダードは示していない。企業ごとに環境や歴史もちがい、そ

れぞれにシステム構成のポイントも変わってくるのが現実である。

　このあたりの判断には、過去の経験が鍵になる。その企業の状況、社風、要員の配置、技術力、協力会社との関係など、さまざまな因子を把握する必要がある。それらをベースに、起こりうる事態や、予想される反応を見極めることが大事になる。このなかから、現実的かつ経営計画の実現にベストな落とし所を見つけなければならない。

　次に、これまでに整理した情報システム要件よりシステム構成を整理する作業方法を説明する。

# 3 業務別情報システム構成の検討

前フェーズで整理した情報システム要件から、実現すべきシステム構成を明確にする。これには、さまざまなパターンがあるので、最初にオーソドックスに業務別のシステム構成を立案し、以降はこれに改良を加えつつ、最終的なシステム構成とする。

## ■■現行システム調査を実施する

情報システムの構築を検討する前に、「現行システム調査」を実施する。この作業では、現在使用中の情報システムの構成図と、各システムの機能チャートを作成する。

構成図のフォーマットと記載内容は、作成予定の情報システム構成図と同じものにする。

機能チャートは、情報システム要件表の記載内容と似ており、現行システムの以下の内容を整理する。

①業務区分（大）　⇒ 販売、製造、物流、会計、経営管理など
②業務区分（中）　⇒ 受注、引当、出荷指示など
③業務区分（小）　⇒ 必要に応じて
④機能名　　　　　⇒ 情報システムの機能タイトル、名前
⑤機能説明　　　　⇒ 上記機能の説明

構成図と機能チャートを作成すると、現在の情報システムの構成や、各情報システムの機能が明確になる。ただし、すでに該当する資料があれば、あらためて調査の必要はなく、それを代用すればいい。

## ■■業務別システム構成を検討する

A社では、情報システム像のイメージを図6-3-1のように設定していた。これはあくまで各課題の検討の結果として出てきたものである。このため、このイメージはいったん保留し、経営計画のための情報システム構成を、情報システム要件から検討し直すことにした。

情報システムは、対象となる業務単位で構築されることが多い。そのため、まず業務別に要件を集約し、業務別情報システムとして、構築システムのイメ

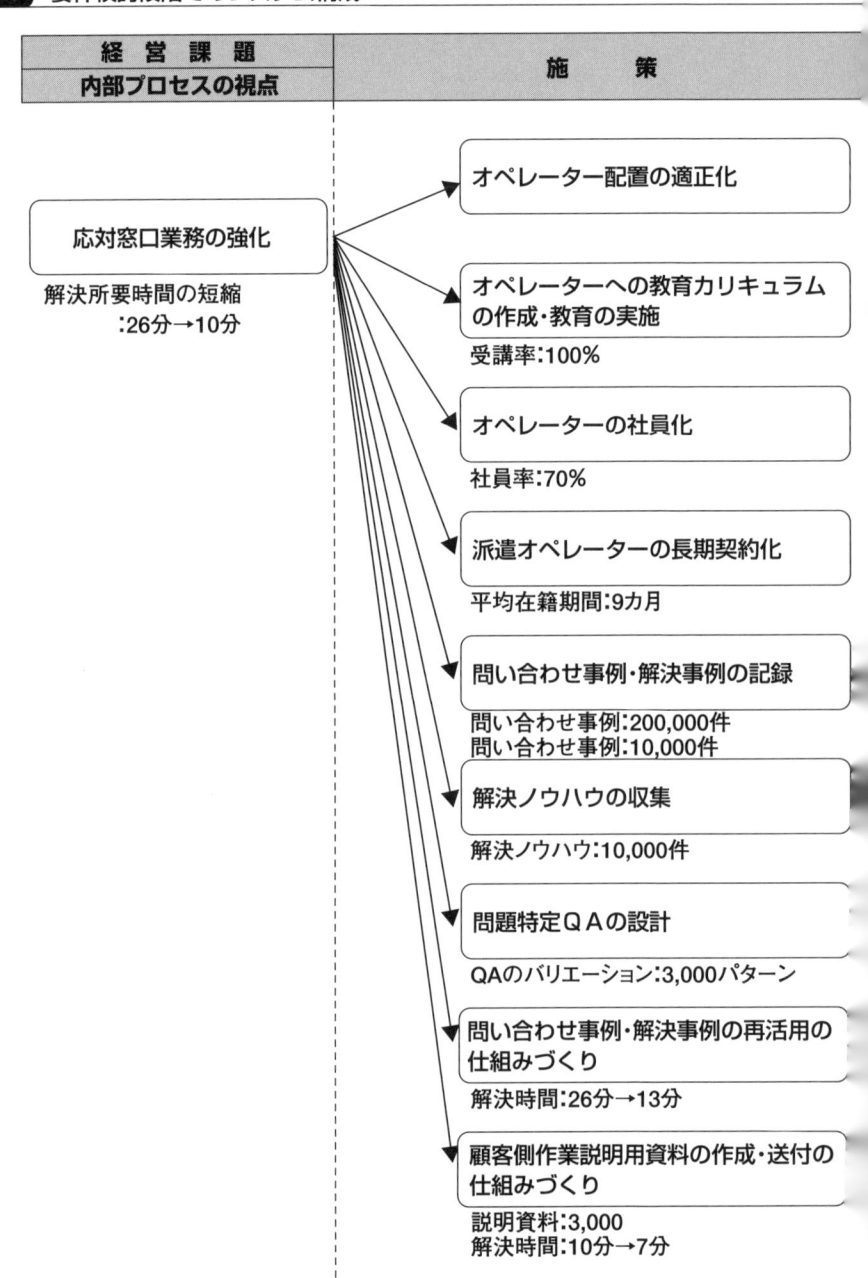

### 図 6-3-1　要件検討段階でのシステム構成

| 経営課題<br>内部プロセスの視点 | 施　策 |
|---|---|

**応対窓口業務の強化**

解決所要時間の短縮
：26分→10分

- オペレーター配置の適正化

- オペレーターへの教育カリキュラムの作成・教育の実施
  受講率：100%

- オペレーターの社員化
  社員率：70%

- 派遣オペレーターの長期契約化
  平均在籍期間：9カ月

- 問い合わせ事例・解決事例の記録
  問い合わせ事例：200,000件
  問い合わせ事例：10,000件

- 解決ノウハウの収集
  解決ノウハウ：10,000件

- 問題特定QAの設計
  QAのバリエーション：3,000パターン

- 問い合わせ事例・解決事例の再活用の仕組みづくり
  解決時間：26分→13分

- 顧客側作業説明用資料の作成・送付の仕組みづくり
  説明資料：3,000
  解決時間：10分→7分

# 第6章 フェーズⅣ 情報システム構成の立案

**システム要件**

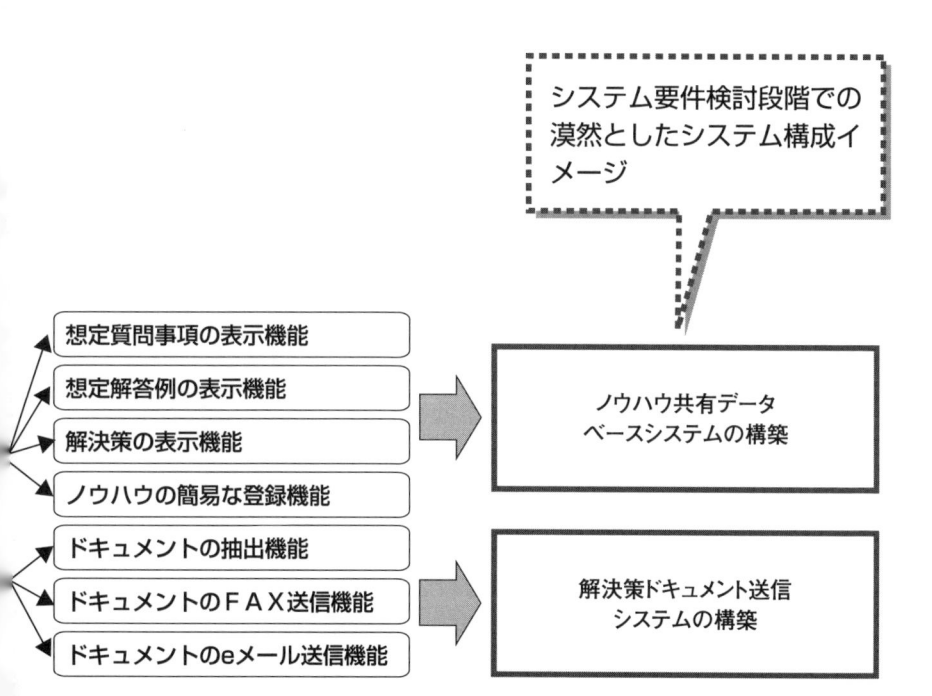

- 想定質問事項の表示機能
- 想定解答例の表示機能
- 解決策の表示機能
- ノウハウの簡易な登録機能
- ドキュメントの抽出機能
- ドキュメントのFAX送信機能
- ドキュメントのeメール送信機能

⇒ ノウハウ共有データベースシステムの構築

⇒ 解決策ドキュメント送信システムの構築

> システム要件検討段階での漠然としたシステム構成イメージ

ージをつくることになった。

　具体的作業としては、情報システム要件表を業務区分（大）、業務区分（中）で、ソートし並べかえた。これをもとに、各業務別システムがどんな要件をもった情報システムになるのかを整理した。その結果を図6-3-2に示した。なお、これは図2-3-4の内容を、業務区分の大・中でソートしたものである。

　次に、現行システム調査結果とすり合わせを行った。現行システムと、新しい業務別システムの業務区分が合致するときは、前者に後者の要件を追加できるかどうか調べた。これが無理なら、現行システムを含めて再構築を行うか、追加する要件のみで別システムを構築するかも検討した。今回の検討では、図6-3-3のシステム構成を仮に想定して、以下の3点が問われた。

①基本的には、アフターサービス事業用システムとして、新たに「顧客対応システム」（仮称）を構築する。その方向でいいか？

②顧客対応業務のうちのオペレーター管理業務を、現行の「勤怠管理システム」に組み込めるか。それができないときは、顧客応対機能として新たに構築するのか、全社の「勤怠管理システム」のなかで構築するのか。

③顧客マスタを別にもつのか、「販売管理システム」の顧客マスタを活用するのか。

　検討の結果、現行の「販売システム」はあまり変更せず、「顧客対応システム」は新たに構築することにした。また、オペレーターの管理は基本的に「顧客対応システム」内で行い、勤怠情報は「勤怠管理システム」へ連動させることにした。顧客マスタは現行の「販売管理システム」のそれで行い、必要に応じて各システムへコピーを送ることにした。

　現行システムを調査し、機能の重複の有無、活用可能性を検討し、最適な機能配置を見出す。この検討作業は、後のシステム構成を確定するさいの大きなポイントとなる。網羅的に詳細に調査する必要はないが、落とし所を見極める程度までの精度が必要である。

第 6 章 —● フェーズⅣ 情報システム構成の立案

### 図 6-3-2 業務別システム要件の整理

> 業務区分の(大)(中)で並べ替え、
> 業務ごとのシステム要件を整理する

| 業務区分(大) | 業務区分(中) | 経営課題 | 完了時期 | 重要度 | 情報システム要件 |
|---|---|---|---|---|---|
| 顧客応対 | 顧客情報管理 | 応対窓口業務の強化 | 第10期中間 | A | 顧客マスタ自動登録機能 |
| 顧客応対 | 顧客情報管理 | 応対窓口業務の強化 | 第10期中間 | A | 顧客情報の自動参照機能 |
| 顧客応対 | 顧客情報管理 | 応対窓口業務の強化 | 第10期中間 | A | 顧客問合履歴の検索 |
| 顧客応対 | 顧客情報管理 | 応対窓口業務の強化 | 第10期中間 | A | 回答結果の登録機能 |
| 顧客応対 | ヒアリング結果入力 | 応対窓口業務の強化 | 第10期中間 | A | ヒアリング事項の簡易入力機能 |
| 顧客応対 | ヒアリング結果入力 | 応対窓口業務の強化 | 第10期中間 | A | 想定質問事項の表示機能 |
| 顧客応対 | オペレーター連携 | 応対窓口業務の強化 | 第10期中間 | A | データエスカレーション機能 |
| 顧客応対 | 回答検索 | 応対窓口業務の強化 | 第10期中間 | A | 想定質問事項の表示機能 |
| 顧客応対 | 回答検索 | 応対窓口業務の強化 | 第10期中間 | A | ドキュメントの抽出機能 |
| 顧客応対 | 回答検索 | 応対窓口業務の強化 | 第10期中間 | A | 解決策の表示機能 |
| 顧客応対 | 回答送付 | 応対窓口業務の強化 | 第10期中間 | A | ドキュメントのFAX送信機能 |
| 顧客応対 | 回答送付 | 応対窓口業務の強化 | 第10期中間 | A | ドキュメントのeメール送信機能 |
| 顧客応対 | ノウハウ管理 | 応対窓口業務の強化 | 第10期中間 | A | 想定回答例の管理機能 |
| 顧客応対 | ノウハウ管理 | 応対窓口業務の強化 | 第10期中間 | A | 想定質問例の管理機能 |
| 顧客応対 | ノウハウ管理 | 応対窓口業務の強化 | 第10期中間 | A | ノウハウの簡易な登録機能 |
| 顧客応対 | ノウハウ管理 | 応対窓口業務の強化 | 第10期中間 | A | ドキュメントの保管 |
| 顧客応対 | オペレーター管理 | 顧客対応業務の効率化 | 第9期末 | A | オペレーター作業実績計上 |
| 顧客応対 | オペレーター管理 | 顧客対応業務の効率化 | 第9期末 | A | オペレーター勤怠管理機能 |
| 顧客応対 | 売上計上 | 顧客対応業務の効率化 | 第9期末 | A | 売上自動計上機能 |

### 図 6-3-3 現行システムと整理したシステム要件の調整

- お客応対業務機能を現行システム構成にどのように位置づけるか

- 顧客マスタは、全社で共有するか、顧客対応のみで別で構築するか

- オペレーター管理業務機能を、現行システムの勤怠管理システムに組み込むことができるか

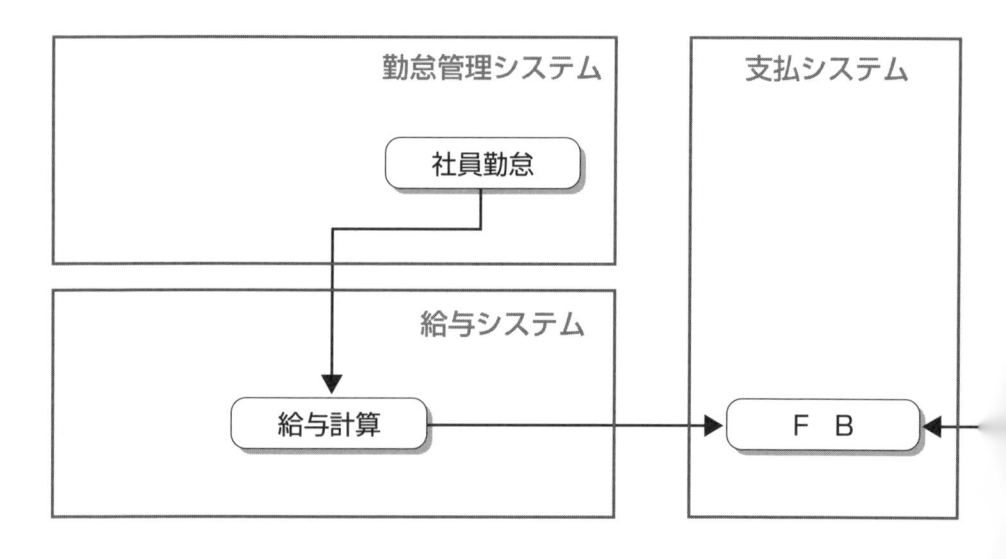

勤怠管理システム
- 社員勤怠

支払システム
- FB

給与システム
- 給与計算

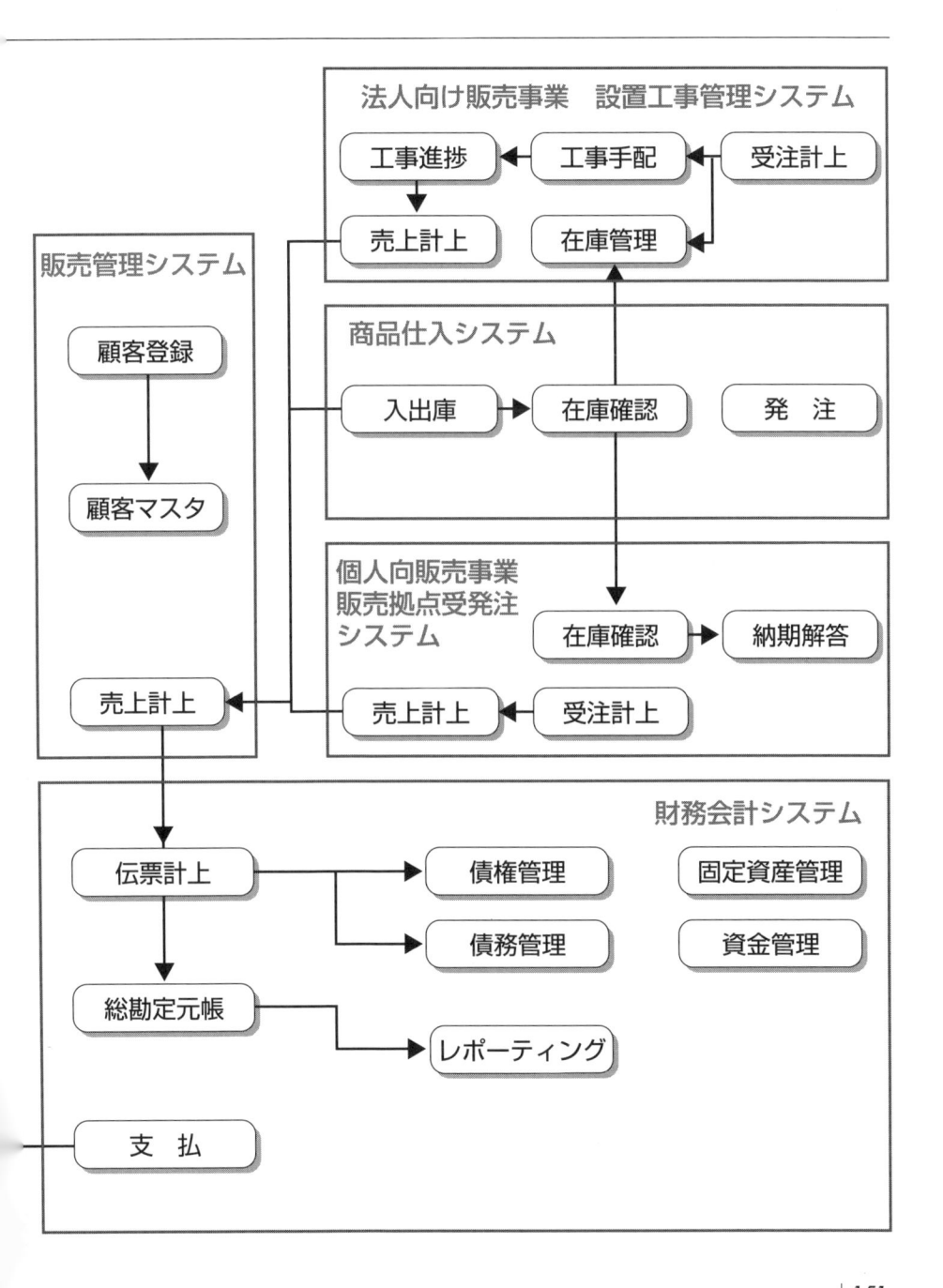

第6章 —●— フェーズⅣ 情報システム構成の立案

## 法人向け販売事業 設置工事管理システム

- 工事進捗 ← 工事手配 ← 受注計上
- 売上計上　在庫管理

## 販売管理システム

- 顧客登録 → 顧客マスタ
- 売上計上

## 商品仕入システム

- 入出庫 → 在庫確認　発注

## 個人向販売事業 販売拠点受発注システム

- 在庫確認 → 納期解答
- 売上計上 ← 受注計上

## 財務会計システム

- 伝票計上 → 債権管理
- 伝票計上 → 債務管理
- 総勘定元帳 → レポーティング
- 固定資産管理
- 資金管理
- 支払

151

### 図 6-3-4 効果の実現時期の検討

> 業務区分を同じくする情報システム要件を、
> 完了時期、業務区分(中)で並べ替える

| 業務区分(大) | 業務区分(中) | 経営課題 | 完了時期 | 重要度 | 情報システム要件 | |
|---|---|---|---|---|---|---|
| 顧客応対 | 顧客情報管理 | 応対窓口業務の強化 | 第10期中間 | A | 顧客マスタ自動登録機能 | 顧客応対システム(仮称) |
| 顧客応対 | 顧客情報管理 | 応対窓口業務の強化 | 第10期中間 | A | 顧客情報の自動参照機能 | |
| 顧客応対 | 顧客情報管理 | 応対窓口業務の強化 | 第10期中間 | A | 顧客問合履歴の検索 | |
| 顧客応対 | 顧客情報管理 | 応対窓口業務の強化 | 第10期中間 | A | 回答結果の登録機能 | |
| 顧客応対 | ヒアリング結果入力 | 応対窓口業務の強化 | 第10期中間 | A | ヒアリング事項の簡易入力機能 | |
| 顧客応対 | ヒアリング結果入力 | 応対窓口業務の強化 | 第10期中間 | A | 想定質問事項の表示機能 | |
| 顧客応対 | オペレーター連携 | 応対窓口業務の強化 | 第10期中間 | A | データエスカレーション機能 | |
| 顧客応対 | 回答検索 | 応対窓口業務の強化 | 第10期中間 | A | 想定質問事項の表示機能 | |
| 顧客応対 | 回答検索 | 応対窓口業務の強化 | 第10期中間 | A | ドキュメントの抽出機能 | |
| 顧客応対 | 回答検索 | 応対窓口業務の強化 | 第10期中間 | A | 解決策の表示機能 | |
| 顧客応対 | 回答送付 | 応対窓口業務の強化 | 第10期中間 | A | ドキュメントのFAX送信機能 | |
| 顧客応対 | 回答送付 | 応対窓口業務の強化 | 第10期中間 | A | ドキュメントのeメール送信機能 | |
| 顧客応対 | ノウハウ管理 | 応対窓口業務の強化 | 第10期中間 | A | 想定回答例の管理機能 | |
| 顧客応対 | ノウハウ管理 | 応対窓口業務の強化 | 第10期中間 | A | 想定質問例の管理機能 | |
| 顧客応対 | ノウハウ管理 | 応対窓口業務の強化 | 第10期中間 | A | ノウハウの簡易な登録機能 | |
| 顧客応対 | ノウハウ管理 | 応対窓口業務の強化 | 第10期中間 | A | ドキュメントの保管 | |
| 顧客応対 | オペレーター管理 | 顧客対応業務の効率化 | 第9期末 | A | オペレーター作業実績計上 | |
| 顧客応対 | オペレーター管理 | 顧客対応業務の効率化 | 第9期末 | A | オペレーター勤怠管理機能 | |
| 顧客応対 | 売上計上 | 顧客対応業務の効率化 | 第9期末 | A | 売上自動計上機能 | |

## ■■経営課題実現スピードとの差異を検討する

　業務別に作成した各情報システムの情報システム要件には、複数の課題から出てきたものもある。ところが課題の達成時期は、フェーズⅠで整理したように、同じとは限らない。つまり、課題の実現期限という観点では、1つのシステムのなかに、達成期日が異なる要件が含まれることもある。そこで、各要件別に、実現期日までに構築可能かどうかを検討する。

　A社では、前述のように、「顧客応対システム」を新規構築することになった。図6-3-4は、顧客応対業務での情報システム要件をまとめたものである。これらは、「営業管理業務の効率化」と「応対窓口業務の強化」という2つの経営課題から導きだされた。

　しかし、「営業管理業務の効率化」の達成期日は第9期末だが、「応対窓口業務の強化」のそれは10期中間である。このため顧客応対システムを一括構築するときは、第9期末までに完了させなくてはならない。

　ただし実際には、達成期日が第9期末だと、情報システムの完成はもう少し早くなる。システム構築後、効果を得るまで一定の期間を見るときや、そのシステムの稼動を前提に他の施策がスタートするときなどは、もっと早く完成していなくてはならない。

　そんなことから、一応、顧客対応情報システムを第9期中間までに構築させ、他のシステムの完成時期を調整することにした。

# 4 情報システム構築ステップの詳細検討

業務別情報システム構成を叩き台に、実際の構築ステップを想定し、最適なシステム構成を検討する。ここでは、①実現タイミング、②システム構築の効率、③両者の中間のどれを重視するかを検討し、経営者の意思決定の判断材料を整理する。

## ■■構築ステップを詳細検討する必要性

これまでの検討で、アプリケーション構成の仮説と、実現期日のおよその予定を整理した。しかし、これはあくまで情報システムの構築についての作業で、業務改革や組織改革、制度改革など、ほかの施策との連携には一切考慮していない。情報システムの活用を前提に、業務改革を推進しようとしている場合、業務改革の実施スタート時期を考慮してシステムの開発スケジュールを決めないと、経営課題の実現期日までに効果を上げられなくなるおそれがある。

また、経営課題の実現期日を優先させることで、スケジュールに負荷がかかり、実現リスクが高くなったり、費用も増大するなどの可能性もある。こういうときは前もって、実現期日を最優先するのか、逆にこれを遅らせて調整するかを決めておかなくてはならない。

この意思決定は経営者が行い、計画の作業担当者はそのための材料を提出する。そのさい無理に1案に絞らず、ケース・バイ・ケースで想定できるいくつかの選択肢を立て、複数案を提出すべきである。

取り組み推進担当者が判断すると、安全策に傾く傾向が強い。経営に何が重要か、何を早期に実現すべきかといった視点で取り組みの優先順位やスケジュールを決定すべきである。

この判断ができるのは経営者しかおらず、経営者が適切な判断ができるように、推進上の問題点やリスクを含めて正しく判断できる材料を提示することが必要である。

## ■■構築ステップの詳細検討パターン例

情報システムの構築ステップを検討するために、たとえば下記のようなケースに分けて整理する。

A案…経営課題の実現期日を優先した構築ステップ
B案…構築作業のリスクやコストを抑えた構築ステップ
C案…上記の中間案

　経営課題の実現といっても、最終的には投資金額の過多如何によることも多い。そんなときには、投資金額でケース分けも有効である。たとえば投資額が最低5億、最高20億を想定できるときは、5億・10億・20億円の3ランクくらいを考え、各枠内で構築できる情報システムの実現像や期日を整理する。
　これは一例だが、通常は上記のA～C案を作成すると、経営者も判断しやすい。検討方法にスタンダードはなく、経験則によることが多い。

## ■A案…経営課題の実現期日を優先した構築ステップ

　経営者が考えている経営計画のスピード感に沿ったステップ案である。課題実現の観点からは、もっとも重視すべき案である。その反面、開発期間の短縮を余儀なくされ、実現リスクが高まったり、コスト増を招くなどのおそれもある。これが図6-4-1である。
　構築ステップは、次の手順で検討する。
①実施タイミングなどを調整しない、通常作業による構築期間の見積もり
②ほかのシステム構築案件を含めたスケジュールの仮設定
③要員の配置、構築機能の開発順序を勘案し他システムとの実施順序調整
④構築ステップ案の確定

　過去の経験にもとづき、大枠の作業ステップごとに、作業期間を見積もる。大枠ステップは、概要設計、詳細設計、開発、テスト、移行など、通常社内で開発スケジュールの立案に使用するフェーズ分けに準じてよい。フェーズごとの期間と、そのトータルの期間を算出する。
　このさい、実行計画を立案するわけではないので、精緻な見積もりは不要である。また、実際の構築スケジュールは、経営者の判断によって変わる可能性がある。
　本作業の目的は、システム構成と全体スケジュールの目処をつけることにある。だから、フェーズ単位の月数を出し、以後の実行計画で前提条件の変更などがない限り、これがあまり動かないというレベルで十分である。
　こうして各アプリケーションの開発期間を見積もったら、課題の実現期日を基準に、大枠の開発タイミングをスケジュール表へ記入する。その結果、ふつ

う期間の前半に開発作業が集中することが多いが、まず経営者の期待事項を確認する意味で、そのままスケジュール表へ記入を行う。

A社では、「営業管理業務の効率化」など、生産性向上に関する課題の実現期日が第9期末になるので、これにあわせて販売管理システム（仮称）と、顧客応対システム（仮称）の開発ステップを記入した。また、第10期下期より訪問サービスの開始を計画しているため、訪問サービスシステムは第10期上期の立ち上げを想定した。同様に、第11期中間以後訪問サービスを代理店展開するため、代理店システムの構築は第11期期初までとした。

## ■■B案…構築作業のリスクやコストを抑えた構築ステップ

ここでは、情報システムのつくりやすさ、無理のない要員配置などを考慮し、リスクやコストを抑えたステップ案を策定する。ほかの案より投資額が少ない反面、課題の実現時期は情報システム構築の進捗に左右される。

A案で作成された、各アプリケーションの概要構築ステップ、全体スケジュール案を前提に検討する。ハードウエアの新規購入や拡張、前提となる基本機能と応用機能、要員の配置可否などを配慮しつつ、各アプリケーションの開発タイミングを決める。これが図6-4-2である。

たとえば、同じ顧客応対業務でのオペレーター業務と管理業務の効率化を、前者は顧客応対システム、後者は販売管理システムで実現するとする。ところが、2つのシステムを、それぞれ別の時期に構築すると、目標の効率化は図りにくい。だから両システムの設計を同時に総合して行い、そのなかで機能分担を明確にし、各システムの開発をすすめるべきである。

図6-4-1のスケジュールですすめると、先行する顧客応対システムに対して、後発の販売管理システムの設計上で機能変更の要請が入る可能性が高い。後者の設計完了時期は、前者の開発作業の中盤にあたるため、こちらの完了時期を遅らせるおそれがある。

訪問サービスシステムと代理店システムでも、同様のことが想定される。ここでは、自社での訪問サービスを第10期中間から開始し、代理店展開は第11期中間と想定している。

情報システムについては、まず自社でビジネスモデルを固め、その業務やシステムを代理店へ展開する予定である。経営者や事業責任者は、テスト時期も含めて、図6-4-1のスケジュールで業務展開ができると思っている。しかし、

システム構築の所要時間を考えると、図6-4-2のように並行的な開発をすすめないと、経営課題の実現期日に間に合わなくなる。

訪問サービス、代理店展開とも新規事業であり、システム要件が大きく変わる可能性が高い。このため、大規模なシステムを一気に構築するよりも、ポイントを絞った簡易なシステムを構築し、事業展開に応じて機能拡張を繰り返すほうがいい。

検討の結果、販売管理システムと顧客応対システムの設計は、総合して実施することになった。しかし、要員配置の関係から、開始は第9期期初が難しいので、第9期中間からとした。

また、訪問サービスシステム、代理店システムは、開発方法そのものを再検討した。その結果、図6-4-2のように、四半期単位での機能拡張の繰り返しにより、システム構築を図る方式に変更した。

## ■C案…A案とB案を折衷した構築ステップ

B案の図6-4-2だと、販売管理システムと顧客応対システムの完成がそろうのは第10期中間になる。これでは、「営業管理業務の効率化」の実現期日の第9期末に間にあわない。一方、A案の図6-4-1の実施方法では、前述のようにムダな作業が発生する可能性が高い。このため、図6-4-3のように両者の折衷案を考案する。

設計作業の開始は、早くても第9期中間になるが、販売システムの構築のほうは、B案でも課題の実現期日の第9期末には間にあう。ところが、顧客応対システムのほうは、B案ではその2つの実現課題の「営業管理業務の効率化」と「応対窓口業務の強化」のうち、前者の実現期日をオーバーする。こういうときはフェーズに分けて、システムを段階的に構築することが多い。

問題の顧客応対システムは、次の2つの機能に分割できる。
①「営業管理業務の効率化」のためにオペレーターの管理業務上必須の機能
②「応対窓口業務の強化」の時間短縮のノウハウ活用機能

一部、顧客情報の参照や回答結果の登録機能などが重複するが、ほぼ二分できる。したがって、第1フェーズを「営業管理業務の効率化」のためのオペレーターの管理業務上必須機能の構築とし、第2フェーズを「応対窓口業務の強化」の時間短縮のノウハウ活用機能の構築とすれば、段階的な解決が可能になる。

### 図 6-4-1 経営課題の実現期日を優先した構築ステップ（A案）

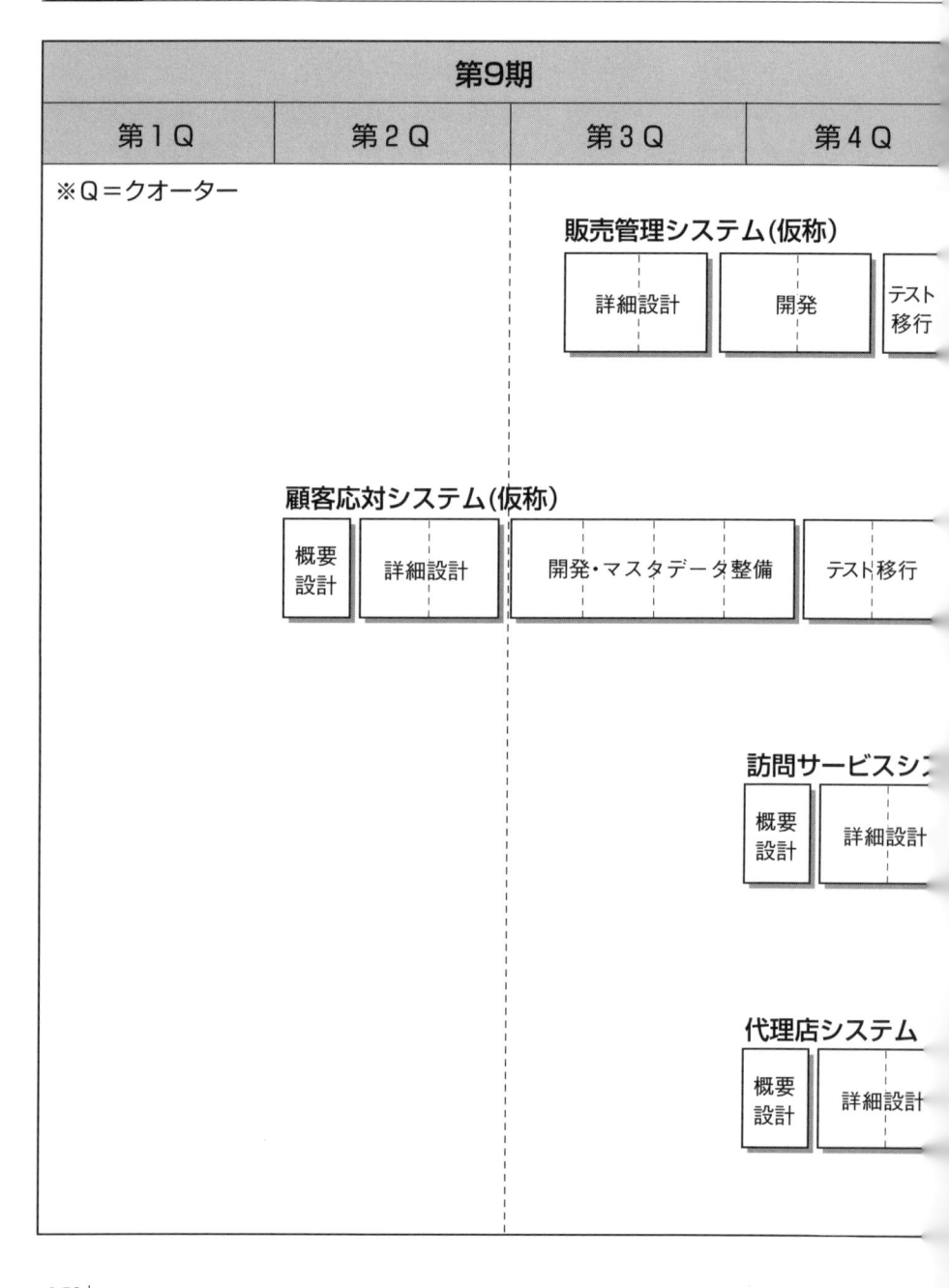

| 第9期 | | | |
|---|---|---|---|
| 第1Q | 第2Q | 第3Q | 第4Q |

※Q＝クオーター

**販売管理システム(仮称)**
- 詳細設計（第3Q）
- 開発（第4Q）
- テスト・移行

**顧客応対システム(仮称)**
- 概要設計（第2Q）
- 詳細設計（第2Q）
- 開発・マスタデータ整備（第3Q）
- テスト移行（第4Q）

**訪問サービスシ〜**
- 概要設計（第4Q）
- 詳細設計（第4Q）

**代理店システム**
- 概要設計（第4Q）
- 詳細設計（第4Q）

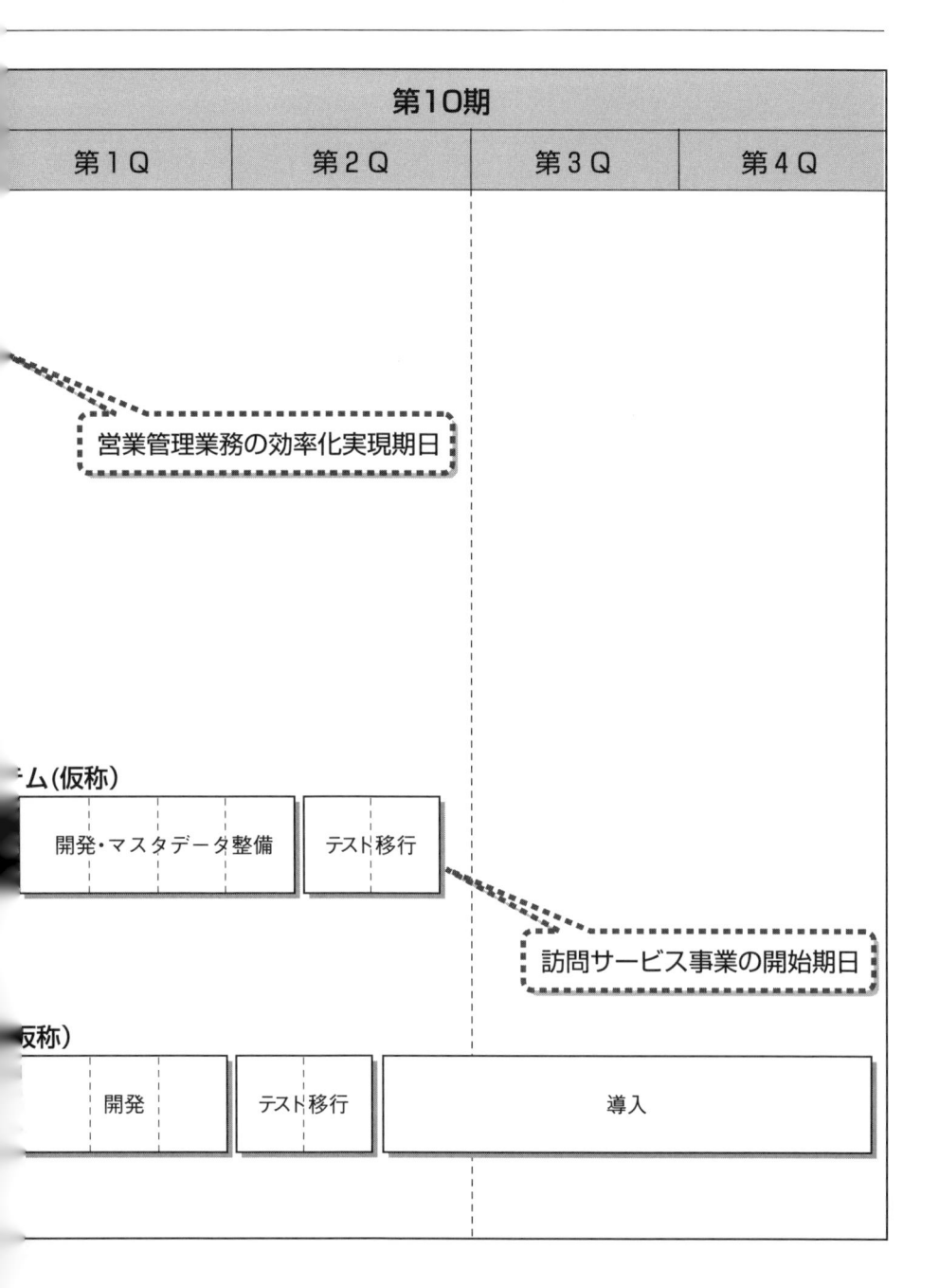

第6章―● フェーズⅣ 情報システム構成の立案

| 第10期 | | | |
|---|---|---|---|
| 第1Q | 第2Q | 第3Q | 第4Q |

営業管理業務の効率化実現期日

ム（仮称）

| 開発・マスタデータ整備 | テスト移行 |

訪問サービス事業の開始期日

仮称）

| 開発 | テスト移行 | 導入 |

159

### 図 6-4-2　構築作業のリスクやコストを抑えた構築ステップ（B案）

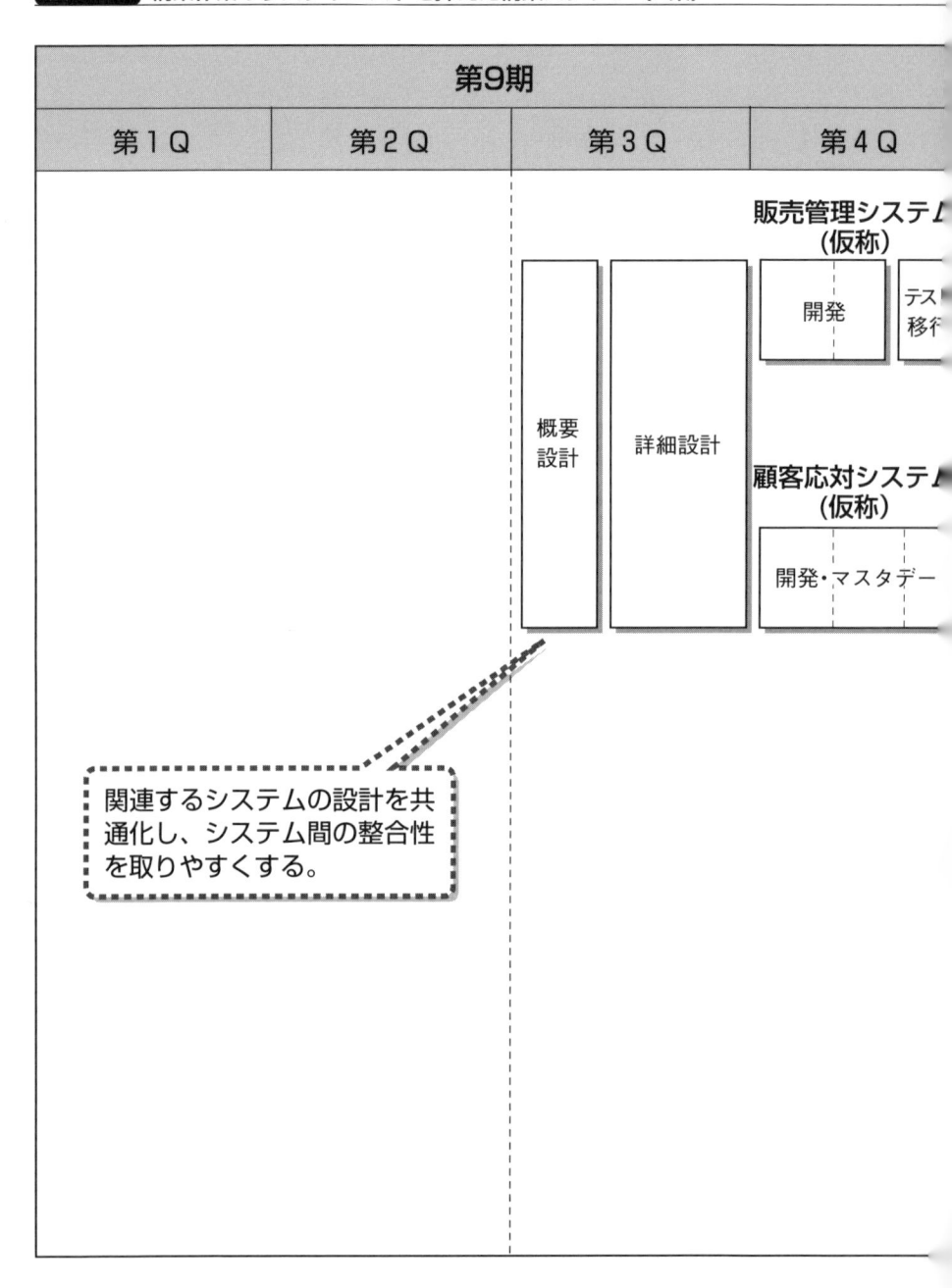

| 第9期 | | | |
|---|---|---|---|
| 第1Q | 第2Q | 第3Q | 第4Q |

販売管理システム（仮称）
- 概要設計
- 詳細設計
- 開発
- テスト・移行

顧客応対システム（仮称）
- 開発・マスタデー…

関連するシステムの設計を共通化し、システム間の整合性を取りやすくする。

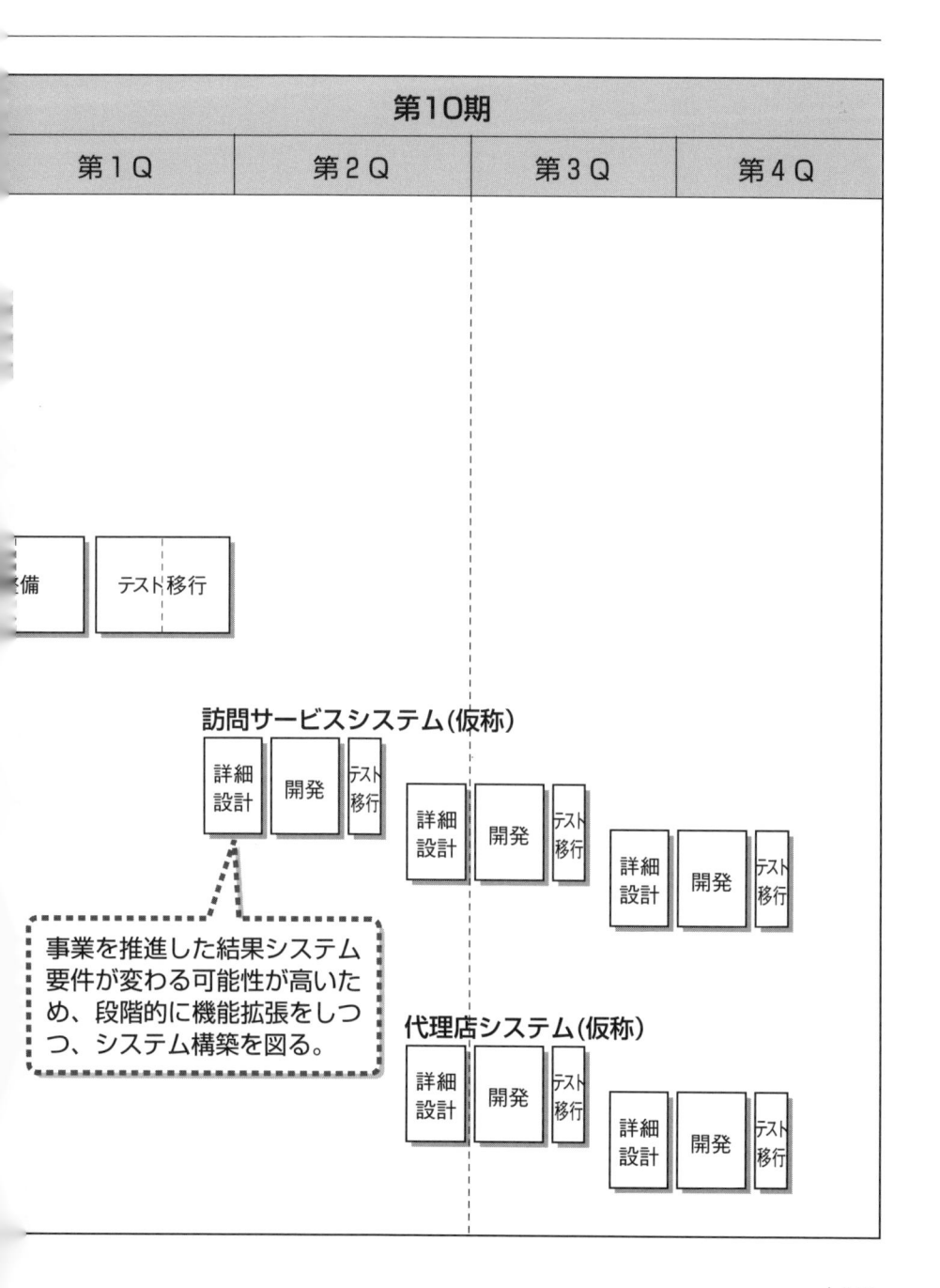

第6章 ─●─ フェーズⅣ 情報システム構成の立案

| 第10期 | | | |
|---|---|---|---|
| 第1Q | 第2Q | 第3Q | 第4Q |

備 | テスト 移行

**訪問サービスシステム(仮称)**

詳細設計 | 開発 | テスト移行

詳細設計 | 開発 | テスト移行

詳細設計 | 開発 | テスト移行

> 事業を推進した結果システム要件が変わる可能性が高いため、段階的に機能拡張をしつつ、システム構築を図る。

**代理店システム(仮称)**

詳細設計 | 開発 | テスト移行

詳細設計 | 開発 | テスト移行

161

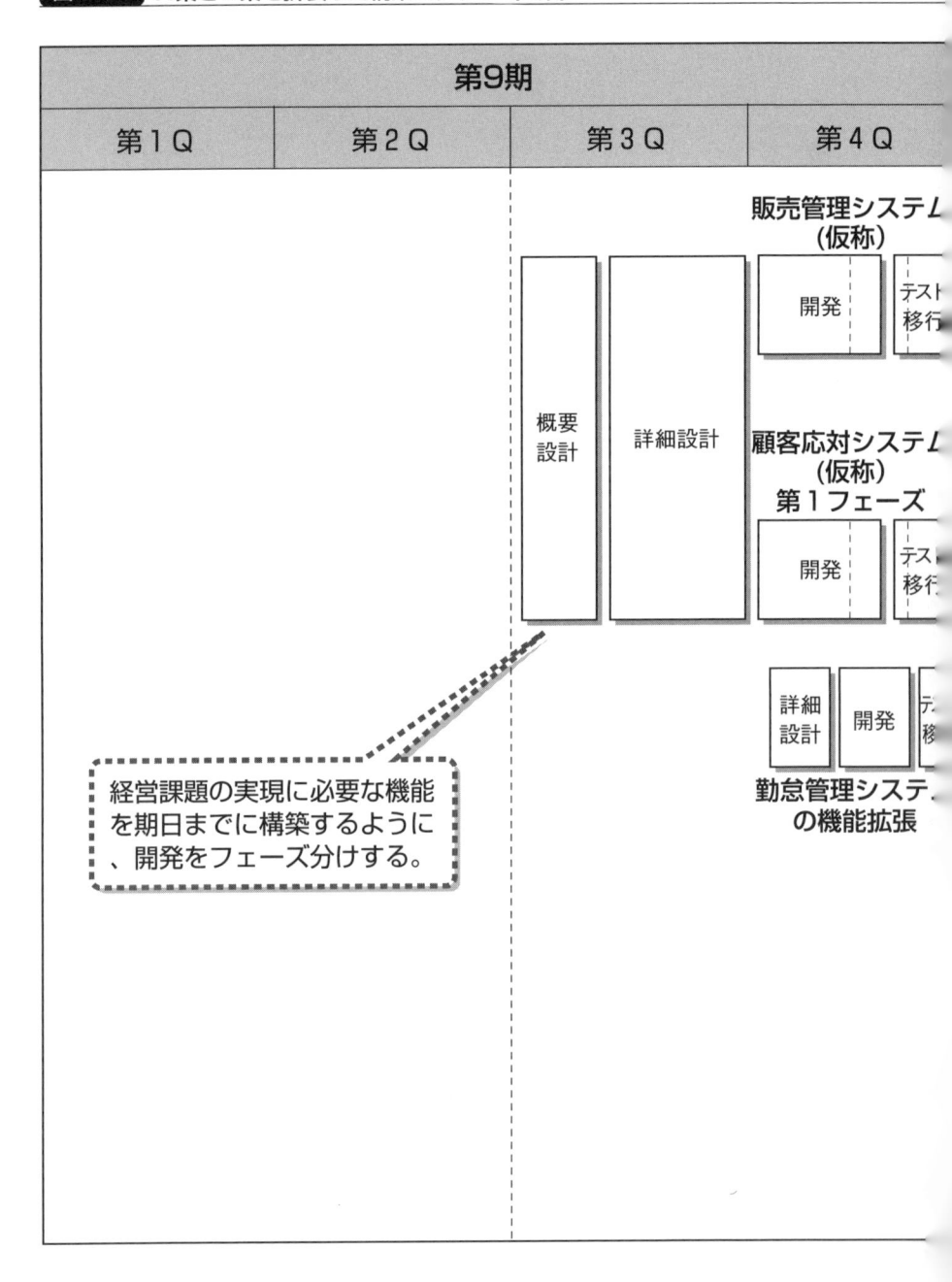

### 図 6-4-3 A案とB案を折衷した構築ステップ（C案）

| 第9期 | | | |
|---|---|---|---|
| 第1Q | 第2Q | 第3Q | 第4Q |

販売管理システム（仮称）：概要設計／詳細設計 → 開発 → テスト・移行

顧客応対システム（仮称）第1フェーズ：概要設計／詳細設計 → 開発 → テスト・移行

勤怠管理システムの機能拡張：詳細設計 → 開発 → テスト・移行

> 経営課題の実現に必要な機能を期日までに構築するように、開発をフェーズ分けする。

第6章 ● フェーズⅣ 情報システム構成の立案

| 第10期 | | | |
|---|---|---|---|
| 第1Q | 第2Q | 第3Q | 第4Q |

**顧客応対システム(仮称)**
**第2フェーズ**

| 詳細設計 | 開発・マスタデータ整備 | テスト移行 |

**訪問サービスシステム(仮称)**

| 詳細設計 | 開発 | テスト移行 | | 詳細設計 | 開発 | テスト移行 | | 詳細設計 | 開発 | テスト移行 |

**代理店システム(仮称)**

| 詳細設計 | 開発 | テスト移行 | | 詳細設計 | 開発 | テスト移行 |

### 図 6-4-4 C案におけるマイルストーン別システム構成図

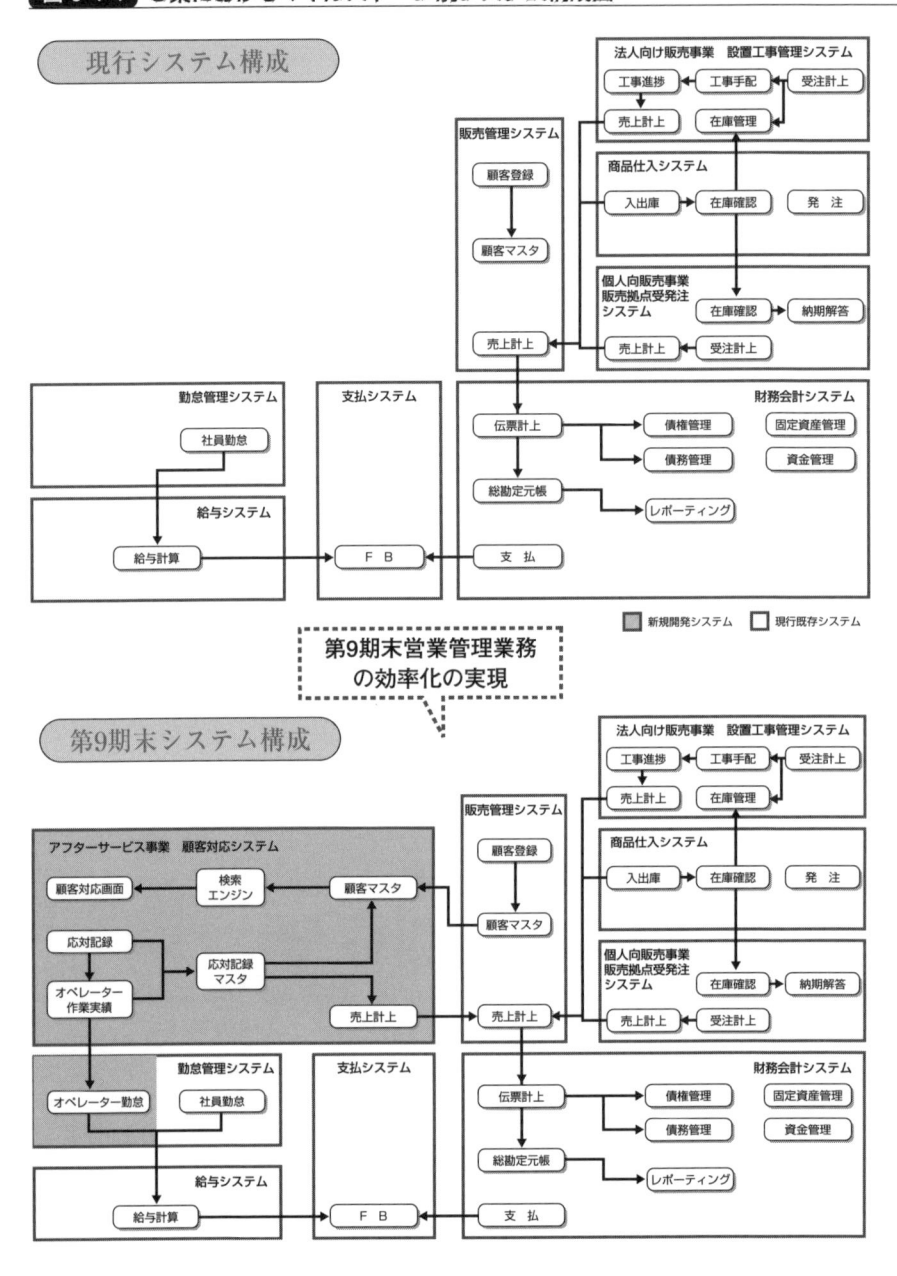

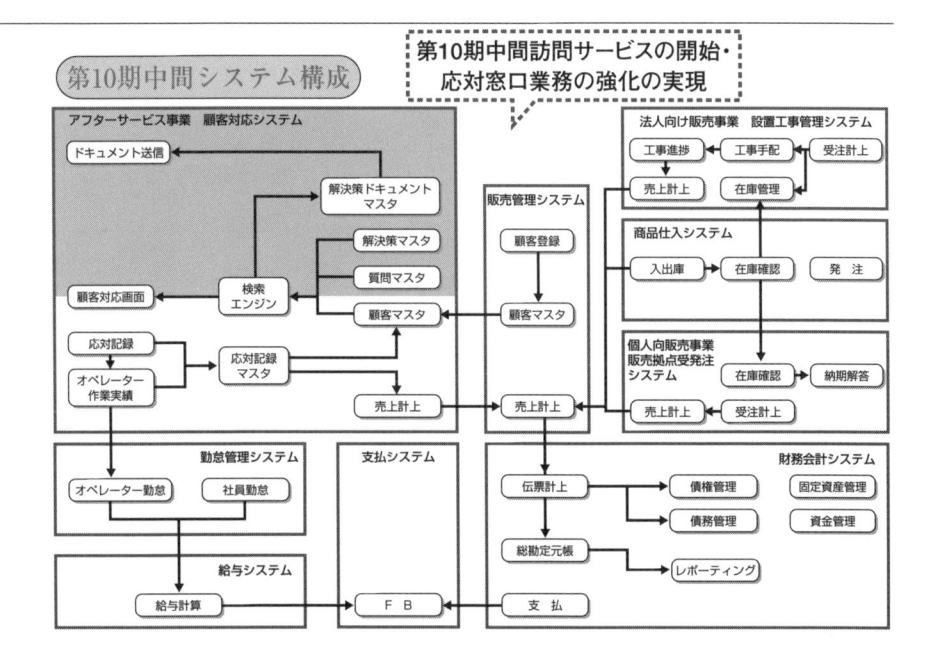

第6章―● フェーズⅣ 情報システム構成の立案

[第10期中間システム構成図：第10期中間訪問サービスの開始・応対窓口業務の強化の実現]

アフターサービス事業　顧客対応システム／ドキュメント送信／解決策ドキュメントマスタ／解決策マスタ／質問マスタ／検索エンジン／顧客対応画面／顧客マスタ／応対記録／オペレーター作業実績／応対記録マスタ／売上計上

販売管理システム／顧客登録／顧客マスタ／売上計上

法人向け販売事業　設置工事管理システム／工事進捗／工事手配／受注計上／売上計上／在庫管理

商品仕入システム／入出庫／在庫確認／発注

個人向け販売事業　販売拠点受発注システム／在庫確認／納期解答／売上計上／受注計上

勤怠管理システム／オペレーター勤怠／社員勤怠

支払システム／伝票計上／総勘定元帳

財務会計システム／債権管理／債務管理／固定資産管理／資金管理／レポーティング

給与システム／給与計算／FB／支払

## ■各マイルストーン別情報システム構成図を作成する

　A・実現期日を優先したとき、B・構築作業のリスクやコストを抑えたとき、C・A案とB案を折衷したとき（図6-4-3）の3パターンで、システム構築ステップを検討した。その結果、構築する各アプリケーションの姿は、何を重視してすすめるかによって異なることが明確になった。

　これまでのまとめとして、各パターン別の情報システム構成図を作成する。経営者の関心は情報システム構成になく、いつの時点でどの経営課題が実現され、そのためにいつの時点でどのくらいの投資が必要となるのかにある。このため、各期末など区切りとなる時期における情報システム構成と、その時に実現されている経営課題の内容を整理し、図6-4-4のようなマイルストーン（実現する経営課題）別情報システム構成図として描く。

165

# 第7章

## フェーズⅤ
## 全体推進計画の立案

# 1 全体推進計画立案の基礎

> 経営計画実現の速度判断、課題の優先順位など、成果を実現するタイミングと、施策の推進〜完了のそれは合致しにくい。両者はトレードオフの関係にあり、一方を優先すると、他方に問題が発生する。この矛盾のなかで、現実的な推進計画を見つける。

## ■■全体推進計画の目的は何か

　これまでいくつもの施策を立案してきたが、そのすべてを実施するかどうかは別問題で、さまざまなリスクやトレードオフを考慮する必要がある。たとえば、ある施策の実施で、予想しない別の問題が発生するおそれもある。また、経営上の速度判断からすると、その施策では遅すぎるかもしれない。あるいは、投資対効果が少ない可能性もある。

　本章では、推進スケジュール、実現に向けての取り組み体制、必要な投資額などを中心に、こうしたリスクやトレードオフの有無を確認する。この検討により推進計画の、
①経営者の速度判断との整合性
②実現の可能性
③現行業務に与える影響（負荷）
④投資対効果
などを明らかにする。これらの条件を整理することで、実施是非の意思決定も可能になる。

## ■■推進計画の対象範囲

　フェーズⅠ〜Ⅳの検討で決まった、情報システムの推進計画と投資額を、経営者に提示すると、次のような質問が出てくる可能性がある。
　①情報システムの構築だけで、課題は達成できるか
　②課題達成にほかの施策の実施も必要なら、それらとの調整はとれるのか
　③ほかの施策をふくめた総投資額はいくらになるか
　これらの質問に答えるには、情報システムのみの推進計画や投資見積もりでは不足である。ほかの施策の推進責任部門と連携し、施策実施時期、体制、費

第7章 ● フェーズV 全体推進計画の立案

### 図 7-1-1 推進計画の立案作業手順

**他部門主催施策への推進計画立案の依頼**

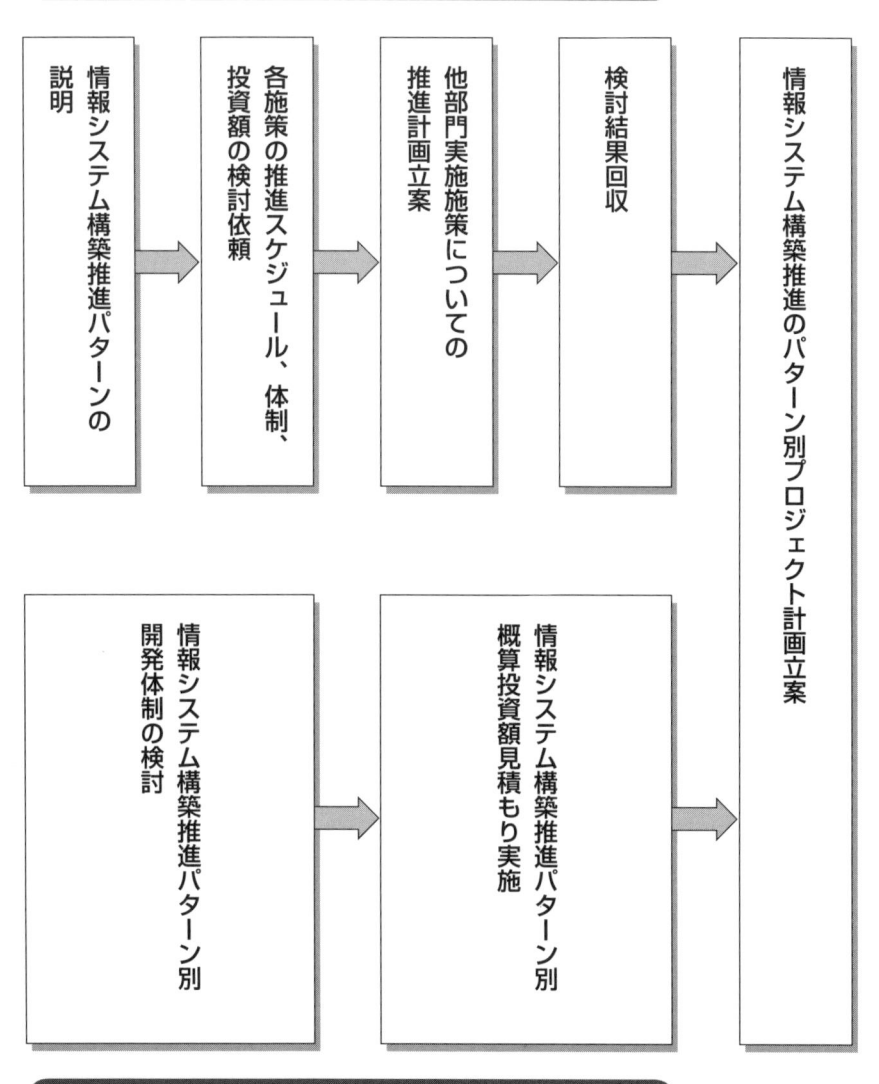

情報システム構築推進パターンの説明 → 各施策の推進スケジュール、体制、投資額の検討依頼 → 他部門実施施策についての推進計画立案 → 検討結果回収 → 情報システム構築推進のパターン別プロジェクト計画立案

情報システム構築推進パターン別開発体制の検討 → 情報システム構築推進パターン別概算投資額見積もり実施 →

**情報システム部門主催施策の推進計画検討**

用などを確定し、それらをもとに全体の計画と推進条件を、意思決定者である経営者へ示す必要がある。

　情報システム構築に関しては、次の3つの推進パターンを想定して検討した。本章でも、この3つを前提に各施策の推進計画を立案する。

　　A…実現期日を優先したときの構築ステップ
　　B…構築作業のリスクやコストを抑えたステップ
　　C…上記の中間案

## ■■重点施策全体の推進計画案を検討する

　情報システムに関しては、フェーズⅣで推進スケジュール案を作成した。構築体制についても、そのさい考慮したものに関しては、再整理が必要かもしれない。投資額は未検討である。これらについては、今後とも情報システム部門が主体となって検討していくことになる。

　一方、情報システム構築以外の施策のスケジュール、体制、投資額などは、すべて未検討である。これらは、情報システム部門だけで検討しても、実効性のある計画の立案は無理である。

　そこで、フェーズⅡで作成した重点施策展開表にもとづき、各施策の推進責任部門へ計画立案を依頼しなくてはならない。そして、その結果を情報システム部門で総合的に検討調整し、プロジェクト計画としてまとめる。

　計画の立案は、図7-1-1の手順で行う。本章でもA社を例にとり、前述のA～Cの3つの想定パターンで検討していく。ただ、いずれの案でも、検討内容は同じなので、1案だけを例示して説明する。

## ■■推進計画はパターンで立案する

　全体の推進計画は前述のように、A～Cの3つの想定パターンで立案するのが望ましい。

　フェーズⅣのシステム構成の検討結果では、A～Cパターンごとに、システムの構築タイミングが大きく異なる。これにより、そのほかの業務改革、組織改革、制度改革などの各施策の実施タイミングも影響を受ける。そして最終的には、パターンごとの期間別の投資金額も変わってくる。

　投資の意思決定においては、投資対効果が是非の基準になる。したがって、すすめ方によって、投資額、効果の実現性、実現タイミングに差が出るときは、

パターンごとに投資対効果を明確にして説明すべきである。

## ■■判断し決定するのは経営者

　各パターンを検討していくと、その案の限界が見えたり、実現不可能と感じることがある。こういうとき、立案担当者がそのパターンでの全体推進計画の作成を断念してはならない。たとえば、Aパターンで検討すると、情報システム部門の体制が整いそうもなく、全体計画の立案をやめるのが現実的に思えても、担当者がそういう判断をすべきではない。

　担当者は、どうしても予算の枠内で実現性を考えるし、その責任範囲や権限も判断に影響を与える。ところが経営者のほうは、実現効果が確実で大きければ、費用を追加して計画を断行すべきだと判断することも少なくない。

　計画のなかで検討される事項の多くは、経営者が判断すべきものであり、担当者が独善的に処理すべきではない。担当者の役割は、事実関係を整理し、それを的確かつ明快に経営者に伝え、その意思決定に役立つことである。

## 2 情報システム構築以外の施策の推進計画

フェーズⅡで、情報システム構築以外の施策についても整理し、施策ごとの推進責任部門を決めた。情報システム構築とこれらの施策は互いに連携しつつ機能することで、相乗効果が上がるので、関係施策間の取り組みタイミングの調整が必要となる。

### ■情報システム構築施策以外の推進計画

A社でも、フェーズⅡで、各施策の推進責任部門を割り当てている。たとえば、「応対窓口業務の強化」「営業管理業務の効率化」の2つの課題に対する施策の推進責任部門は、アフターサービス事業部、人事部、経理部、総務部である。計画の立案担当者は、それぞれの部門に、担当施策の推進計画の立案を依頼した。そのさい、次の3点について回答を求めた。
①施策推進のスケジュール（実施タイミング）
②必要となる体制（要員配置の可否の意見を含む）
③推進のために必要な投資額（前提条件があればそれも）

### ■推進計画立案の前提条件は何か

各部門にスケジュールの検討を依頼するにあたり、次の3つの前提条件を提示した。
①当該施策が果たす課題の実現期日

各部門が担当する施策の最終実施期限は、当該施策が実現すべき経営課題の実現期日である。56頁の図2-3-3をご覧いただきたい。ここでは「応対窓口業務の強化」が第10期中間、「営業管理業務の効率化」は第9期末が実現期日となっている。それまでに施策を実施し、課題を実現させなければならない。
②調整が必要な他部門の施策の有無

そのために実施する施策の全体像は、実施するほかの施策や、実施の前後関係の有無などを確認して作成する。関係する施策間に実施順の前後関係があるときは、当該部門間で調整がいる。「派遣オペレーターの長期契約化」の施策では、人事とアフターサービス事業部が役割分担し、連携してすすめる。その作業手順や実施可能時期についても相互調整する。ここでは、その部門の担当

施策、関係する施策と部門の再確認も行う。
③情報システム構築の推進スケジュール
　新たに構築する情報システムの活用を前提に各部門の施策を推進する場合、いつ情報システムが完成するのかが問題となる。このため情報システムの構築スケジュール案を提示する。

## ■■検討結果を回収する

　A社では、集めた回答の内容を点検し、問題点を整理した。その結果、事業部と人事部の間で、推進計画の調整ができていないことがわかった。事業部では、オペレーターの社員化を早期に推進したいが、人事部では、新たな職種の発生に伴う評価制度や給与体系の設計などに時間がかかり、両者の実施時期にズレが生じた。そこで、担当者、事業部、人事部で会議を行い、再度施策の実施内容と時期の調整を図った。

　筆者の経験では、一度で満足できる回答がそろうのは稀である。情報システム部門は、プロジェクト計画の立案や投資見積もりには慣れているが、ほかの部門では未経験の作業になるところも出てくる。

　したがって、最初の回答を確認しながら、必要ならヒアリングを実施し、各部門で検討した内容を点検しなおすことが重要である。とくに、実施に当たって、懸念事項や前提条件などがあるときは、その点をしっかり押さえておかなくてはならない。こういう事項は、後にほかの施策との調整が生じることが多く、実現の障害になることもあるので要注意である。

# 3 システム構築投資額の見積もり

> システム構築に関わる投資額の見積もりには、①キャッシュアウトベース（支払い発生基準）と、②費用計上ベースの2パターンが存在する。基本的には両パターンともに作成し、経営者が投資是非の意思決定を行う際に提示する。

## ■情報システムの構築体制を検討する

フェーズⅣで提示した3つの構築パターンごとに、各アプリケーションの構築体制を検討する。フェーズⅣで作業がすんでいるときは不要である。検討のポイントは次の2つである。

①社内リソースのみで開発を行うか、システム開発会社など外部企業の協力を得るかの見極め
②システム部門以外の部門の参画体制の見極め

①では、開発のすべてを社内でやるときや、外部企業へ全面委託するときは比較的簡単である。しかし、ほかのアプリケーション構築と作業タイミングが重なる関係で、特定スキルをもった人材が不足し、その部分のみを外部企業に外注するとなると、十分に検討しなくてはならない。

②では、システム設計作業をすすめていく過程で、業務方法の確認など、現業部門に相応の作業を依頼することも多い。したがって、そういう部門とは、あらかじめ依頼すべき作業の内容、時期、所要時間などを調整しておく必要がある。

## ■情報システム構築の投資額を見積もる

施策単位ごとに投資額を見積もり、経営課題ごとに集計する。取り組みが複数年度にまたがる場合は、年度ごとの投資額を見積もる。投資額の見積もりは、次の区分で行う。

①社内人件費（施策実施による残業発生などの追加発生費用分）

社内人件費は、システム構築体制で整理した概算関与人数と平均人件費単価を積算して出す。通常業務とかけもちの要員については、前述の金額に関与率を積算する。また、ある程度残業時間を見込み、1人当たり月何時間×人数×

平均残業単価といった形で概算の金額を加味しておく。
②外注費（システム開発、コンサルティング…）

外注費は、親しい外注企業に概略を説明し、概算見積もりを提出してもらう。新規外注のときでも、相手企業に問い合わせれば出してくれる。どちらにしても、ＲＦＰ（Request For Proposal）などを提示できる段階ではないので、簡単な資料や口頭で説明を行い、同様のプロジェクト事例などをもとに、概算の見積もり金額を依頼する。見積書なしの、口頭での回答でもかまわない。
③設備購入費（各種設備、パッケージソフトウエア、ハードウエア…）

設備購入費は、通常こういう設備を購入する担当部門から、購入先へ概算金額を問い合わせる。この場合も、詳細なスペックが未確定だから、概算の要件を提示して、見積もりを依頼する。
④その他経費（旅費、事務用品費、プロジェクトルーム家賃…）

その他経費は、ふつう計上しない。ただし、その取り組みへの関与人員が数十名規模になるときは、毎月一定額をここに計上する。

投資額の見積もりは「キャッシュアウトベース（支払い発生基準）」と「費用計上ベース」の2パターンを作成する。前者は、支払の発生を基準に、年度あるいは半期ごとに、各見積額を加算する。後者は、まず見積額のうち、資産計上分と、費用計上分に振り分ける。このうち、資産計上分は、以後の償却費を計上期間での費用とする。そして、年度あるいは半期、ときには四半期ごとに費用を集計する。

現段階の投資額の見積もりは、これまでの検討結果から出すので、概算にならざるをえない。最終的な投資金額の確定は、実際に推進の意思決定が下され、詳細な実行計画が立案できたあとで行う。これらのほかに、⑤設備保守費、⑥ソフトウエアライセンス費など各種運用費があり、それぞれ見積もることが必要である。

# 4 課題別プロジェクト計画の取りまとめ

課題に対してプロジェクト単位で、推進計画をまとめる。プロジェクト計画には、情報システム構築施策をはじめ、他部門より収集したそのほかの施策の実施スケジュール、費用などすべてを盛り込む。

## ■プロジェクト計画を立案する

これまでの検討結果を、プロジェクト単位にまとめる。プロジェクトとは、実現すべき経営課題に対する施策のセットである。A社に例をとれば、経営課題「応対窓口業務の強化」「営業管理業務の効率化」に対する多数の施策群が、1つのプロジェクトを構成する。

このプロジェクト単位に、次の3つを作成する。
①プロジェクトスケジュール表
②プロジェクト施策費用一覧
③プロジェクト費用対効果鳥瞰図

## ■プロジェクトスケジュール表を作成する

プロジェクトスケジュール表には、特定の経営課題の実現に必要な、すべての施策を網羅する。これを見ると、情報システム構築、そのほかの施策を含め、経営課題実現の作業スケジュールを一覧できる。また、各施策の実施部門別にスケジュールを整理するので、各部門のプロジェクトへの参画時期がわかる（図7-4-1）。

## ■プロジェクト施策費用一覧表をつくる

施策ごとの費用見積額を、プロジェクトスケジュール表に記入する。システム開発などは、後日資産計上されるが、施策実施で発生する費用という意味で、いったんは金額を記入しておく。

次に、一定期間ごとの集計を表示する。集計期間は年度が基本となるが、半期、四半期などもありうる。施策が複数の集計期間にまたがるときは、支出時期に、判断がつかないときは対象期間で按分する。

一覧表の作成目的は、プロジェクト全体の費用を見るためなので、ソフトウエア開発費、ハードウエア購入費などの内訳は記載しない。だから、表記費用の内訳は、別途に参照表を作成しておいたほうがいい（図7-4-2）。

## ■■プロジェクト費用対効果表をつくる

　前表で、各施策の費用、発生時期は一覧できる。ところが、各施策の実現効果と費用の関係は判断できないので、そのための資料を作成する。ここで、"効果"というのは、プロジェクト全体では、対象となる経営課題の実現にほかならない。

　たとえば、経営課題「改善所要時間の短縮」では、解決所要時間が現在の26分から10分に短縮されることが、すなわち効果である。「営業管理業務の効率化」では、管理業務人員を倍増する体制で、売上規模を5倍にすることが効果である。

　また、施策単位では、フェーズⅡ～Ⅲで検討したように、詳細課題の目標値の実現が効果となる。

　全体および各施策の、効果と費用の関係を整理したものが、図7-4-3のプロジェクト費用対効果鳥瞰図である。これまでは、課題実現に対する情報システムの貢献は明確に示せなかった。しかし、この図を見ると、課題から構築するシステム機能までが、経営課題の目標値を詳細化する作業を通じて、一貫して描かれている。この結果、構築する情報システムが、課題の"どこに""どの程度"効果を発揮するのかがよくわかる。

### 図 7-4-1 プロジェクトスケジュール表

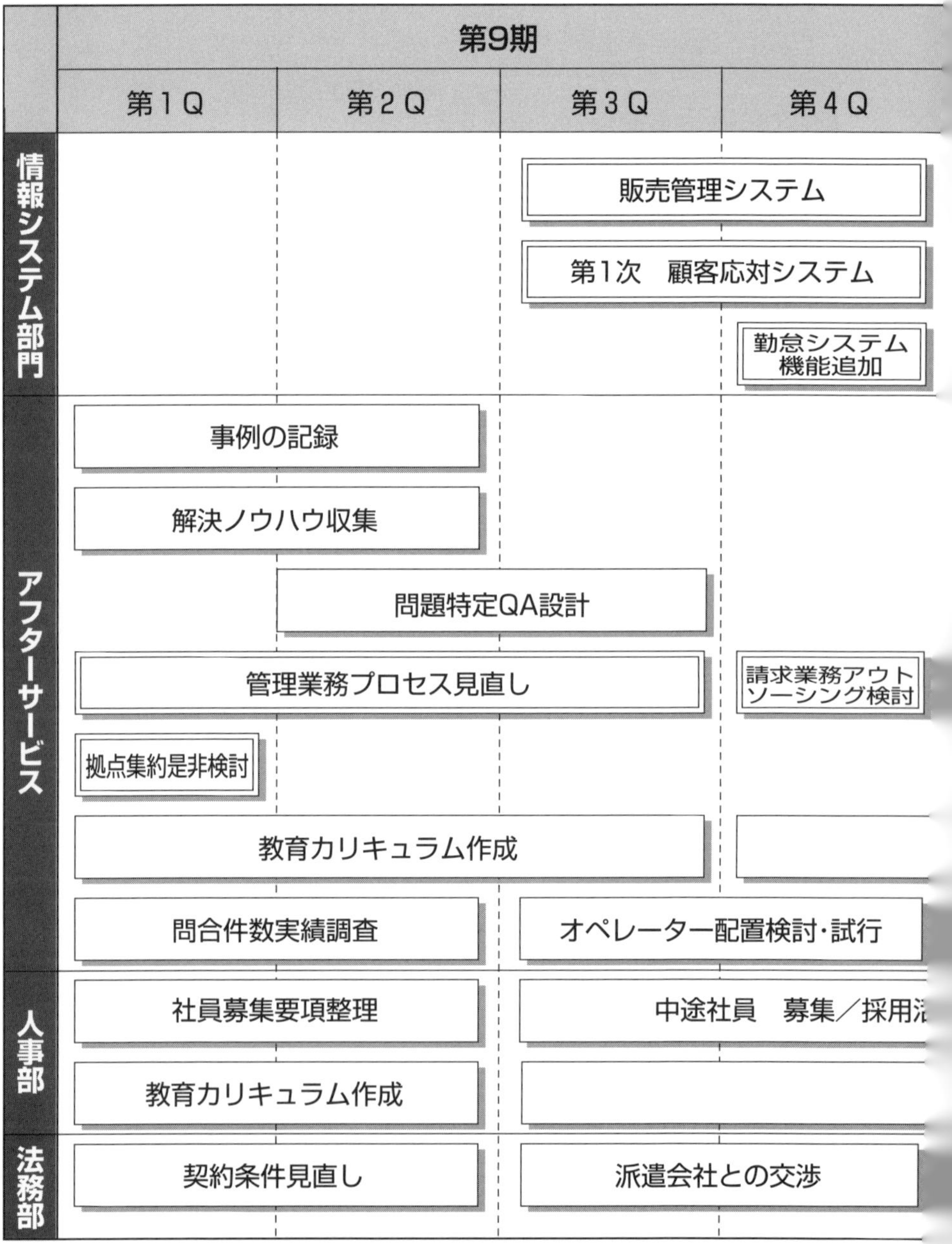

| | 第9期 | | | |
|---|---|---|---|---|
| | 第1Q | 第2Q | 第3Q | 第4Q |
| 情報システム部門 | | | 販売管理システム | |
| | | | 第1次 顧客応対システム | |
| | | | | 勤怠システム機能追加 |
| アフターサービス | 事例の記録 | | | |
| | 解決ノウハウ収集 | | | |
| | | 問題特定QA設計 | | |
| | 管理業務プロセス見直し | | | 請求業務アウトソーシング検討 |
| | 拠点集約是非検討 | | | |
| | 教育カリキュラム作成 | | | |
| | 問合件数実績調査 | | オペレーター配置検討・試行 | |
| 人事部 | 社員募集要項整理 | | 中途社員 募集／採用活 | |
| | 教育カリキュラム作成 | | | |
| 法務部 | 契約条件見直し | | 派遣会社との交渉 | |

第7章―●― フェーズⅤ 全体推進計画の立案

| 第10期 | | | |
|---|---|---|---|
| 第1Q | 第2Q | 第3Q | 第4Q |

第2次顧客応対システム

応対窓口業務の強化
営業管理業務の効率化

新管理業務体制、プロセス試行

トレーニング受講

推進

トレーニングの実施

図 7-4-2 プロジェクト施策費用一覧

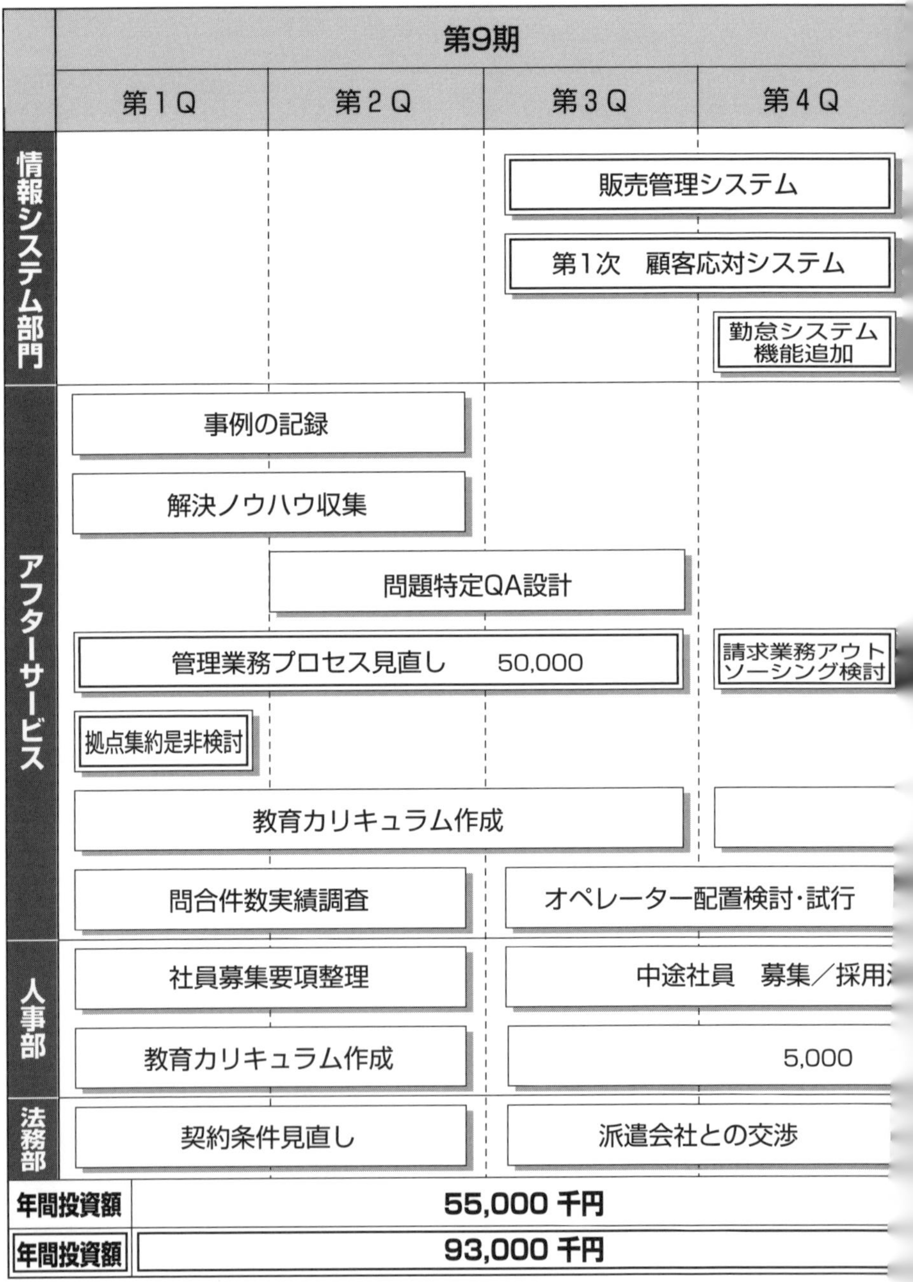

| | 第9期 | | | |
|---|---|---|---|---|
| | 第1Q | 第2Q | 第3Q | 第4Q |
| 情報システム部門 | | | 販売管理システム | |
| | | | 第1次 顧客応対システム | |
| | | | | 勤怠システム機能追加 |
| アフターサービス | | 事例の記録 | | |
| | | 解決ノウハウ収集 | | |
| | | 問題特定QA設計 | | |
| | 管理業務プロセス見直し　50,000 | | | 請求業務アウトソーシング検討 |
| | 拠点集約是非検討 | | | |
| | 教育カリキュラム作成 | | | |
| | 問合件数実績調査 | | オペレーター配置検討・試行 | |
| 人事部 | 社員募集要項整理 | | 中途社員　募集／採用 | |
| | 教育カリキュラム作成 | | | 5,000 |
| 法務部 | 契約条件見直し | | 派遣会社との交渉 | |
| 年間投資額 | 55,000 千円 | | | |
| 年間投資額 | 93,000 千円 | | | |

第7章　フェーズV　全体推進計画の立案

| 第10期 | | | |
|---|---|---|---|
| 第1Q | 第2Q | 第3Q | 第4Q |

10,000

25,000　　　第2次顧客応対システム　　40,000

8,000

応対窓口業務の強化
営業管理業務の効率化

新管理業務体制、
プロセス試行

トレーニング受講

推進　50,000

トレーニングの実施　　　　　　　　10,000

50,000 千円

―

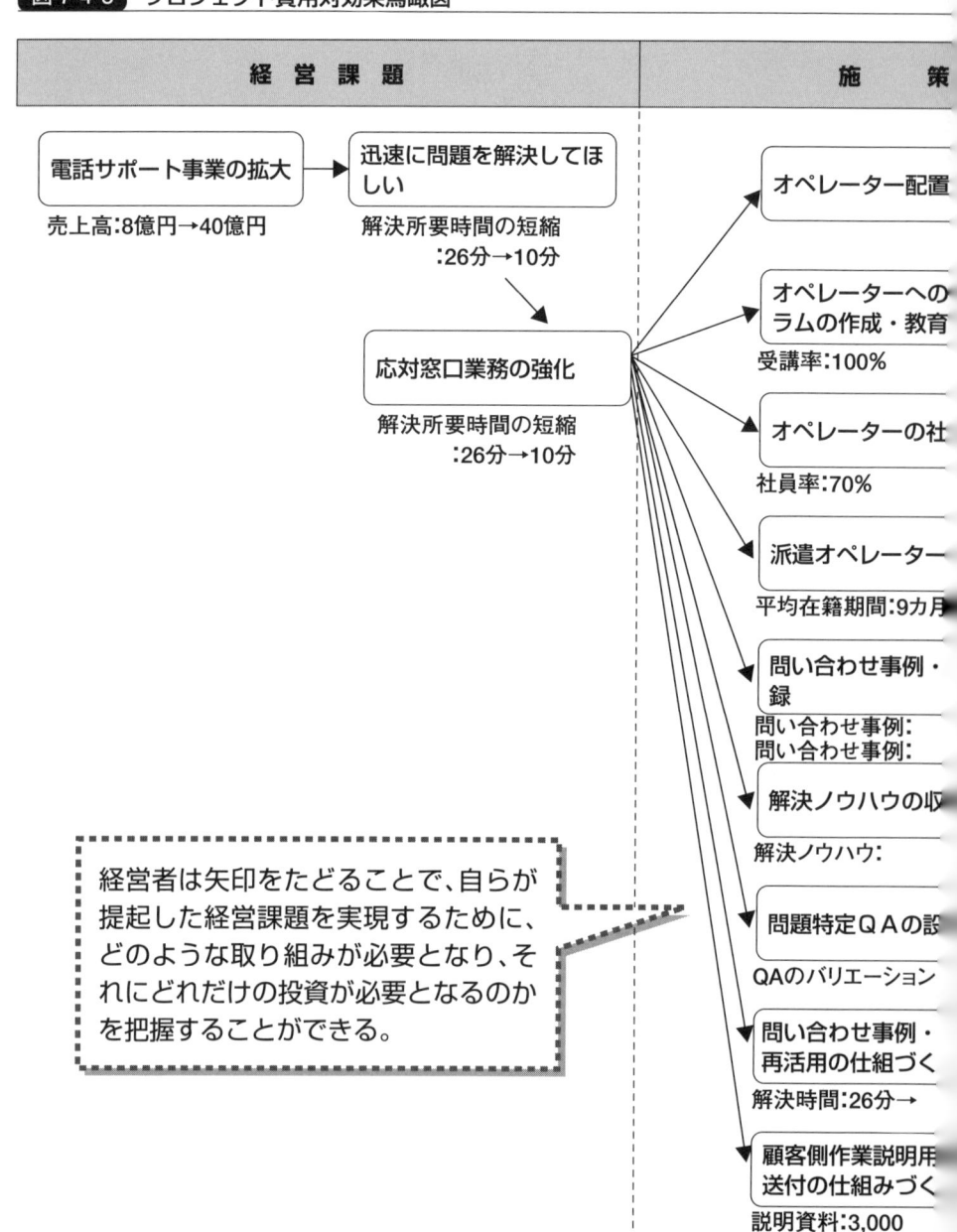

### 図 7-4-3　プロジェクト費用対効果鳥瞰図

| 経　営　課　題 | 施　　策 |
|---|---|

**電話サポート事業の拡大**
売上高:8億円→40億円

**迅速に問題を解決してほしい**
解決所要時間の短縮
:26分→10分

**応対窓口業務の強化**
解決所要時間の短縮
:26分→10分

施策:
- オペレーター配置
- オペレーターへの（プログ）ラムの作成・教育
  受講率:100%
- オペレーターの社（員化）
  社員率:70%
- 派遣オペレーター
  平均在籍期間:9カ月
- 問い合わせ事例・（記）録
  問い合わせ事例:
  問い合わせ事例:
- 解決ノウハウの収（集）
  解決ノウハウ:
- 問題特定QAの設（計）
  QAのバリエーション
- 問い合わせ事例・再活用の仕組づく（り）
  解決時間:26分→
- 顧客側作業説明用（資料）送付の仕組みづく（り）
  説明資料:3,000
  解決時間:10分→

> 経営者は矢印をたどることで、自らが提起した経営課題を実現するために、どのような取り組みが必要となり、それにどれだけの投資が必要となるのかを把握することができる。

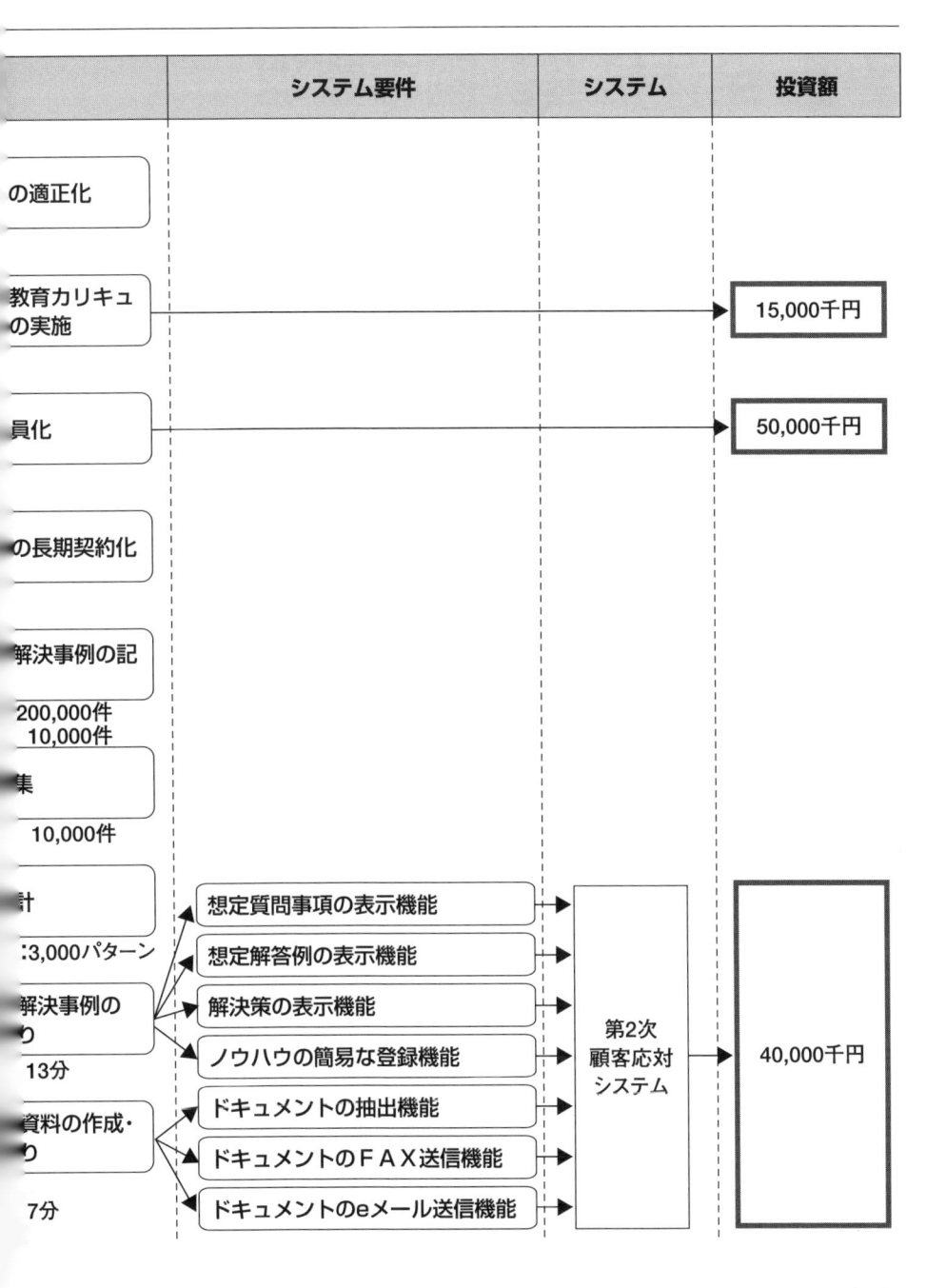

第 7 章 ─●─ フェーズⅤ 全体推進計画の立案

| | | システム要件 | システム | 投資額 |
|---|---|---|---|---|
| | の適正化 | | | |
| | 教育カリキュの実施 | | | 15,000千円 |
| | 員化 | | | 50,000千円 |
| | の長期契約化 | | | |
| | 解決事例の記 | | | |
| 200,000件 | | | | |
| 10,000件 | 集 | | | |
| 10,000件 | | | | |
| 計 | | 想定質問事項の表示機能 | | |
| :3,000パターン | | 想定解答例の表示機能 | | |
| 解決事例の | | 解決策の表示機能 | 第2次顧客応対システム | 40,000千円 |
| り | | ノウハウの簡易な登録機能 | | |
| 13分 | | ドキュメントの抽出機能 | | |
| 資料の作成・り | | ドキュメントのFAX送信機能 | | |
| 7分 | | ドキュメントのeメール送信機能 | | |

183

# 5 全体推進計画の整理

前節で作成した「プロジェクトスケジュール表」「プロジェクト施策費用一覧」「プロジェクト費用対効果鳥瞰図」をまとめる意味で、「全体概要スケジュール表」と「全体費用額一覧」を作成する。これで計画立案のための作業は完了となる。

■ 全体概要スケジュール表をつくる

「プロジェクトスケジュール表」「プロジェクト施策費用一覧」「プロジェクト費用対効果鳥瞰図」は、すべてプロジェクト単位の資料である。

一方、ここで作成する「全体概要スケジュール表」は、全プロジェクトを網羅するが、記載内容は各プロジェクトの実施期間だけで十分である（図7-5-1）。

■ 全体費用額一覧をつくる

図 7-5-1 全体概要スケジュール表

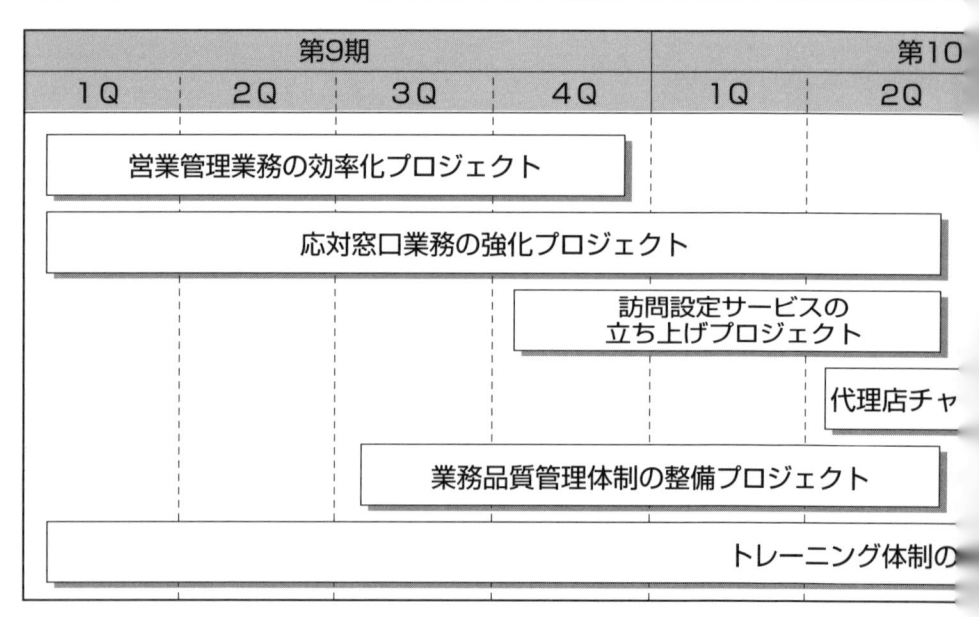

| | 第9期 | | | | 第10期 | |
|---|---|---|---|---|---|---|
| 1Q | 2Q | 3Q | 4Q | 1Q | 2Q |
| | 営業管理業務の効率化プロジェクト | | | | | |
| | 応対窓口業務の強化プロジェクト | | | | | |
| | | | | 訪問設定サービスの立ち上げプロジェクト | | |
| | | | | | | 代理店チャ |
| | | | | 業務品質管理体制の整備プロジェクト | | |
| | | | | | トレーニング体制の | |

第7章　フェーズV　全体推進計画の立案

　まず、プロジェクトごとの見積額を、図7-5-1の「全体概要スケジュール表」に記入する。次に、情報システムとほかの施策を含めた総投資額を、図7-5-2の図中のわかりやすい場所に示す。

　これで、戦略的システム化計画立案の作業は完了である。フェーズⅠ～Ⅴの作業を通じて、現状調査と分析、解決案、その推進計画などには、かなりのエネルギーと時間を注いできた。これらの内容をそのまま経営者に提示しても、そのすべてを過不足なく把握し、意思決定に至るのは無理である。

　このため、これまでの結果を要領よく整理し、経営者が適切に理解し、意思決定できるようにすることが大事である。それには、経験とテクニックが必要である。

| | | 第11期 | | | |
|---|---|---|---|---|---|
| 3Q | 4Q | 1Q | 2Q | 3Q | 4Q |

講習サービスの
立ち上げプロジェクト

ルの構築プロジェクト

化プロジェクト

**図 7-5-2** 全体費用額一覧

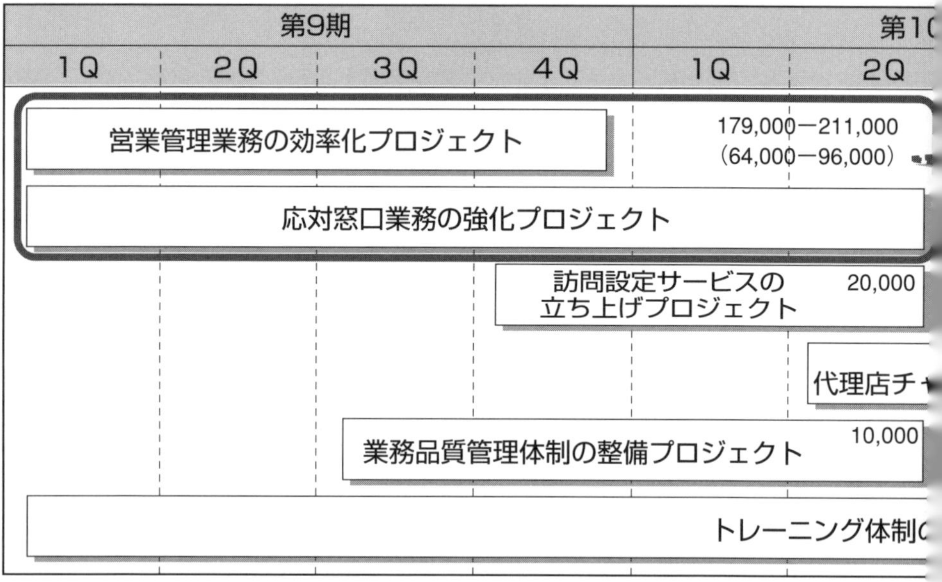

| | 第9期 | | | | 第10... | |
|---|---|---|---|---|---|---|
| 1Q | 2Q | 3Q | 4Q | 1Q | 2Q |

- 営業管理業務の効率化プロジェクト　179,000−211,000（64,000−96,000）
- 応対窓口業務の強化プロジェクト
- 訪問設定サービスの立ち上げプロジェクト　20,000
- 代理店チ...
- 業務品質管理体制の整備プロジェクト　10,000
- トレーニング体制...

| | | 第11期 | | | |
|---|---|---|---|---|---|
| 3Q | 4Q | 1Q | 2Q | 3Q | 4Q |

総投資額は、情報システム構築以外の施策推進の費用も含めた額。カッコ内の数字は、情報システム構築のための投資額

講習サービスの
立ち上げプロジェクト

10,000
ﾙの構築プロジェクト

化プロジェクト

年間あたり10,000、以後はカリキュラムにより異なるが、概ね同額程度必要。

# 第 8 章

## フェーズⅥ 経営者向け説明資料の作成

# 1 経営者向け報告の基礎

中間報告は、それまでの検討内容の確認や意思統一であった。これに対して、経営者向け報告では、以後の推進の是非を経営者が意思決定することが加わる。ここでの意思決定の意味をよく理解し、経営者が正しい判断ができる材料を作成して提出する。

## ■■経営者向け報告資料のポイント

経営者向け報告を行う目的は、以後の取り組みで実現すべき効果、期間、概算投資額を確定し、経営者に推進の断を下してもらうことにある。そのため、経営者の判断材料となる情報を的確に提示する。

これまでの作業では、以下の事項を意思決定のポイントとして整理した。これらの作業でまとめた資料から、報告用資料を作成することになる。

①実現すべき効果の明確な整理（実現期日を含む）

これは、フェーズⅠの経営計画（戦略）マップの作成が該当する。

②納得できる効果実現のための取り組みポイントと具体的施策

フェーズⅡ～Ⅲの問題点構造分析や施策整理のための分析作業、および重点施策展開表の作成が該当する。

③実現に向けての推進パターン

フェーズⅣの、A実現期日を優先したときの構築ステップ、B構築作業のリスクやコストを抑えたステップ、C上記の中間案の3つのパターン分けが該当する。

④実現に向けての推進方法と必要な投資額

フェーズⅤの検討結果が該当する。

## ■■経営者向け報告資料の構成例

経営者向け報告資料のフォーマットは、とくに決まっていない。ポイントを押さえ、経営者が意思決定できる資料構成であればよい。筆者もそのつど、状況を見つつ表現方法を変えている。

A社に例をとると、想定できる報告資料は、以下のような構成になる。

[説明資料]
　①本日の報告の目的
　②これまでの取り組み経緯
　③認識した経営課題
　④課題実現のポイントと取り組み施策
　⑤情報システム構成図
　⑥推進スケジュール案とリスク
　⑦投資額見積もり
　⑧意思決定依頼事項

[補足説明資料]
　⑨課題マップ
　⑩問題点構造分析資料
　⑪施策検討用分析資料
　⑫重点施策展開表
　⑬全体スケジュール案
　⑭投資額概算見積もり一覧表

　報告会の進行は、説明60分、質疑応答30分とした。このため、資料1枚の説明を5分とすると、多くても十数枚にまとめる必要がある。A社では、上述の説明資料と補足の図表で説明することになった。

## ■■経営者向け報告会の参加メンバー

　経営者向け報告会の出席者は、計画の立案範囲にもよるが、全役員と当該事業責任者（部長等）、プロジェクトメンバーなどである。単一事業を対象とした計画でも、関係の他事業や間接部門の責任者も出席したほうがいい。

## ■■経営者向け報告会の事前準備

　いきなり、以上のメンバーで報告会を開き、出席者全員の理解を得て、経営者の意思決定を請うのには無理がある。このため、ポイントとなる課題の検討結果、以後の推進方針、その推進のリスク、必要な投資内容などは、事前に各経営トップに対して個別に説明し、理解を得ておくようにする。そのうえで、最終報告会では、調整や検討の必要がある事項を明確にし、その点を論議・決定できるよう準備する。

# 2 経営者向け報告資料の作成と報告

経営者に以後の推進の意思決定を仰ぐため、判断材料を簡明かつ的確にそろえ、判断しやすくするのが大事である。それには、これまでの検討結果をすべて並べるのではなく、ポイントを押さえた報告が必須となる。

## ■経営者向け報告をする目的を明確に伝える

最初に、今回の報告目的を説明する。報告を聞くだけでいいのか、あるいは指示や意思決定が必要なのかをはじめに明確にする。報告を受ける経営者などは、会議の目的をあらかじめ了解していれば、以後の説明のどこに焦点を絞り、どう対応していけばいいか判断できる（図8-2-1）。

A社のアフターサービス事業を例にとり、フェーズⅠからⅤまでの検討をもとに、報告資料の内容、作成方法について説明していく。同社では、計画として3案を作成した。3つは、今後のすすめ方だけではなく、効果実現の時期、投資額、実現リスクなどがそれぞれ異なる。

このため、まずこれら3案の存在と、相互の相違点を簡潔に説明する。そして、経営者にはこれらを理解したうえで、今後の推進方針の意思決定を仰ぐことを事前に伝える。

## ■これまでの取り組み経緯のおさらい

作業開始から今日までの取り組みの経緯を要領よく説明する。報告を受ける側が、検討内容の経過をよく飲み込めるようにするのがポイントである。

経営者向け報告までに、中間報告を実施していることが多いはずである。このため、経営者向け報告資料では、前回の報告内容の整理と、今回の報告の対象である、それ以後の取り組み内容を説明する。これは、中間報告での意思決定により今日まですすめてきたものである。

ここでは、中間報告での議論と意思決定までの経緯を、出席者が思い出せるよう簡略に整理報告するのが望ましい。というのは、それを忘れてしまい、同じことを最終会議でむしかえすおそれもあるからである。

ただし、中間報告での意思決定事項が以後絶対に変更できないわけではない。

### 図 8-2-1　例：本日の報告の目的

> アフターサービス事業部の今後の戦略遂行のために整備すべき情報システムの構成を検討し、完了しました。
>
> **説明事項**
> ・アフターサービス事業部の今後の戦略遂行のために整備すべき情報システム構成の検討結果について、報告します。
> ・なお検討の結果、実現策として3案を作成しています。それぞれ投資額の大きさや実現のためのリスクの大きさなどが異なります。各案の内容、メリット、デメリットを説明します。
>
> **依頼事項**
> ・報告内容を把握していただいたうえで、今後の推進方針（実現すべき効果の大きさ、効果獲得の期日、投資額等）について、判断をお願いします。

事業環境の変化など、それを変えるほうがいいケースはある。本来は、検討作業のなかにそれも包含すべきだが、経営者向け報告会で新たに議題に上るようなときは、ここで再検討する必要がある（図8-2-2）。

## ■■経営計画（戦略）マップのおさらい

課題の整理は中間報告に重複するが、当取り組みの根本なので、再確認の意味で再度資料を提示する。記述内容は、中間報告の資料をそのまま流用し、指摘事項、変更事項は正確に記載する。

同じ資料を用いると、中間報告の前提に変更がないことが納得しやすい。逆に資料が変わると、説明内容が同じでも、そう感じないことが多い。中間報告時には図8-2-3の経営計画（戦略）マップで説明したので、経営者向け報告でも流用する。

## ■■実施すべき重点施策のおさらい

これも第2回報告会のおさらいで、図8-2-4の「経営課題実現に向けて実施

### 図 8-2-2 例：これまでの取り組み経緯

**これまでの取り組み経緯と報告内容**
　アフターサービス事業部の今後の戦略上整備すべき情報システムについて、次のように検討してきました。

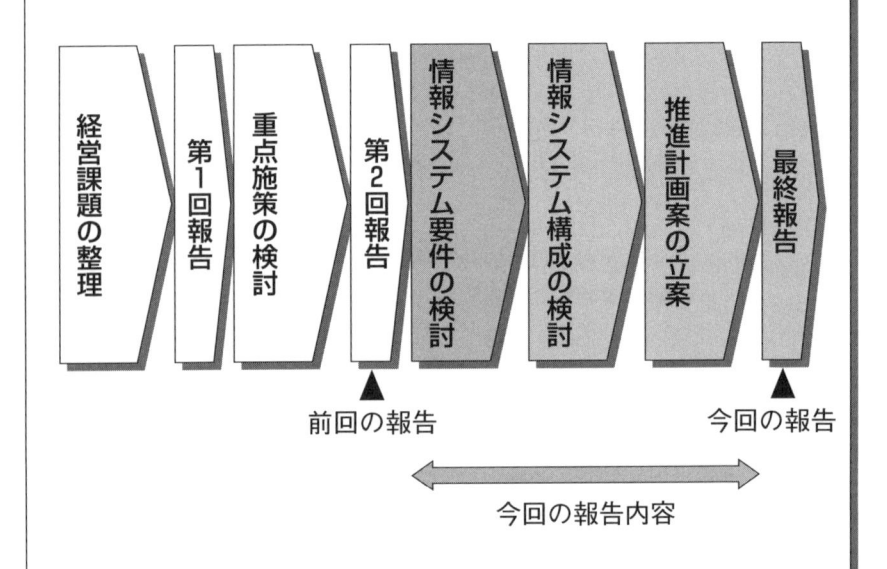

経営課題の整理 → 第1回報告 → 重点施策の検討 → 第2回報告（前回の報告）→ 情報システム要件の検討 → 情報システム構成の検討 → 推進計画案の立案 → 最終報告（今回の報告）

今回の報告内容：情報システム要件の検討 〜 最終報告

**第1回報告の内容**
・第1回中間報告で、経営課題を実現するために必要となる取り組み施策について説明しました。

**本日の報告内容**
・その取り組み施策で、どのような情報システムを構築すべきかを検討し、定義しました。
・情報システムの構築と経営課題を実現するために必要となる他の施策を含め、その推進計画案を立案しました。
・推進計画案を実施するにあたり、投資額、実現リスクの有無・大きさなどを整理しました。

第8章—●— フェーズⅥ 経営者向け説明資料の作成

### 図 8-2-3　認識した経営課題 （拡大図→54頁参照）

アフターサービス事業の経営計画（戦略）マップ

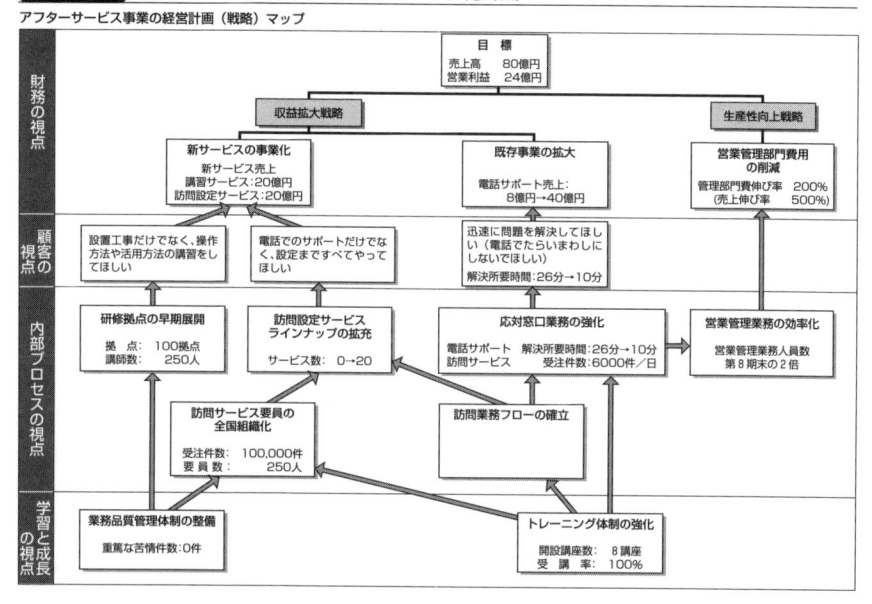

### 図 8-2-4　例：経営課題実現に向けて実施すべき重点施策 （拡大図→56頁参照）

アフターサービス事業の重点施策展開表

### 図 8-2-5　例：構築すべき情報システムのポイント（拡大図→22頁参照）

「応対窓口業務の強化」実現のために構築すべき情報システムのポイント

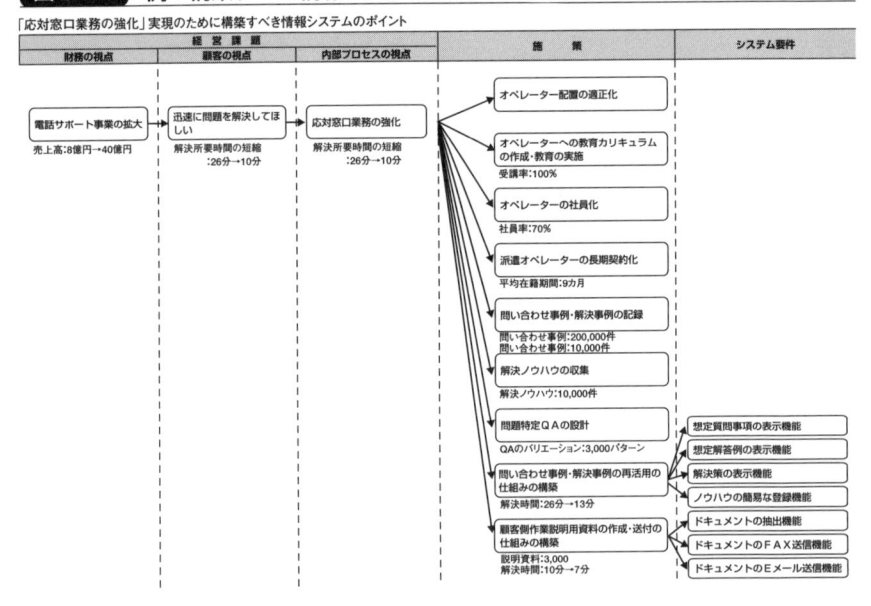

| 経営課題 | | | 施策 | システム要件 |
|---|---|---|---|---|
| 財務の視点 | 顧客の視点 | 内部プロセスの視点 | | |

- 電話サポート事業の拡大
  - 売上高：8億円→40億円
- 迅速に問題を解決してほしい
  - 解決所要時間の短縮：26分→10分
- 応対窓口業務の強化
  - 解決所要時間の短縮：26分→10分

施策：
- オペレーター配置の適正化
- オペレーターへの教育カリキュラムの作成・教育の実施
  - 受講率：100％
- オペレーターの社員化
  - 社員率：70％
- 派遣オペレーターの長期契約化
  - 平均在籍期間：9カ月
- 問い合わせ事例・解決事例の記録
  - 問い合わせ事例：200,000件
  - 問い合わせ事例：10,000件
- 解決ノウハウの収集
  - 解決ノウハウ：10,000件
- 問題特定QAの設計
  - QAのバリエーション：3,000パターン
- 問い合わせ事例・解決事例の再活用の仕組みの構築
  - 解決時間：26分→13分
- 顧客側作業説明用資料の作成・送付の仕組みの構築
  - 説明資料：3,000
  - 解決時間：10分→7分

システム要件：
- 想定質問事項の表示機能
- 想定解答例の表示機能
- 解決策の表示機能
- ノウハウの簡易な登録機能
- ドキュメントの抽出機能
- ドキュメントのＦＡＸ送信機能
- ドキュメントのＥメール送信機能

### 図 8-2-6　例：経営課題別問題の核の分析結果（拡大図→108頁参照）

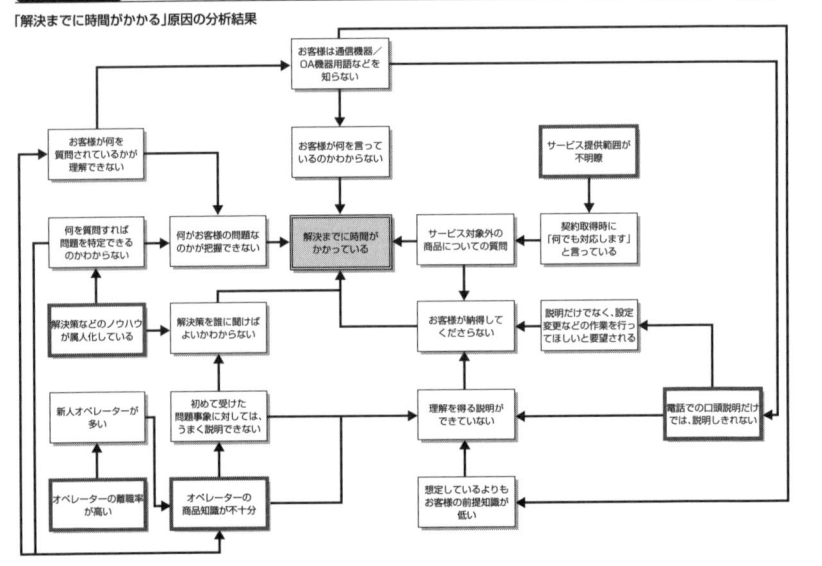

「解決までに時間がかかる」原因の分析結果

すべき重点施策」表を用いて的確に説明する。前回報告の内容を思い出してもらうことが目的なので、説明は簡潔でいい。

## ■■構築すべき情報システムのポイントの説明

報告書のなかで、重要度では一、二を争う部分である。ここでは、課題実現にはどんな情報システムを構築するのが最善かを示す。これしだいで、今後のスケジュール、投資額なども変わってくる。経営者がこの情報システムを納得できないと、後の説明すべてが無意味になってしまう。

説明には図8-2-5を用い、「課題⇒問題の核⇒情報システム要件」の関係を論理的に示す。内容を詳細に説明するのではなく、全体像を把握してもらうことが主眼となる。

その論理の帰結については、「問題点構造分析」「施策の詳細分析」など検討段階で作成した添付資料も用いる。現状調査での生の声などを随時示し、臨場感をもたせつつ説明すると、聞き手も興味が湧き、理解がすすむ。図8-2-6から図8-2-9までは、課題別に作成し添付資料とする。

## ■■情報システムの構成図の説明

課題の実現のために検討した情報システムの全体像を、図8-2-10のように示す。全体像は一枚の鳥瞰図にまとめるが、詳細な機能などを記載しなくていい。ただし、この情報システムが、課題実現のために最適とした、前述の説明との整合性がとれていないといけない。

また、情報システムを段階的に構築する場合は、164頁の図6-4-4のように期日別の情報システム構成図を示す。

意思決定者が情報処理業務に詳しくなく、情報システム構成図を見ても、その内容が一目瞭然とはいかないことも少なくない。たとえば、機能の分類やインターフェースのとり方などは、その適否は判断外だろう。

だからといって、意思決定者が情報システムに関心がないと即断するのはいけない。経営者は技術の詳細には門外漢であっても、情報システムの意義は理解できるし、それにより実現されるもの、もっといえばそれであがる利益には、敏感すぎるほどの関心をもっている。

だから構成図では、今までの検討結果が情報システム計画に十全に反映していることがわからなくてはならない。

**図 8-2-7** 例：対象業務の現状調査結果 （拡大図→104頁参照）

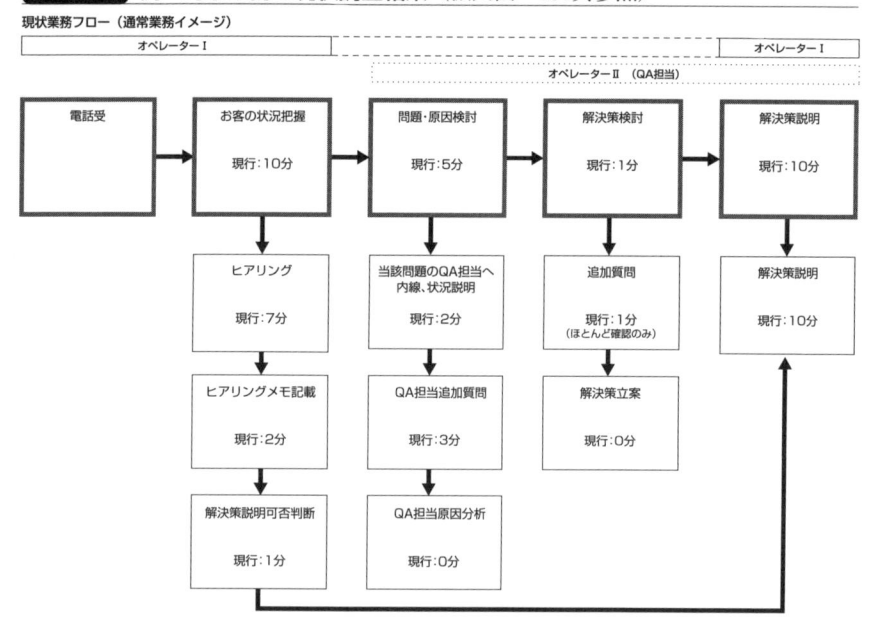

現状業務フロー（通常業務イメージ）

| オペレーターⅠ | オペレーターⅡ （QA担当) | オペレーターⅠ |

- 電話受
- お客の状況把握　現行：10分
  - ヒアリング　現行：7分
  - ヒアリングメモ記載　現行：2分
  - 解決策説明可否判断　現行：1分
- 問題・原因検討　現行：5分
  - 当該問題のQA担当へ内線、状況説明　現行：2分
  - QA担当追加質問　現行：3分
  - QA担当原因分析　現行：0分
- 解決検討　現行：1分
  - 追加質問　現行：1分（ほとんど確認のみ）
  - 解決策立案　現行：0分
- 解決策説明　現行：10分
  - 解決策説明　現行：10分

**図 8-2-8** 例：現在のモデル業務例 （拡大図→104頁参照）

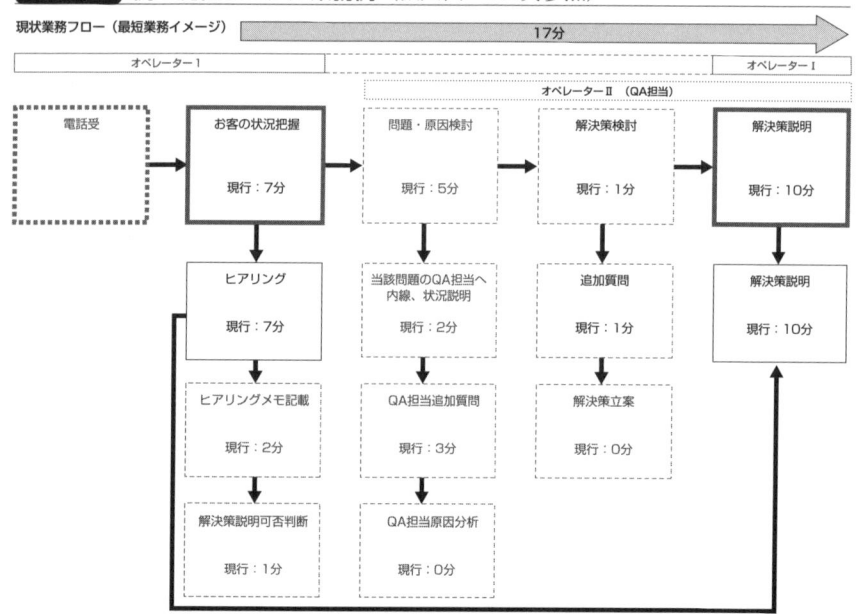

現状業務フロー（最短業務イメージ）　17分

| オペレーターⅠ | オペレーターⅡ （QA担当) | オペレーターⅠ |

- 電話受
- お客の状況把握　現行：7分
  - ヒアリング　現行：7分
  - ヒアリングメモ記載　現行：2分
  - 解決策説明可否判断　現行：1分
- 問題・原因検討　現行：5分
  - 当該問題のQA担当へ内線、状況説明　現行：2分
  - QA担当追加質問　現行：3分
  - QA担当原因分析　現行：0分
- 解決検討　現行：1分
  - 追加質問　現行：1分
  - 解決策立案　現行：0分
- 解決策説明　現行：10分
  - 解決策説明　現行：10分

第8章—● フェーズⅥ 経営者向け説明資料の作成

### 図 8-2-9　例：実現を目指す業務フロー

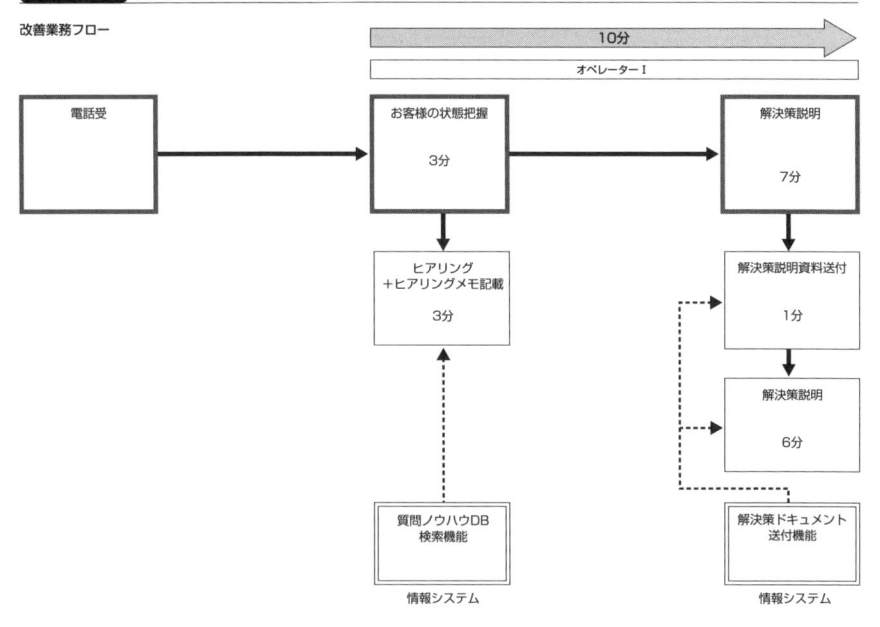

改善業務フロー　　　　　　　　　　　　　　　10分
　　　　　　　　　　　　　　　　　　オペレーターⅠ

[電話受] → [お客様の状態把握 3分] → [解決策説明 7分]
　　　　　　　　　　　↓　　　　　　　　　　　↓
　　　　　　　[ヒアリング+ヒアリングメモ記載 3分]　　[解決策説明資料送付 1分]
　　　　　　　　　　　↑　　　　　　　　　　　↓
　　　　　　　　　　　　　　　　　　　　　　　[解決策説明 6分]
　　　　　　　　　　　　　　　　　　　　　　　　　↑
　　　　　　　[質問ノウハウDB検索機能]　　　　[解決策ドキュメント送付機能]
　　　　　　　　情報システム　　　　　　　　　　情報システム

### 図 8-2-10　例：情報システム構成図（拡大図→140頁参照）

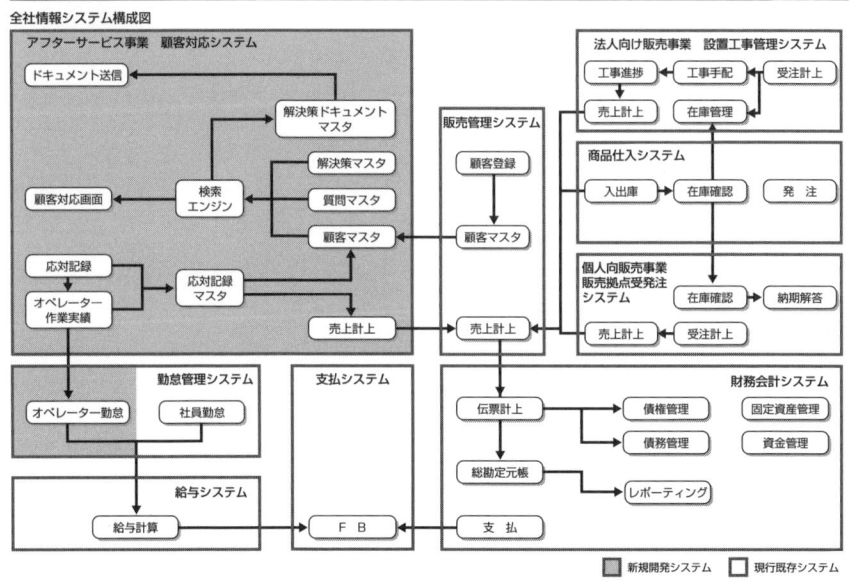

全社情報システム構成図

**アフターサービス事業　顧客対応システム**
- ドキュメント送信
- 解決策ドキュメントマスタ
- 解決策マスタ
- 検索エンジン
- 質問マスタ
- 顧客対応画面
- 顧客マスタ
- 応対記録
- 応対記録マスタ
- オペレーター作業実績

**販売管理システム**
- 顧客登録
- 顧客マスタ
- 売上計上

**法人向け販売事業　設置工事管理システム**
- 工事進捗
- 工事手配
- 受注計上
- 売上計上
- 在庫管理

**商品仕入システム**
- 入出庫
- 在庫確認
- 発注

**個人向販売事業　販売拠点受発注システム**
- 在庫確認
- 納期解答
- 売上計上
- 受注計上

**勤怠管理システム**
- オペレーター勤怠
- 社員勤怠

**支払システム**
- FB

**給与システム**
- 給与計算

**財務会計システム**
- 伝票計上
- 債権管理
- 債務管理
- 総勘定元帳
- 支払
- 固定資産管理
- 資金管理
- レポーティング

■ 新規開発システム　□ 現行既存システム

**図 8-2-11** 例：推進スケジュール案（拡大図→184頁参照）

全体推進スケジュール

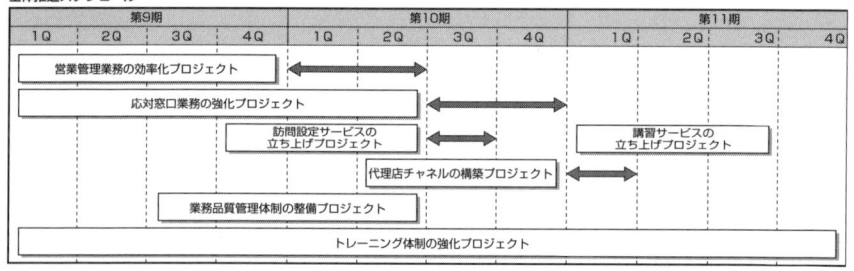

| | 第9期 | | | | 第10期 | | | | 第11期 | | | |
|---|---|---|---|---|---|---|---|---|---|---|---|---|
| | 1Q | 2Q | 3Q | 4Q | 1Q | 2Q | 3Q | 4Q | 1Q | 2Q | 3Q | 4Q |

- 営業管理業務の効率化プロジェクト
- 応対窓口業務の強化プロジェクト
- 訪問設定サービスの立ち上げプロジェクト
- 講習サービスの立ち上げプロジェクト
- 代理店チャネルの構築プロジェクト
- 業務品質管理体制の整備プロジェクト
- トレーニング体制の強化プロジェクト

このため、前出の「経営課題実現に向けて実施すべき重点施策」と情報システムの間でレファレンスをとり、その施策が構成図のどこに該当するかを示した。レファレンスをとることで、これまでの説明との整合性が一目でわかり、課題実現にはシステムの構築が必須で、経営効果も期待できることがうなずける。

## ■■推進スケジュール案とリスクの説明

効果の実現期日、体制、投資額は、取り組みのすすめ方に大きく影響を受ける。以後の体制や投資額の説明の前提として、スケジュール案を示す。ただし、いきなり詳細なスケジュール表を作成しても、細部まで点検するのは無理なので、ポイントを明確にした概略スケジュールが望ましい。

全体概要スケジュールを、図8-2-11に示した。ここでは、取り組み期間が、A 実現期日を優先したときの構築ステップ、B 構築作業のリスクやコストを抑えたステップ、C 上記の中間案の3つで、それぞれ変わることも示す。図では、その範囲を矢印で示した。

次に3案それぞれに、スケジュールのちがい、リスク、利点など、以後の推進方法を決める、そして以下のような参考情報を明記する（図8-2-12）。

①課題の実現可否、あるいはその実現水準の違い
②投資額の差異
③推進体制の特徴、問題点、利点
④その他、推進にあたっての問題点、利点

もし、これらのほかにフェーズⅠ～Ⅴの検討事項のうち、実施是非や実施範

### 図 8-2-12 例：検討案の提示

---

## 顧客応対業務の効率化、応対窓口業務の強化の取り組みについて

経営課題「顧客応対業務の効率化」「応対窓口業務の強化」のためには、顧客応対システム（仮称）の構築が必要です。最終的には同じ機能をもった情報システムを構築するのですが、経営課題の実現期日や投資額など、何を重視するかによって構築スケジュールが変わります。

| | 特　徴 | 総投資額 |
|---|---|---|
| **A案**<br>経営課題の実現時期の遵守を重視する場合 | ・両経営課題の実現期日が可能なスケジュール。<br>・開発費用が最も投資を少なくする場合と比較して約1.5倍。<br>・自社要員がアサインできず、外部企業の支援を受けることになる。状況把握の不十分さなどから開発上のリスクになる可能性がある。 | 211,000千円<br><br>（96,000千円） |
| **B案**<br>投資額を最も少なくする場合 | ・顧客応対業務の効率化の実現期日は、第10期中になる（半年の遅れ）。<br>・応対窓口業務の強化の実現期日は、第10期末となる（半年の遅れ）。<br>・開発要員のアサインの目処が立っており、開発作業のリスクは少ない。 | 179,000千円<br><br>（64,000千円） |
| **C案**<br>ＡＢの中間案 | ・両経営課題の実現期日が可能なスケジュール。<br>・開発費用が最も投資を少なくする場合と比較して約1.3倍。<br>・自社要員がアサインできない場合があり、外部企業の支援を受けることになる。上記経営課題の実現時期を遵守する場合と比較してその割合は少ない。 | 198,000千円<br><br>（83,000千円） |

**図 8-2-13** 例：詳細スケジュール案の提示（拡大図→178頁参照）

「営業管理業務の効率化」「対応窓口業務の強化」プロジェクトの詳細スケジュール

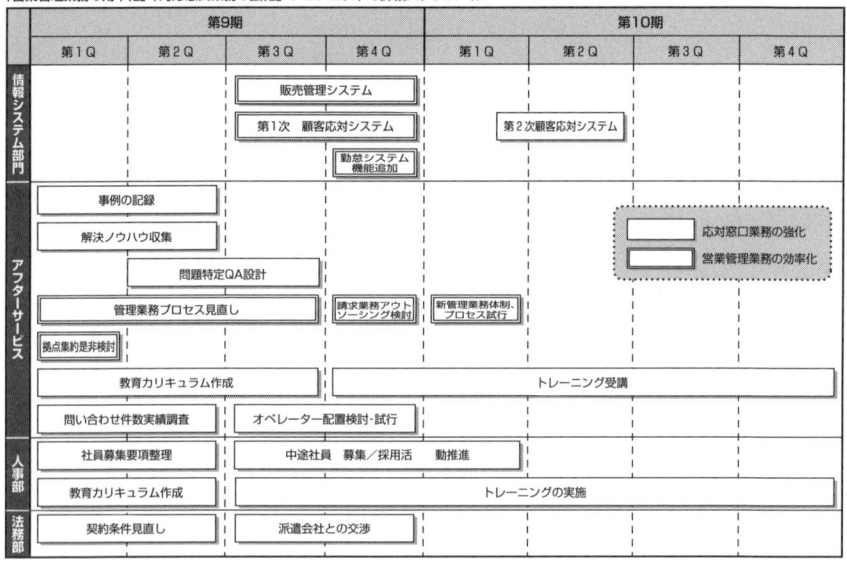

**図 8-2-14** 例：全体投資額の見積もり（拡大図→186頁参照）

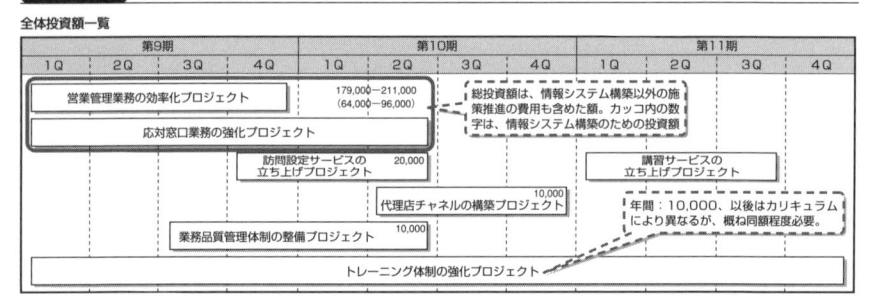

全体投資額一覧

囲の意思決定が必要な事項や、推進に影響が大きいものは列挙する。

　また、上記概要説明で、より詳細な内容を知らせたいときは、各課題別に詳細スケジュールを作成する（図8-2-13）。

## ■投資額の説明

　検討範囲に対する総投資額と、情報システム関係の投資額は、図8-2-11の全体スケジュール表に追記する。前述の3案で投資額に差が出るが、その上限と

第8章 ─● フェーズⅥ 経営者向け説明資料の作成

### 図 8-2-15 例：施策別詳細投資額の見積もり（拡大図→180頁参照）

「営業管理業務の効率化」「対応窓口業務の強化」プロジェクトの施策別詳細投資額一覧

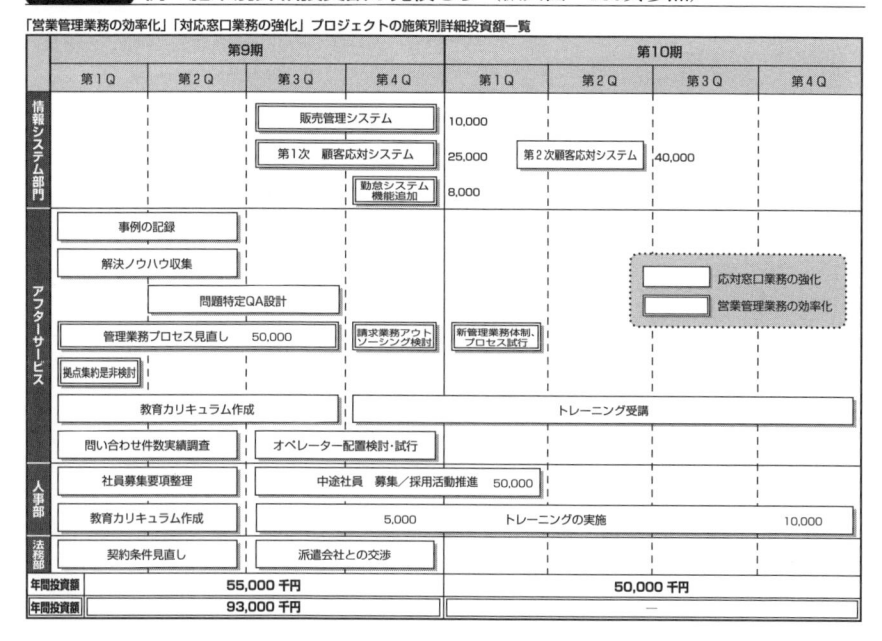

| | | 第9期 | | | | 第10期 | | | |
|---|---|---|---|---|---|---|---|---|---|
| | | 第1Q | 第2Q | 第3Q | 第4Q | 第1Q | 第2Q | 第3Q | 第4Q |
| 情報システム部門 | | | | 販売管理システム 10,000 | | | | | |
| | | | | 第1次 顧客応対システム 25,000 | | 第2次顧客応対システム 40,000 | | | |
| | | | | | 勤怠システム機能追加 8,000 | | | | |
| アフターサービス | | 事例の記録 | | | | | | 応対窓口業務の強化 | |
| | | 解決ノウハウ収集 | | | | | | 営業管理業務の効率化 | |
| | | | 問題特定QA設計 | | | | | | |
| | | 管理業務プロセス見直し 50,000 | | | 請求業務アウトソーシング検討 | 新管理業務体制、プロセス試行 | | | |
| | | 拠点集約是非検討 | | | | | | | |
| | | 教育カリキュラム作成 | | | | トレーニング受講 | | | |
| | | 問い合わせ件数実績調査 | | オペレーター配置検討・試行 | | | | | |
| 人事部 | | 社員募集要項整理 | | 中途社員 募集／採用活動推進 50,000 | | | | | |
| | | 教育カリキュラム作成 | | 5,000 | | トレーニングの実施 | | 10,000 | |
| 法務部 | | 契約条件見直し | | 派遣会社との交渉 | | | | | |
| 年間投資額 | | 55,000 千円 | | | | 50,000 千円 | | | |
| 年間投資額 | | 93,000 千円 | | | | ─ | | | |

### 図 8-2-16 例：投資対効果の説明（拡大図→182頁参照）

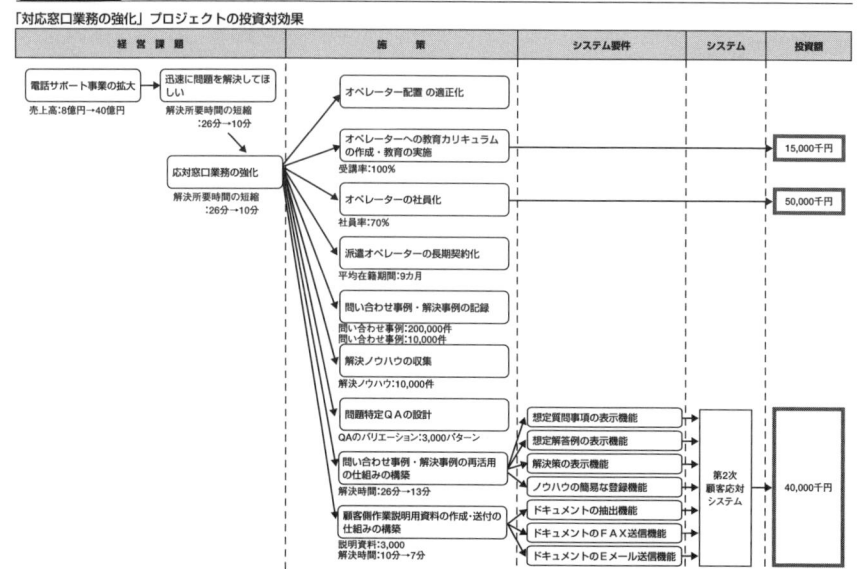

「対応窓口業務の強化」プロジェクトの投資対効果

| 経営課題 | | 施策 | システム要件 | システム | 投資額 |
|---|---|---|---|---|---|

電話サポート事業の拡大
売上高：8億円→40億円

迅速に問題を解決してほしい
解決所要時間の短縮：26分→10分

応対窓口業務の強化
解決所要時間の短縮：26分→10分

オペレーター配置の適正化

オペレーターへの教育カリキュラムの作成・教育の実施
受講率：100%
→ 15,000千円

オペレーターの社員化
社員率：70%
→ 50,000千円

派遣オペレーターの長期契約化
平均在籍期間：9ヵ月

問い合わせ事例・解決事例の記録
問い合わせ事例：200,000件
問い合わせ事例：10,000件

解決ノウハウの収集
解決ノウハウ：10,000件

問題特定QAの設計
QAのバリエーション：3,000パターン
- 想定質問事項の表示機能
- 想定解答例の表示機能

問い合わせ事例・解決事例の再活用の仕組みの構築
解決時間：26分→13分
- 解決策の表示機能
- ノウハウの簡易な登録機能

顧客側作業説明用資料の作成・送付の仕組みの構築
説明資料：3,000
解決時間：10分→7分
- ドキュメントの抽出機能
- ドキュメントのFAX送信機能
- ドキュメントのEメール送信機能

第2次顧客応対システム 40,000千円

下限の両方を示す。これをまとめると、図8-2-14になり、全体の総投資額が一覧できる。

　しかし、各課題単位では、施策ごとの投資額やその効果がわからない。このため、各施策の投資額に関しては、第7章でふれた各推進部門からの見積資料などを、添付資料に整理し参照できるようにしておく。たとえば、図8-2-15がその例である。

　また、投資対効果については、課題別に図8-2-16を用いて説明する。全課題を説明すると時間がかかるので、どれか1つの課題を選び、他の課題については質問があったものについて説明する。

　投資回収計画の提出を求める企業もある。そのときは、上記資料に追加する必要がある。

## ■■意思決定の依頼事項の説明

　最後に、当報告の結果、経営者に意思決定してもらう事項を明確に伝える。内容的には、本日の報告の目的での記載事項と同じで、「今後の推進方針を決定いただきたい」とはっきり伝える。

## ■■最終報告の資料作成と説明のポイント

　最終報告の目的は、立案作業を終了させ、計画遂行の段階へすすむ承認を得ることにある。このためには、「投資に見合う効果が得られるか」「予定した時期までに効果が得られるか」「投資がムダになるリスクはないか」など、意思決定者の疑問に答える必要がある。

　意思決定者は頭のなかで、天秤の一方に「投資額、実現の速度、リスク」などを1つずつ載せ、もう一方に載せた「効果」との比重を計っているのが現実である。このため、説明する側は、いつも「効果」に視点を置き、その実現性のうえから説明し、質問に答えるのが大事である。こうすれば、意思決定者と共通の土俵に立って論議することも可能になる。

　計画では、経営課題の実現が効果にほかならない。そのうえで、検討時にはいつも、経営課題単位に施策を整理し、スケジュールや体制を立案し、最終的に投資額を算定した。報告資料の作成、あるいは説明でも、この経営課題に対する観点を意識し続けることが重要である。

# 第 9 章

## 企画した効果を出すために

# 1 ITマネジメントにおけるPDCA

> システム化計画はあくまで計画であり、本来の目的は計画を推進し、想定効果を獲得することにある。しかし、状況の変化などで、当初計画が不可能になることもある。そのため、たえず状況を把握し、柔軟に取り組みを調整推進する管理が必要である。

## ■計画立案は取り組みの第一歩

　最終報告が完了し、以後の推進範囲、投資額の確定をもって、戦略的システム化計画の立案作業は完了である。しかし、本来の計画の目的は、計画を推進し、経営計画の実現に必要な情報システム環境を構築することである。いいかえれば、計画はやっとスタート位置に立ったにすぎない。

　目標達成のマネジメント方法としてPDCAサイクル（Plan Do Check Action Cycle）の徹底がある。計画が情報システム活用面での Planning だとすると、その後のDo・Check・Action としての取り組みが必要となる。
①実行計画の立案と推進
②課題の変更確認とシステム化計画の修正
③課題実現状況のモニタリングと管理

## ■実行計画の立案と推進

　戦略的システム化計画は、全体計画であって個々のプロジェクトの実行計画ではない。前者の内容に沿って、後者の実行計画を立案する必要がある。実際の活動は、この実行計画に沿って実施される。

　このため、計画の実現に向けた第一歩は、直近に実施するプロジェクトごとの、実行計画を立案することである。実行計画では、より詳細な作業項目の洗い出し、その成果物の作成準備、担当者の選定、日単位での作業スケジュールの設定などを行う。

　また、作業を外注するときは、発注先を決定する。こうした立案作業は、通常のシステム開発で実施する方法と同様でいい。

## ■経営課題の変更確認と戦略的システム化計画の修正

　事業環境はたえず変化するのが現実である。このため、戦略的システム化計画が実現を目指す課題そのものも、事業環境に応じて変化する。これに対応して、調整を繰り返し行わないと、仮に効果を上げても的外れになるおそれがある。課題を随時確認し、定期的に戦略的システム化計画を見直す場を設けることが重要である。

## ■経営課題実現状況のモニタリングと管理

　施策を計画どおり推進しても、効果が必ず上がるとは限らない。その実施方法や、取り組み体制やその浸透度など、さまざまな原因により、期待どおりの効果が上がらないことは少なくない。

　たとえば、オペレーターの募集はしたものの、応募がないかもしれない。オペレーター教育のカリキュラムを編み、研修を開始したものの、出席者が少なくトレーニングが進まないかもしれない。

　期待どおりの効果が上がっているか否かを、たえずモニタリングし、進行を管理していく必要がある。それにより施策推進責任部門へ指示したり、追加策を実施したり、推進活動を継続しなくてはならない。

## ■モニターの対象は経過でなくその効果

　モニタリングは、計画どおりに推進しているかどうかを調べるために行うのではない。その対象はあくまで、効果実現の可否を確認することにある。予定どおりすすむということはそれなりの意味があるが、それをモニタリングの目的にしてはいけない。

　なぜなら、計画はどこまでも計画であり、そのとおりに行っても、必ず経営者の期待する効果が得られるとは限らないからである。事業環境はたえず変化し、それに沿って戦術や経営計画そのものを見直すこともありうる。そうなれば、課題や実現方法を再設定し、計画は一部あるいは全体を変更するのが自然な方向になる。

　だから、計画どおりか否かではなく、効果が上がる方向で進んでいるか否かがモニタリングの目的になる。つまり、戦略的システム化計画のモニタリングでは、計画の達成状況を見極めることが主眼になる。

■■経営計画（戦略）マップを用いた効果のモニタリング

　実現効果のモニタリングには、経営計画（戦略）マップを用いる。ここには、経営課題とその実現ポイントや達成水準が記載されている。また、重点施策展開表には、マップの記載事項に加えて、課題の達成期日、実現責任部門が書かれている。モニタリングは、これらの項目にもとづいて、図9-1-1の課題実現管理シートで行う。

　この管理表は、縦軸は重点施策展開表と同じだが、横軸には月度をとり、計画値と実績値を表示するようにしてある。これにより、月度ごとに各課題の目標値の達成状況を管理する。

■■効果のモニタリングから詳細分析へ

　各経営課題の目標値の達成状況をモニタリングして未達成のときは、その原因分析を実施する。施策の推進方法が不適切なのか、施策そのものが効果的でないのか、施策の一部に欠陥があるのかなどを明らかにする。

　この分析には、施策の目的と期待した効果を整理する必要がある。これらを一覧できるようにしたものが、図9-1-2の鳥瞰図である。ここには課題と施策の関係、各施策が実現する効果が記載されている。効果が上がっていない課題について、施策の推進状況と結果を確認して原因を分析する。

■■モニタリングの実施方法

　モニタリングは計画の達成のためのものなので、経営管理のなかに組みこんで実施する。ふつうは、全社あるいは事業部での事業推進状況の管理のための定期的な会議が行われるはずである。このとき経営計画の推進状況を管理する会議は、日常の業務執行状況管理のそれとはちがい、別に開催する企業も多い。ここでのモニタリングは前者で行う。

　ただし、いきなり従来の経営管理方法の変革を提言しても採用されないから、会議とは別に、担当者が計画の推進管理という位置づけでモニタリングを実施し、推進状況を経営者に報告する（図9-1-3）。

### 図 9-1-1　経営課題実現管理シート

## アフターサービス事業部　課題管理表

| 視点 | 経営課題 | 重要度 | 達成期限目処 | 目標 | | Q1 | Q2 | Q3 |
|---|---|---|---|---|---|---|---|---|
| 財務 | アフターサービス事業 | A | 第11期末 | 売上高 | 80億円 | | | |
| | | | | 営業利益 | 24億円 | | | |
| | 新サービスの事業化 | A | 第11期末 | 講習サービス売上 | 20億円 | | | |
| | | | | 訪問設定サービス売上 | 20億円 | | | |
| | 既存事業の拡大 | A | 第11期末 | 電話サポート売上 | 40億円 | | | |
| | 営業管理部門費用の削減 | B | 第11期末 | 管理部門費伸び率 | 200% | | | |
| 顧客 | 設置工事だけでなく、操作方法や活用方法の講習をしてほしい | B | 第10期末 | | | | | |
| | 電話でのサポートだけでなく、設定まですべてやってほしい。 | A | 第10期末 | | | | | |
| | 迅速に問題を解決してほしい。(電話でたらいまわしにしないでほしい) | A | 第10期中間 | 問題解決所要時間 | 10分以内 | 26 | 26 | |
| プロセス | 研修拠点の早期展開 | A | 第10期中間 | 拠点数 | 100拠点 | 2 | 4 | |
| | | | | 講師数 | 250人 | 50 | 70 | |
| | 訪問設定サービスラインナップの拡充 | A | 第10期中間 | サービス数 | 20サービス | 7 | 7 | |
| | | | | 受注件数 | 100,000件 | 0 | 1500 | |
| | 訪問サービス要員の全国組織化 | A | 第10期末 | 要員数 | 250人 | 50 | 65 | |
| | 訪問業務フローの確立 | A | 第10期末 | | | | | |
| | 応対窓口業務の強化 | A | 第10期中間 | 解決所要時間の短縮 | 10分 | 26 | 26 | |
| | | | | 受注件数 | 6,000件／日 | 215 | 255 | |
| | 営業管理業務の効率化 | B | 第9期末 | 営業管理業務人員数 | 第8期末の2倍 | | | |
| | | | | (売上は第8期末の5倍) | | | | |
| 成長 | 業務品質管理体制の整備 | A | 第10期中間 | 重大なクレーム件数 | 0件 | 0 | 0 | |
| | トレーニング体制の強化 | B | 第10期中間 | 開設講座数 | 8講座 | 3 | 3 | |
| | | | | 受講率 | 100% | 70 | 70 | |

**図 9-1-2** 推進施策の鳥瞰図

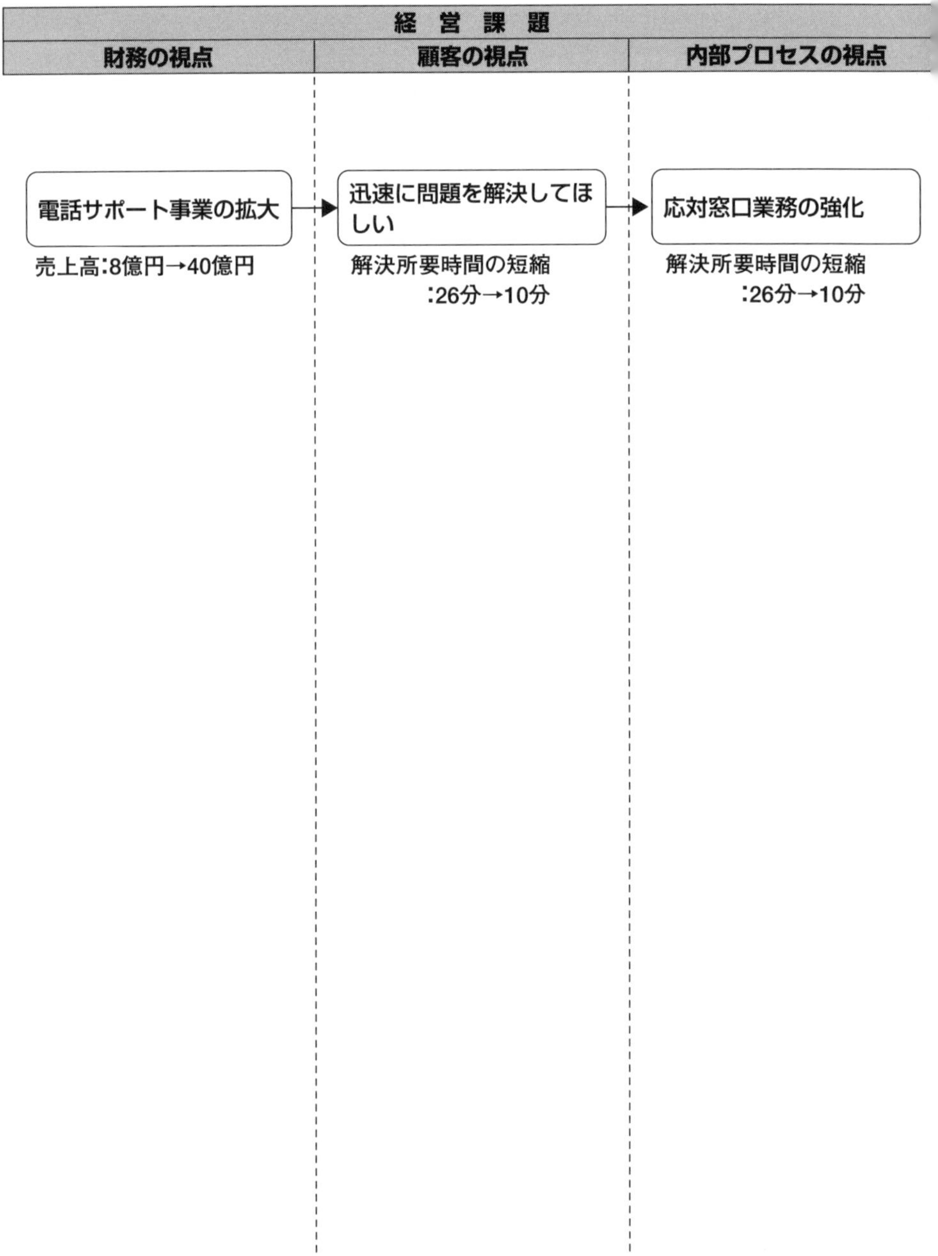

| 経営課題 | | |
|---|---|---|
| 財務の視点 | 顧客の視点 | 内部プロセスの視点 |

- 電話サポート事業の拡大 → 迅速に問題を解決してほしい → 応対窓口業務の強化

財務の視点：売上高：8億円→40億円

顧客の視点：解決所要時間の短縮：26分→10分

内部プロセスの視点：解決所要時間の短縮：26分→10分

第9章 ●——企画した効果を出すために

| 施　　策 | システム要件 |
|---|---|
| オペレーター配置の適正化 | |
| オペレーターへの教育カリキュラムの作成・教育の実施<br>受講率:100% | |
| オペレーターの社員化<br>社員率:70% | |
| 派遣オペレーターの長期契約化<br>平均在籍期間:9カ月 | |
| 問い合わせ事例・解決事例の記録<br>問い合わせ事例:200,000件<br>問い合わせ事例:10,000件 | |
| 解決ノウハウの収集<br>解決ノウハウ:10,000件 | |
| 問題特定QAの設計<br>QAのバリエーション:3,000パターン | 想定質問事項の表示機能<br>想定解答例の表示機能 |
| 問い合わせ事例・解決事例の再活用の仕組みの構築<br>解決時間:26分→13分 | 解決策の表示機能<br>ノウハウの簡易な登録機能 |
| 顧客側作業説明用資料の作成・送付の仕組みの構築<br>説明資料:3,000<br>解決時間:10分→7分 | ドキュメントの抽出機能<br>ドキュメントのFAX送信機能<br>ドキュメントのeメール送信機能 |

### 図 9-1-3 推進施策管理表

**アフターサービス事業部　課題管理表**

| 視点 | 経営課題 | 重要度 | 達成期限目処 | 目標 | | 第9期 Q1 | Q2 | Q3 |
|---|---|---|---|---|---|---|---|---|
| 財務 | アフターサービス事業 | A | 第11期末 | 売上高 | 80億円 | | | |
| | | | | 営業利益 | 24億円 | | | |
| | 新サービスの事業化 | A | 第11期末 | 講習サービス売上 | 20億円 | | | |
| | | | | 訪問設定サービス売上 | 20億円 | | | |
| | 既存事業の拡大 | A | 第11期末 | 電話サポート売上 | 40億円 | | | |
| | 営業管理部門費用の削減 | B | 第11期末 | 管理部門費伸び率 | 200% | | | |
| 顧客 | 設置工事だけでなく、操作方法や活用方法の講習をしてほしい | B | 第10期末 | | | | | |
| | 電話でのサポートだけでなく、設定まですべてやってほしい | A | 第10期末 | | | | | |
| | 迅速に問題を解決してほしい（電話でたらいまわしにしないでほしい） | A | 第10期中間 | 問題解決所要時間 | 10分以内 | 26 | 26 | |
| プロセス | 研修拠点の早期展開 | A | 第10期中間 | 拠点数 | 100拠点 | 2 | 4 | |
| | | | | 講師数 | 250人 | 50 | 70 | |
| | 訪問設定サービスラインナップの拡充 | A | 第10期中間 | サービス数 | 20サービス | 7 | 7 | |
| | | | | 受注件数 | 100,000件 | 0 | 1500 | |
| | 訪問サービス要員の全国組織化 | A | 第10期末 | 要員数 | 250人 | 50 | 65 | |
| | 訪問業務フローの確立 | A | 第10期末 | | | | | |
| | 応対窓口業務の強化 | A | 第10期中間 | 解決所要時間の短縮 | 10分 | 26 | 26 | |
| | | | | 受注件数 | 6000件/日 | 2 | 5255 | |
| | 営業管理業務の効率化 | B | 第9期末 | 営業管理業務人員数 | 第9期末の2倍（売上は第8期末の5倍） | | | |
| 成長 | 業務品質管理体制の整備 | A | 第10期末 | 重大なクレーム件数 | 0件 | 0 | 0 | |
| | トレーニング体制の強化 | B | 第10期末 | 開設講座数 | 8講座 | 3 | 3 | |
| | | | | 受講率 | 100% | 70 | 70 | |

当該経営課題実現のための重点施策の管理へ詳細化

**応対窓口業務の強化プロジェクト管理シート**

| 重点施策 | 重要度 | 達成期限目処 | 目標 | | Q1 | Q2 |
|---|---|---|---|---|---|---|
| オペレーターへの教育カリキュラムの作成、教育の実施 | | | カリキュラム作成 | 第9期Q3 | | |
| | | | 受講率 | 100% | | |
| オペレーターの社員化 | | 第10期Q1 | 社員率 | 70% | | |
| 派遣オペレーターの長期契約化 | | 第9期末 | 派遣者　平均在籍期間 | 9カ月以上 | 3.0 | 2.8 |
| 問い合わせ事例、解決事例の記録 | | 第9期中間 | 問い合わせ事例 | 200,000件 | 0 | 3.15 |
| | | | 解答事例 | 10,000件 | 0 | 160 |
| 解決ノウハウの収集 | | 第9期中間 | 解決ノウハウ | 10,000件 | | 15 |
| 問題特定QAの設計 | | 第9期Q3 | QAバリエーション | 3000パターン | 0 | 15 |
| 問い合わせ事例、解決事例の再活用の仕組みづくり | | 第10期Q2 | 解答時間短縮 | 26→13分 15分短縮 | 26 | 26 |
| 顧客side作業説明用資料の作成、送付の仕組みづくり | | 第10期Q2 | 説明資料 | 3,000パターン | 0 | 35 |
| | | | 解答時間短縮 | 10→7分 | 13 | 13 |

212

## 2 情報システム部門の体制づくり

> 経営計画の実現は外部環境の影響を受けやすい。この目標の達成には、計画の変更を前提とした推進体制を築く必要がある。情報システム部門の体制として、より柔軟に変化に対応し、経営計画の実現に寄与するために何をなすべきかを整理する。

### ■■計画推進のためのIT部門運営の要点

全社的なマネジメント体制に、計画推進のための管理機能が確立したあとは、実働部隊となるIT部門の運営強化が課題になる。計画が立案され、状況把握と対応策検討の仕組みが完成しても、実際の開発作業そのものが期待どおりに運ばないと、効果を獲得することはできない。

計画推進の観点からすると、IT部門の運営には何にもまして次の2点が求められる。
①状況変化による計画変更への柔軟な対応
②期待した効果を確実に実現するための情報システムの設計・開発

前述のように、事業環境の変化に応じて、実施タイミングや期待効果などを含め、計画そのものの見直しがありうる。これを前提に、情報システム開発の作業を推進すべきである。

情報システム開発の作業の柔軟性を高めるためには、総合的な努力が必要となる。たとえば次のように枚挙に暇がない。
①OS、データベース、ネットワーク環境、開発言語などのITインフラ環境の統一
②設計・開発・運用を実施する社内人員や、協力外注企業を含めた一定規模の要員の確保
③各種IT技術に通じた人員の最適な構成
④事業や業務に精通した人材の確保

このすべてを解説するのが本書の目的ではない。ここではITマネジメントの観点から、計画推進に有効な部門運営の方法2つを説明する。
①プロジェクト推進と要員管理の強化
②レビュー実施の強化

## ■プロジェクト推進と要員管理の強化

　事業環境の変化で、戦略的システム化計画を見直すことも想定しなければならない。どんな変更にも完全に対応できる体制をとるには、各種スキルをもつ人員を大勢かかえておけばいいが、これは非現実的である。つまり、システム開発の現場で運営上できることは限られている。

　ここで実施すべき基本は、開発の進行と作業要員の業務負荷状況につき、現状と今後の見通しを把握することである。仮に、ある変更が発生したとき、影響を受けるプロジェクトを押さえ、その現状から今後の対応を講ずる体制を、日ごろから準備しておくのである。

　流通業のＮ社に例をとると、マネージャーが週１回は２時間の会合をもち、次の検討を行っている。
①現在遂行中のプロジェクトの進捗と今後の見込み
②開発メンバーの現在の作業負荷と今後の見込み
③現在企画検討段階にある開発案件と今後の推進の見込み

　Ｎ社でも、３カ年システム化計画を立案し、その推進中である。この会議での管理対象は、システム化計画のプロジェクト以外に、既存システムのメンテナンスプロジェクト、従来どおり現場の要望でシステム開発をすすめているプロジェクトなど、すべてのプロジェクトを含む。

　ここでは、全プロジェクトの進捗状況と今後の見込みについて、各プロジェクトマネージャーから報告がある。遅延があれば、その原因や対策を話し合うことも多い。

　しかし、この会議の本来の目的は、ＩＴ部門長以下のマネージャー間で、現況と今後についての共通認識をもつことである。

　次の、開発メンバーの作業負荷の現状と今後の見込みは、プロジェクトの管理とセットで確認している。プロジェクトで、遅延や追加作業などの計画外の事態が起きそうなときは、今後の各要員工数や配置期間の見直し、要員数の追加の可否などを検討する。

　Ｎ社の要員管理シートには、向こう６カ月間の各要員の工数予定が記載されているので、変更時の要員のプロジェクト間の移動や工数の加減をマネージャー間で検討する。

　最後に、今後の見込み案件の管理では、各種ルートから持ち込まれる情報システム案件を、マネージャー間で共有化する。そして、その案件が期待どおり

の時期に、最適な速度でスタートできるよう事前に調整する。また案件のスタート時期にタイミングを合わせ、必要要員を当該プロジェクトに配置するように準備をすすめる。

このように、①現行プロジェクト、②要員、③今後の見込み案件の3点で、現況と近い将来の見込みを把握しておけば、突発的な計画変更やプロジェクトの追加などが発生しても対応しやすい。

## ■ レビュー実施の強化

計画変更に柔軟に対応できる、あるいはより高度な情報システムを構築するとき、自社要員のスキルや人数では限界がある企業も少なくない。こういうときは、技術や人数面で外部のITベンダーの協力を得るといい。

戦略的システム化計画の推進は、経営計画の実現と一体であり、他部門の取り組みとも密接に関係をもっている。だから、プロジェクト推進の運営は、社内の方針と状況を理解したメンバーでないと難しい。

そのため、プロジェクトチームは、社内要員のプロジェクトマネージャーの下に、社内開発要員と外部ITベンダーの要員を配する構成になることが多い。

こうした体制を整えるには、社内にプロジェクトマネジメントができる人材が必要数いることが前提になる。しかし、IT部門の開発者をプロジェクトマネージャー（以下PMと略す）に育成することは簡単ではない。PMに求められるスキルの多くは、過去の開発経験で身につくものが多く、座学での研修などでは習得できない。

とはいえ、今から5～10年をかけてPMを育成していては、経営計画の推進は図れない。より短期で実現可能な対策が求められる。そのひとつの決め手が、プロジェクトレビューの徹底である。

プロジェクトレビューとは、推進のマイルストーンごとに、プロジェクトメンバー以外のレビューワー（以下REと略す）が、作業内容を確認することである。このレビューで、プロジェクトに内在する問題点を洗い出し、早期対策を施すことができる。

REには、PMとしての経験を豊富に積んだ人が適任である。まず、自社PMは各プロジェクトの状況をREに説明し、レビューを要請する。

次に、REは自らの成功も失敗も含めたさまざまな経験に照らして、プロジェクト運営上のリスクをチェックする。

こうすれば、PMの経験・知識・能力不足を、REのレビューで補うことができる。一方、PMはその間、自分の至らない点を認識でき、実践のなかでのいいトレーニングになる。

　レビューには、もう1つの効果がある。それは、情報システム開発のプロセスのなかに、事業や経営の視点を取り入れることである。開発には、技術面や時間面でさまざまな制約がつきまとう。それでも、計画の推進では、目的実現の観点から、これらの制約を調整しつつ対応策を講じていかなくてはならない。

　ところがIT部門のPMはふつう、可変的な経営計画をいつも把握でき、相応の意思決定ができる立場にはない。IT部門のPMが日ごろ、その意思や動向を共にするのは事実上、身近なプロジェクト推進関係者になる。もっといえば、経営者や事業責任者と常時認識を共有するのは難しい。これは計画推進上の小さくない問題点でもある。

　このとき、レビューの存在は大きな役割を果たす。前に、ベテランのPMにREを頼む利点を述べたが、ここで同様に事業責任者か計画の立案推進者をREに加えると、よりいっそうのメリットが生まれる。

　彼らがレビューを実施すれば、計画の意図と開発に期待する役割や効果を踏まえて、マイルストーンごとにプロジェクトが適切に推進されていることを確認できる。また、制約に対しても、システム開発の視点ではなく、計画の実現の視点で、それを回避する方法や落とし所の意思決定ができる。

# 3 戦略的システム化計画の推進責任者

> 戦略的システム化計画の立案・推進は、情報システム部門内の取り組みの範囲を超え、全社的な連携が必要となる。この推進には、経営トップ層がイニシアチブをとり、取り組みをすすめることが必要である。ＣＩＯが果たすべき責任の一例を示す。

## ■ＣＩＯ（Chief Information Officer）の限界

　企業経営において、最善の情報システムを実現する責任者がＣＩＯである。ＣＩＯといっても、実際には情報システム部門担当役員や、同部門長が単に肩書きとして併称していることも多い。ＣＩＯがその役割を十全に果たしている企業は、あまり多くない。

　それはＣＩＯの責任範囲に問題がある。経営課題を実現するとき、情報システムはあくまで施策の１つにすぎない。重点施策展開表で見たように、ここではふつう情報システム構築以外の施策のほうが多い。そのため、ＣＩＯは経営課題の実現にあたって、その実現施策のごく一部の推進に責任を負うにすぎない。このギャップが、ＣＩＯの限界にもなっている。

　だから、ＣＩＯは情報システムという枠組みを抜け出し、課題実現のためにほかの経営者や事業部門の責任者を強力にサポートする、改革推進責任者になるべきである。すなわち、Chief Information Officerから、Chief Innovation Officerへと生まれ変わるべきである。

## ■Chief Innovation Officerへ

　では、Chief Innovation Officerは、具体的にどんな役割や業務を遂行し、どんな人材が適任で、どう育成するのだろうか。実は、これらの具体像については、これまで明確な答えがなかった。しかし、ここ数年来の取り組みにより、その姿に１つの示唆を得たと思う。そのポイントが、戦略的システム化計画の立案とその後のモニタリング活動の推進である。

　戦略的システム化計画は本質的に、ＣＩＯがほかの経営者や事業部門の責任者を強力にサポートすることで実現するものである。方法論としてドキュメント体系があり、検討や記述ポイントを整理した。しかし、単にそのドキュメン

トの記載欄に書き込めば、計画がすすむという類のものではない。

　計画立案過程での戦略の整理や社内調整、推進時の関係部門をくくる状況モニタリングなど、一部門の管理職にはハードな仕事が多数含まれる。そして、こういう全社的な取り組みがないかぎり、情報システムの戦略的活用は実現できない。だから、Chief Innovation Officerこそが、全社を巻きこみ、各事業の責任者をサポートする役割を担うべきである。

## ■Chief Innovation Officerという発想

　Chief Innovation Officer のイメージと、その活動内容の計画の立案推進の関係は、ある企業での筆者の業務受託経験からヒントを得た。その企業からは、事業計画の立案、以後の推進支援、レポーティングでの経営管理の実行支援を依頼され、別途情報システム部門のアドバイザリー業務も受託した。

　経営管理の実行支援では、3カ月間かけて全社の事業計画を整理し、10事業部の事業計画を策定した。そのうえで以後年間を通じて、毎月1回事業部長とミーティングをもち、期初に立案した計画の推進状況と今後の対応方針を検討し、それを経営者へレポートしてもらった。

　このさい、計画推進上の諸問題と、その対策事項を整理したが、情報システムに関することも多かった。ところが、その内容を的確に情報システム部門に伝え、実現していく活動は、以下の原因で滞ることが多かった。

①期初段階では、情報システムの構築などの施策を予想しておらず、予算の用意がない。

②情報システム部門に依頼する以前に、事業計画の推進上必要となる情報システム像が、事業部門内で整理できなかった。

③情報システム部門とやりとりをしている事業部の担当者は、現場の業務改善視点しか持っておらず、経営課題解決のためとは異なる判断基準でシステム部門とやりとりしていた。

④上記のような状況にあることを経営者は把握していなかった。

　経営者や事業責任者は、「事業を成長させ、市場で勝つこと」に強い関心を持ち、その実現を希求している。しかし、その実現策を具体化し、情報システム部門をはじめ関係部門をまきこんで取り組みを推進する時間を取ることは困難である。そのため部員にその役割を担わせることとなるが、経営課題や計画を理解し、関係部門を動かしつつ取り組みを進め経営課題を実現できる人材は

少ない。

　一方、情報システム部門では、事業責任者からの相談に対して、きちんと理解することなく「実現したいことがあいまいで、時期尚早」「予算が確保されておらず、それまでは動けない」などと腰の引けた答えをしていた。その反面、現場からの既存システムの変更要請には忙殺されていた。

　経営者がよく口にする「情報システムの効果が見えない」「情報システム部門は何をしているかよくわからない」という嘆きも、もとはこういうギャップからきている。情報システムは経営計画の実現や事業の推進、業務の運営上きわめて有効なツールであるとみなが感じているにもかかわらず、こうなりがちである。

　こうした状況下にあるにもかかわらず、企業内に事業責任者を支援する体制が整備されていることは少ない。大きな改革や情報システム構築にさいして、外部のコンサルタントを雇い支援させることはよくある。しかし、社内に定常的な仕組みとして、支援チームを置く例は稀といっていい。

　実は、支援体制を設置しないのは、必要がないからではない。それは、誰がどう実施するのかイメージしにくく、また実施して本当に効果があるかを判断できないからである。こういう経験が何度もあって、私なりに解決策を模索することになった。

　そこで、事業計画の立案作業において経営課題を導き出し、その実現に必要な取り組み（重点施策）を整理し、情報システムをその１つに位置づけた。そして、経営課題の実現目標を達成するために必要な情報システムのスペックを導き出し、実現すべき情報システム像とその構築方法をまとめた。戦略的システム化計画はその集大成にほかならない。

　また、経営課題、あるいはその課題実現のための施策の達成目標が実現されているかを予実管理する仕組みを構築した。そのうえで事業部長と状況確認と打ち合わせを毎月実施し、スケジュールの見直しや追加策の検討などを行った。そうして把握した計画の変更などは、情報システム部門や関係部門が調整する体制を構築した。

　このとき私の脳裏にひらめいたのが、ＣＩＯ（Chief Innovation Officer）という機能である。外部のコンサルタントではなく、もし社内の日々の業務のなかで、こうした仕組みを整備し、事業責任者の相談相手となり、彼らの支援のための諸活動を実施する人材がいたら、そのメリットは計り知れない。彼こそ

が、Chief Information Officer を超えた、Chief Innovation Officer なのである。

　経営管理の実行支援と情報システム部門のマネジメントからスタートし、その両業務が事業計画の実現という目的に止揚したとき、あるべき Chief Innovation Officerの姿が見えてくる。

## ◎おわりに

　情報システムが経営計画実現に有効な施策であることに疑問はないが、「経営計画と情報システム」という言葉には、私は長年距離を感じていた。Chief Information Officer という呼称も、同様である。その役割、責任は何なのか。情報システム担当という責任範囲で、本当に期待される成果を上げられるのか。期待される役割とＣＩＯの称号には距離感があった。

　こうすれば経営計画を実現する情報システムが構築でき、こうすればＣＩＯとして経営上インパクトのある活動ができるという道筋が見えれば、もどかしさも消えるだろうと思いながら数年が経過していた。それが晴れ始めたのは、数年前のことである。それは、バランス・スコアカードを、
①経営計画の立案とその後の経営管理のツール
②システム化計画立案とその後の推進管理のツール
　として活用してからのことである。

　同じツールを使って、①と②の異なる取り組みをしてわかったことは、両者に本質的な差異がないことだった。「システム化計画の立案」は、「経営計画の立案」の一部であり、「その後の経営管理」の対象には「システム化計画の推進状況」も含まれている。以前は、私には違うことを実施するという印象が強かったのに、やってみたら同じだった。

　情報システムの構築技術は、他の部門の人から見れば特殊で、専門的すぎてわかりにくいかもしれない。専門用語だけでなく、日常業務の運営方法も、事業部門とはどこか乖離がある。プロジェクト管理などの組織の管理方法も大きく異なる。

　こうした差異に戸惑うことも多く、情報システムそのものが特殊だという先入観をもってしまったのかもしれない。そのため、マネジメントもほかとは変える必要があると思い込んでいたのである。

　たしかに、情報システムの"手段"という側面に着目すれば、ほかとはだいぶ異なり、マネジメントも特殊に見える。ところが見方を変えて、経営計画の実現や改革の推進という"目的"に着目すると、全社の一部門にすぎず、方法論に他との差異はない。特異性がないのなら、経営管理の世界で行われている

計画立案やマネジメントの考え方、管理者のあり方が、情報システムのそれにも通用するはずだ。こう考えたのが、戦略的システム化計画やChief Innovation Officerという発想につながった。

　企業内の組織は、役割という観点で分けると、プロフィットセンター（収益部門）とコストセンター（管理部門）がある。経営企画や情報システム部門は、コストセンターに位置づけられることが多い。しかし、経営計画の実現や改革の推進という役割を考えると、単なるコストセンターではなく、イノベーションセンターとして扱ったほうがいい。

　イノベーションセンターは、他の部門の変革の推進を全面的に支援する。ここから見ると、情報システムは変革を実現する重要な手段ではある。しかし、業務改革、組織改革、意識改革、制度改革など、変革のために必要な手段もすべて活用する。だから、ＣＩＯは情報システム部門の責任者ではなくイノベーションセンターの責任者であり、経営計画の実現、企業内変革の実現を担う役員なのである。ここでの部門計画が戦略的システム化計画であり、ここでのマネジメントツールが経営計画（戦略）マップを用いたＰＤＣＡ管理である。

　本書では残念ながら、イノベーションセンターという点に関しては、ごく一部しか紹介できなかった。できれば、今後の取り組みのなかで、イノベーションセンターの機能、組織体制、マネジメント手法、必要となる要員のスキルモデルなど、より具体的な方法を提示していきたい。ただ、机上での構想を説明するわけではなく、現実の取り組みから学んだことを整理し体系化する作業がいるので、しばらく時間がかかるかもしれない。

　本書で解説した取り組みを推進すれば、イノベーションセンターの実現はともかく、情報システムの戦略的活用や、ＣＩＯといった機能が、格段に進展向上する。効果を上げるのは簡単ではないし、継続した粘り強い取り組みはたえず必要である。それでも、いったん機能しはじめれば、効果は非常に大きい。皆様にとって、本書が参考となり取り組みがすすむことを期待したい。

　最後に、戦略的システム化計画を作成するきっかけを与え、共に検討いただいたクライアントの経営者ならびにスタッフの方々に、心から感謝を申し上げたい。本書には皆様方との取り組みで学んだことが、エッセンスとして散りばめられている。重ねてお礼申し上げる。

【著者紹介】
# 柴崎 知己（しばさき・ともみ）

● ――大手システムインテグレーター、アーサーアンダーセンビジネスコンサルティングを経て、2001年にアットストリームコンサルティング㈱を共同設立。現在同社取締役。システム戦略立案、システム化計画立案／推進支援、ITマネジメント体制構築、事業計画の立案／推進支援、経営管理制度の設計／導入、各種業務改革の推進など各種プロジェクトに従事。
e-mail: tomomi.shibasaki@atstream.co.jp

# アットストリームコンサルティング㈱　URL: www.atstream.co.jp

● ――2001年7月、大阪に設立。その後、東京事務所、名古屋事務所を順次開設。企業活動のサプライチェーンを対象にして、業績管理・プロセス・システム・人／組織問題の解決に深く関与することによって、サプライチェーン・マネジメント（SCM）改革、グローバル・業績マネジメント（GPM）改革などを支援するプロフェッショナルなコンサルタント集団。
● ――コンサルティング経験5年以上のメンバーのみで構成し、戦略コンサルタント、SCMプロセスコンサルタント、IT企画コンサルタント、チェンジマネジメントコンサルタント、公認会計士が主要人材。

---

## 情報システム計画の立て方・活かし方　〈検印廃止〉

2005年9月20日　　第1刷発行

---

著　者 ―― 柴崎　知己©
発行者 ―― 境　健一郎
発行所 ―― 株式会社かんき出版
　　　　　東京都千代田区麹町4-1-4西脇ビル　〒102-0083
　　　　　電話　営業部：03（3262）8011㈹　　総務部：03（3262）8015㈹
　　　　　　　　編集部：03（3262）8012㈹　　教育事業部：03（3262）8014㈹
　　　　　FAX　03（3234）4421　　　　　　振替　00100-2-62304
　　　　　http://www.kankidirect.com/
印刷所 ―― ベクトル印刷株式会社

乱丁・落丁本は小社にてお取り替えいたします。
©Tomomi Shibasaki 2005 Printed in JAPAN
ISBN4-7612-6276-1 C0034